Der Umgang mit dementen Angehörigen

AF172560

Dieter Karrer

Der Umgang mit dementen Angehörigen

Über den Einfluss sozialer Unterschiede

2., überarbeitete und erweiterte Auflage

 Springer VS

Dieter Karrer
Zürich
Schweiz

ISBN 978-3-658-11081-9   ISBN 978-3-658-11082-6 (eBook)
DOI 10.1007/978-3-658-11082-6

Die Deutsche Nationalbibliothek verzeichnet diese Publikation in der Deutschen Nationalbiblio-grafie; detaillierte bibliografische Daten sind im Internet über http://dnb.d-nb.de abrufbar.

Springer VS

Lektorat: Katrin Emmerich

Gedruckt auf säurefreiem und chlorfrei gebleichtem Papier

Springer Fachmedien Wiesbaden ist Teil der Fachverlagsgruppe Springer Science+Business Media
(www.springer.com)

Vorwort zur zweiten Auflage

Die Frage, wann der richtige Zeitpunkt für eine Publikation gekommen ist, stellt sich bei jedem Text. Die Zustimmung des Verlags vorausgesetzt, hängt das nicht allein von der freien Entscheidung des Autors ab, sondern unterliegt verschiedenen Interessen sowie Zwängen zeitlicher, ökonomischer oder auch gesundheitlicher Art. So dass man manchmal einen Text publiziert, obwohl man gerne noch länger daran gearbeitet und die Analyse etwas weiter vorangetrieben hätte.

Von daher ist die Neuauflage eines Buches immer auch eine Chance, Versäumtes, zu wenig Durchdachtes oder vielleicht auch schlicht Fehlerhaftes zu korrigieren und eine Analyse zu vertiefen oder zumindest expliziter und verständlicher zu machen. Obwohl die Zeit auch hier nicht unbegrenzt ist und es gewiss Angenehmeres gibt, als einen eigenen Text gründlich zu überarbeiten. Denn an den eigenen Unzulänglichkeiten leidet man am meisten. Ich hoffe, der Aufwand hat dem Buch gut getan.

Zürich im Juli 2015   Dieter Karrer

Vorwort

Eine wissenschaftliche Untersuchung ist ein kollektives Unternehmen. Das gilt auch für die vorliegende Studie, die nur mit der Hilfe und der Unterstützung verschiedener Beteiligter zustande gekommen ist.

In erster Linie möchte ich mich bei den Angehörigen der Demenzkranken bedanken, die mir ausführlich von ihrer Situation und ihren Erfahrungen erzählt und damit nicht nur ihre Zeit, sondern auch ihr Vertrauen geschenkt haben.

Ein Dankeschön geht auch an verschiedene Personen, die schon seit Jahren in der Arbeit mit Demenzkranken und ihren Angehörigen engagiert sind: Frau Mirjam Sticher von der Alzheimervereinigung Zürich, Ursula Hanhart und Regula Schmid von der Memoryklinik Entlisberg, Frau PD Dr. Schreiter-Gasser und ihre damaligen Mitarbeitenden vom Gerontopsychiatrischen Zentrum Hegibach, Herr PD Dr. Wettstein und seine Mitarbeiterinnen und Mitarbeiter vom Stadtärztlichen Dienst sowie Beatrice Obrist von der Pro Senectute.

Danken möchte ich auch Barbara Baumeister, die bei der Datenerhebung geholfen hat, sowie Prof. Dr. Ruth Gurny, die die Gesamtverantwortung für das Projekt hatte und insbesondere an der Aufarbeitung der vorhandenen Literatur maßgeblich beteiligt war.

Sylvie Kobi hat nicht nur die Formatierung des Textes besorgt und die Graphiken erstellt. Ohne ihre Unterstützung wäre das Buch vermutlich nicht zustande gekommen.

Zürich, im Mai 2009   Dieter Karrer

Inhaltsverzeichnis

Einleitung

Mit der steigenden Lebenserwartung nimmt auch die Demenzprävalenz in wohlhabenden Gesellschaften stark zu. Schätzungen gehen davon aus, dass in der Bevölkerung ab 65 Jahren 6 bis 9 % an dementiellen Veränderungen leiden, bei den über 90-jährigen fast jeder Dritte (Höpflinger 2014). Waren in der Schweiz im Jahre 2002 gegen 86.000 Menschen von einer Demenz betroffen (Höpflinger und Hugentobler 2003), kommt ein neueres Szenario zum Schluss, dass die Zahl der Demenzkranken zwischen 2010 und 2030 von 124.770 auf 218.370 Personen ansteigen wird, also deutlich stärker als noch vor wenigen Jahren angenommen. Die Zahlen sind sozialpolitisch höchst brisant, weil die Gesamtkosten von Demenzerkrankungen bereits 2007 auf 6,3 bis 6,7 Mrd. Franken veranschlagt wurden (Höpflinger 2014).

Ein großer Teil der an Demenz Erkrankten wird durch Angehörige, mehrheitlich vom (Ehe-)Partner oder von einer Tochter betreut, was für die betroffenen Familienmitglieder mit großen Belastungen verbunden sein kann. Trotzdem werden professionelle Unterstützungsangebote seltener genutzt als bei anderen Alterskrankheiten, was zu Überforderung, Krankheit und letztlich zum Zusammenbruch des informellen Pflegesystems und zu einem vorzeitigen Heimeintritt des dementen Patienten führen kann. Aus sozialpolitischer Sicht ist es deshalb dringend geboten, die emotionellen und finanziellen Kosten zu reduzieren (Wettstein 1999), indem die Belastungen der pflegenden Familienangehörigen mit unterstützenden Maßnahmen verringert und ihre Problembewältigungsressourcen gestärkt werden. Das wiederum setzt differenzierte Informationen über Bedürfnisse, Problemlagen und Copingstrategien von pflegenden Angehörigen voraus (Bourgeois et al. 1996), die in der Schweiz erst ansatzweise zur Verfügung stehen (Meier 1998; Knöpfel 2002).

Mit unserer Untersuchung wollen wir einen sozialwissenschaftlichen Beitrag leisten, solches Hintergrundwissen zu generieren. Ausgehend von der Annahme,

© Springer Fachmedien Wiesbaden 2016
D. Karrer, *Der Umgang mit dementen Angehörigen,*
DOI 10.1007/978-3-658-11082-6_1

dass die Betreuung von demenzkranken Angehörigen in verschiedenen Regionen
des sozialen Raumes etwas Unterschiedliches bedeuten kann und professionelle
Entlastungs- und Unterstützungsmaßnahmen umso wirksamer sind, je besser sie
den unterschiedlichen sozialen Realitäten angepasst sind, werden die positionsspezifischen Problematiken und die Logiken des Umgangs mit Demenzkranken untersucht und auch gender- und generationenspezifische Unterschiede in und zwischen
verschiedenen sozialen Milieus analysiert.

Das Buch handelt nicht allein von Demenzkranken und ihren Familienmitgliedern. Es ist auch ein Buch über die ganz alltägliche Logik sozialer Unterschiede,
und zwar in einem Feld, wo von sozialen Unterschieden nicht so häufig die Rede
ist, weil es durch ein Denken besetzt ist, das stark auf das einzelne Individuum
fokussiert ist

Auf der Grundlage einer qualitativen Untersuchungsanlage wurden insgesamt
61 Angehörige von Demenzpatienten aus fünf verschiedenen Regionen des sozialen Raums befragt: 41 Frauen und Männer, die ihren an Demenz erkrankten Partner
pflegen sowie 20 Töchter, die sich um einen an Demenz leidenden Elternteil kümmern. Durch den Einbezug dieser beiden Hauptpflegegruppen konnten nicht nur
milieubezogene Unterschiede innerhalb der Partner- und der filialen Pflege, sondern auch Unterschiede zwischen diesen beiden Pflegeformen analysiert werden.

Die vom Schweizerischen Nationalfonds finanzierte Studie wurde an der Zürcher Hochschule für Angewandte Wissenschaften (Departement Soziale Arbeit)
durchgeführt, in Zusammenarbeit und mit Unterstützung der Alzheimervereinigung Zürich, der Memoryklinik Entlisberg, dem Gerontopsychiatrischen Dienst
Hegibach und dem Forschungsteam von Herrn PD Dr. Wettstein vom Stadtärztlichen Dienst Zürich.

Aufbau des Buches Im Grundlagenteil wird nach einem kurzen Überblick und
Fazit zum Stand der Forschung (Kap. 2) ein theoretischer Bezugsrahmen vorgestellt (Kap. 3), der es erlaubt, soziale Unterschiede und damit verbundene Sicht-
und Verhaltensweisen differenziert zu erfassen und Aspekte, die bisher lediglich
isoliert voneinander untersucht worden sind, miteinander zu verknüpfen.

Im zweiten, empirischen Teil des Buches werden die Anlage der Untersuchung
und das methodische Vorgehen beschrieben (Kap. 4) und danach in vier Schritten
die Ergebnisse eines dreijährigen Forschungsprozesses präsentiert, der neben qualitativen auch quantitative Anteile umfasst hat.

Zunächst werden die Resultate einer statistisch ausgerichteten Aktenanalyse
vorgestellt. Unter anderem wird gezeigt, dass der Zeitpunkt, in welcher Phase der
Krankheit man sich auf eine Demenz untersuchen lässt, keineswegs für alle gleich,
sondern durch soziale Unterschiede beeinflusst ist (Kap. 5).

Danach werden jene Unterschiede sicht- und verstehbar gemacht, die sich in der Befragung der Partner und Partnerinnen von Demenzkranken herauskristallisiert haben (Kap. 6). Und nach einem kurzen statistischen Vergleich zwischen Partnerinnen und Töchtern (Kap. 7) werden die positionsspezifischen Unterschiede in der filialen Pflege analysiert (Kap. 8). Auf der Grundlage dieser Ergebnisse formulieren wir anschließend einige praktische Schlussfolgerungen, die sich insbesondere an all jene richten, die beruflich mit Demenzkranken und ihren Angehörigen zu tun haben (Kap. 9).

Im Schlusskapitel wird zunächst darüber nachgedacht, warum eine Untersuchung dieser Art heikel ist und auf erhebliche Widerstände stoßen kann. Danach werden zentrale Ergebnisse der Studie zusammengefasst, in einen weiteren soziologischen Zusammenhang gestellt und Aspekte herausgearbeitet, die in der früheren Version noch zu wenig ausgeführt oder überhaupt nicht vorhanden waren.

Dieses (zehnte) Kapitel wurde dem Text neu hinzugefügt. Die Gesprächsleitfäden hingegen, die in der ersten Auflage noch im Anhang standen, haben wir weggelassen, um den bisherigen Umfang des Buches in etwa beibehalten zu können.

Literatur

Bourgeois, S. S., et al. (1996). Interventions for caregivers of patients with Alzheimer disease: A review and analysis of content, process, and outcomes. *International Journal of Aging and Human Development, 43,* 35–92.

Höpflinger, F. (2014). Demenzielle Erkrankungen – Epidemiologische Grundlagen, demografische und gesellschaftliche Perspektiven. http://www.hoepflinger.com. Letzte Änderung September.

Höpflinger, F., & Hugentobler, V. (2003). *Pflegebedürftigkeit in der Schweiz. Prognosen und Szenarien für das 21. Jahrhundert.* Bern: Huber.

Knöpfel, A. (2002). *Auswirkungen der Pflegesituation auf die Lebensqualität: Eine Analyse bei Angehörigen von Demenzkranken.* Unveröffentlichte Lizentiatsarbeit, Departement für Psychologie, Universität Freiburg (Schweiz).

Meier, D. (1998). Belastung und Bedürfnisse von Familienangehörigen, die demente Patienten betreuen. In Spitex Verband Schweiz (Hrsg.), *Spitex im Trend – Trends für Spitex* (S. 305–311). Bern: Huber.

Wettstein, A. (1999). Epidemiologie der Demenz und regionale Versorgungskonzepte für Demenzkranke und ihre Angehörigen. *Therapeutische Umschau, 56,* 69.

Teil I
Grundlagen

Das Belastungserleben der pflegenden Angehörigen – Zum Stand der Forschung

Die Betreuung eines demenzkranken Angehörigen ist für die Betroffenen mit hohen Belastungen verbunden, die um einiges höher sind als bei der Pflege von nicht dementiell Erkrankten (Grässel 1998), was sich in gesundheitlichen Problemen, Depressionen, Angstzuständen bis hin zum Zusammenbruch des häuslichen Pflegesystems und einer vorzeitigen Heimeinweisung des Dementen äußern kann (zusammenfassend: Eisdorfer et al. 2003). In einer Befragung von Meier et al. (1999) nannten Angehörige als schwierigste Aspekte der Betreuung: die mit der Demenz verbundenen Symptome des Patienten, seine kognitiven und emotionalen Probleme sowie seine Schwierigkeiten im Alltag, gefolgt von eigenen Problemen wie dem ständigen Angebundensein, den Einschränkungen bei der persönlichen Freiheit, dem Sozialleben und den Hobbys. Im Weiteren genannt wurden Depressionen und Schuldgefühle sowie die Schwierigkeit, dem unaufhaltsamen Abbau eines nahen Menschen zusehen zu müssen.

Das Belastungserleben von Menschen, die einen dementen Angehörigen pflegen, ist das Resultat verschiedenster Faktoren, die sich aufgrund der ausgewerteten wissenschaftlichen Untersuchungen drei Ebenen zuordnen lassen:

- der *somatischen Ebene* der Krankheit und des Krankheitsverlaufs
- der *sozialen Ebene*, welche das familiale und gesellschaftliche Umfeld des Pflegenden beinhaltet
- der *individuellen Ebene*, bei der psychische Charakteristika der Pflegenden, ihre Copingfähigkeiten und Copingstile eine Rolle spielen

© Springer Fachmedien Wiesbaden 2016
D. Karrer, *Der Umgang mit dementen Angehörigen,*
DOI 10.1007/978-3-658-11082-6_2

7

2.1   Die somatische Ebene: Krankheitsverlauf und Belastungserleben

In der konsultierten Literatur ist unbestritten, dass der Krankheitsverlauf des Dementen für das Belastungserleben der betreuenden Angehörigen von Bedeutung
ist. Meyer (2014) unterteilt den Verlauf der Demenz in eine frühe, mittlere und
späte Phase und kommt zum Schluss, dass für die Kranken die frühe Phase am
schwersten ist, wenn sie noch ein Bewusstsein ihrer Veränderungen und Defizite
haben, für die Angehörigen hingegen die späteren Phasen die schwierigsten sind.
Andere empirische Ergebnisse lassen darauf schließen, dass der Zusammenhang
zwischen Krankheitsverlauf und Belastung der Angehörigen kein linearer ist.
Bourgard (1995) zum Beispiel beschreibt, dass die Belastung im ersten Jahr nach
der Alzheimerdiagnose am größten ist und anschließend abnimmt. Und Molo-Bettelini et al. (1997) kamen zum gleichen Befund. Zusätzlich wiesen sie nach, dass
– entgegen ihren Erwartungen – das Ausmaß kognitiver Einschränkungen keinen
Einfluss auf das Belastungserleben der zentralen Betreuungspersonen hat, was
in der Studie von Mantell (2000) bestätigt wurde. Diese Ergebnisse weisen darauf hin, dass der Krankheitsverlauf nicht als eindimensionale Größe verstanden
werden darf. Es ist zu unterscheiden zwischen wachsenden kognitiven Einschränkungen, dem Verlust der Fähigkeit, körperliche Funktionen zu kontrollieren und
den zunehmend problematischen Formen des Sozialverhaltens. Jede dieser Veränderungen hat offenbar einen spezifischen Einfluss auf das Belastungserleben der
pflegenden Angehörigen.[1]

---

[1] Um dieser Multidimensionalität des Krankheitsverlaufes Rechnung zu tragen, sind verschiedene Instrumente entwickelt worden. Im Rahmen sozialwissenschaftlicher Forschung
in den USA wird häufig die sog. „Memory and Behavioral Problems Checklist" von Zarit
und Zarit (1987) verwendet. Diese Checklist enthält Items zu Aspekten des Verhaltens wie
auch der kognitiven Fähigkeiten des Patienten. In der Schweiz kommen zur Zeit vor allem
zwei Instrumente zur Anwendung, die sich auf die Erhebung spezifischer Aspekte konzentrieren: *Nosger II* (Spiegel et al. 1996) erfasst tägliche Aktivitäten, Gedächtnisleistungen,
Körperpflege, Sozialverhalten, Stimmungslage, Verhaltensauffälligkeiten und den Grad au-
tonomer Lebensführung des Patienten, während bei MMST (Minimal Mental Status Test
nach Folstein et al. 1975; vgl. auch Kessler et al. 1996) die kognitive Leistungsfähigkeit des
Patienten im Mittelpunkt steht: zeitliche und örtliche Orientierung, Aufmerksamkeits- und
Rechenleistung, Erinnerungsvermögen, konstruktive Zeichnungsfähigkeiten.

2.2   Die soziale Ebene: Das familiale und gesellschaftliche Umfeld der Pflegenden

2.2.1   Das familiale Umfeld der Pflegenden

Der verwandtschaftliche Status der pflegenden Person, ihr Verhältnis zum erkrankten Familienmitglied sowie die Art der familiären Beziehungen sind wesentliche Faktoren, die das Belastungserleben[2] beeinflussen:

Verwandtschaftlicher Status
Mantell (2000) zeigt in seiner Studie, dass Kinder, die ihre altersdementen Eltern pflegen, dies unabhängig von der Schwere der Erkrankung als belastender erleben als Ehegatten, die die gleiche Pflege leisten. Pappas-Rogich (1990) kommt zum gleichen Ergebnis. Männliche und weibliche Angehörige erleben die Betreuungsarbeit und die daraus resultierende Belastung sehr unterschiedlich und ebenso unterschiedlich sind die Auswirkungen auf den Gesundheitszustand. Zarit (1982) stellt fest, dass sich Frauen stärker belastet fühlen als Männer und häufiger unter psychischem Distress leiden, was er im Zusammenhang mit ihrem schlechten Gewissen sieht, nicht alle Pflegeaufgaben erfüllen zu können. Auch Mantell (2000) fand, dass Frauen sich durch ihre Betreuungsaufgabe stärker belastet fühlen als Männer. Und Campbell (1997) weist nach, dass pflegende Ehefrauen bedeutend höhere Stresssymptome zeigen und auch häufiger der Meinung sind, dass die Pflege sich negativ auf ihre Gesundheit auswirke, als das bei pflegenden Ehemännern der Fall ist. Auch Holley (2000) bestätigt dies. Benson (1998) hingegen fand, dass sich Männer in der Rolle des „Caregiver" stärker belastet fühlen und ausgeprägtere Symptome von Depressivität entwickeln. Gallant (1995) unterscheidet zwischen subjektiver und objektiver Belastung und kommt zum Schluss, dass der physische und psychische Gesundheitszustand von Frauen eher durch subjektive Belastung, jener von Männern stärker durch objektive Belastung beeinträchtigt wird.

Qualität der Beziehung
Gibbons (1998) thematisiert in einer der wenigen Studien den Zusammenhang zwischen der Qualität der ehelichen Beziehung („marital closeness past and present") und dem Belastungserleben. Je enger die Beziehung, desto befriedigender

---

[2] Es existieren verschiedene Versuche, die Manifestation des Belastungserlebens zu beschreiben und Indizes zu entwickeln, um „Belastung" empirisch messbar zu machen. Im anglo-amerikanischen Raum verbreitet sind etwa die „Zarit Burden Interviews Schemes" (Zarit und Zarit 1987). Für den deutschsprachigen Raum sind uns keine eigenen, kontextspezifischen und empirisch validierten Skalen bekannt.

(und weniger belastend) wird die Pflege des kranken Partners empfunden. Stricks (1998) kommt zum gleichen Ergebnis: je affektiver die Beziehung ist und je näher sich die Partner in ihren Wertorientierungen stehen, umso weniger belastend wird die Pflege erlebt. Auch in der filialen Pflege scheint die Qualität der früheren Beziehung eine entscheidende Rolle für das Gelingen der späteren Beziehung in der Pflegesituation zu spielen (Bracker et al. 1988).

Einfluss der Familienkultur: „Filial obligation vs. filial affection"
Wie interkulturelle Studien zeigen, differiert die Bedeutung der Beziehungsqualität jedoch je nach Art der Familienkultur. Lee (1995) vergleicht die Situation pflegender Angehöriger in Korea und den USA und findet, dass die Qualität der Beziehung zwischen „Caregiver" und Patient vor der Erkrankung zwar bei weißen US-Amerikanern eine wichtige Determinante des Belastungserlebens darstellt, in Korea jedoch nicht. Dies mag als Hinweis darauf gedeutet werden, dass in der westlichen Kultur die Pflege erkrankter Angehöriger eine Art innerer Akzeptanz benötigt, die im Falle einer guten Beziehung zum Erkrankten eher zustande kommt, während in Korea diese Pflegeleistung zur kulturell vorgegebenen Pflichtleistung gehört und nicht individuell bejaht werden muss. Ähnliches berichten Carrafa et al. (1997) aus einer Pilotstudie in Australien. Sie untersuchten das Belastungserleben von italienischen und angelsächsischen „Caregivers", wobei die italienische Gruppe weniger Belastungssymptome zeigte als die angelsächsische. Auch hier führen dies die Autoren auf die Wirksamkeit kultureller Faktoren zurück: In den südlichen Ländern Europas wird die Pflege als natürlicher Teil der „filial obligation" betrachtet, während in der angelsächsischen Kultur die Rolle des „Caregivers" stärker einer individuellen Wahl entspricht und damit auch größere Unsicherheit und größeren Stress erzeugt. Auch Lee und Sung (1997) führen die Unterscheidung zwischen „filial obligation" und „filial affection" ein und stellen fest, dass „filial obligation" in den westlichen Gesellschaften eher im Zerfall begriffen ist, ein Befund, den bereits Hess und Waring (1978) dokumentierten.

Einfluss der Familienkultur: individuelle Leistung vs. Familienzusammenhalt
Warren (1998) untersucht die Wirkung innerfamiliärer Rollenkonflikte, wie sie sich aus den widersprüchlichen Anforderungen ergeben, denen sich pflegende Töchter/Söhne resp. Schwiegertöchter/Schwiegersöhne angesichts der Pflegeaufgaben ausgesetzt sehen. Sie unterscheidet Familien mit Betonung der „personal growth, emphasis on intellectual pursuit and indepedence" und Familien mit „emphasis on system maintenance" und zeigt die unabhängige Relevanz dieser Kulturindikatoren für das Belastungserleben. Die Studie des Deutschen Institutes für Gerontologie (2001) dokumentiert ebenfalls die Bedeutung dieser familienkultu-

rellen Orientierung. Die Pflegeleistungen für Familienmitglieder werden dann zu einem Belastungspotential, wenn die Leistungsfähigkeit im außerfamiliären Raum zu den innerfamiliär hoch bewerteten Eigenschaften gehört. In diesen Zusammenhang gehören auch Studien, die untersuchen, wie Familien mit der Frage der Autonomie zwischen den Generationen umgehen. So stellen zum Beispiel Höpflinger und Haller (1990) fest, dass der Autonomieanspruch in Nord- und Westeuropa stark ausgeprägt ist und zur Quelle großer Belastung wird, wenn Demenzkranke die Hilfe der Töchter und Söhne in Anspruch nehmen müssen.

2.2.2   Das gesellschaftliche Umfeld

Wenn man verstehen will, wie die Hilfe und Pflegetätigkeit erlebt wird, sind aus soziologischer Sicht verschiedene Aspekte des gesellschaftlichen Umfeldes von Bedeutung. Diese können als ein Reservoir an Ressourcen gesehen werden, das von der pflegenden Person mehr oder weniger leicht erschlossen werden kann, und als Bezugssystem, das seine eigenen Anforderungen an die pflegende Person richtet.

2.2.2.1   Das Ausmaß der erschließbaren Ressourcen

Die Wirkung von Entlastungs- und Unterstützungsangeboten
Vor allem in den USA gibt es verschiedene Studien, die den Zusammenhang zwischen dem Vorhandensein von sozialen Unterstützungsressourcen und dem Wohlbefinden pflegender Angehöriger untersuchen. So weist Holley (2000) einen starken Zusammenhang zwischen diesen beiden Größen nach, Beekman (1999) dokumentiert den generell positiven Einfluss von sozialer Unterstützung aus dem Umfeld auf den Gesundheitszustand und das Wohlbefinden der pflegenden Angehörigen und Zarit et al. (1980) kommen zum Ergebnis, dass Angehörige, die über ein unterstützendes soziales Netzwerk verfügen, sich emotional weniger belastet fühlen und mit ihrem Leben zufriedener sind. Gunzelmann (1991) stellt fest, dass bereits das Wissen um die Verfügbarkeit sozialer Unterstützung von pflegenden Angehörigen als entlastend empfunden wird.

Cox und Monk (1996) sowie Benson (1998) weisen nach, dass sich die Nutzung medizinischer und sozialer Unterstützungsangebote positiv auf die betreuenden Angehörigen auswirkt: Sie fühlen sich weniger belastet und zeigen auch weniger Anzeichen einer depressiven Verstimmung. Jarrott (1999) hingegen findet in ihrer Studie keinen Zusammenhang zwischen Formen informeller Unterstützung und dem Zustand der Pflegenden, sehr wohl aber zwischen professioneller (bezahlter)

Hilfe und Wohlbefinden: Wutgefühle, Depressivität, Gefühle der Überlastung und Angstgefühle nahmen bei zunehmender professioneller Unterstützung ab. Bourgeois et al. (1996) unterscheiden zwischen verschiedenen Unterstützungsangeboten (support groups, individual an family counseling, respite care, skills training intervention, comprehensive, multi-component interventions)[3] und zeigen in einer Forschungsübersicht, dass die festgestellten Auswirkungen auf das Belastungserleben der Angehörigen je nach Art der Studie unterschiedlich ausfallen. Während die Nutzer dieser Angebote häufig der Meinung sind, besser mit der Situation zurechtzukommen, zeigen Untersuchungen, in denen versucht wurde, die Auswirkungen direkter zu erfassen, entweder nur schwache oder gar widersprüchliche Effekte. Bourgeois et al. kommen deshalb zum Schluss, dass aufgrund mangelhafter Untersuchungsanlagen und methodischer Schwächen nur wenig gesichertes Wissen über das Kosten-Ertrags-Verhältnis von Unterstützungsangeboten vorhanden ist. Und sie plädieren unter anderem dafür, in zukünftigen Studien auch den sozialen Unterschieden zwischen den Beteiligten vermehrt Rechnung zu tragen.

Unterschiedliche Nutzung der Entlastungsangebote
Die Verfügbarkeit von Entlastungsangeboten bedeutet nicht, dass sie auch von allen Betroffenen in Anspruch genommen werden, was verschiedene Gründe haben kann. Tschainer (1999) nennt Gefühle der Unersetzbarkeit, der moralischen Verpflichtung und des Versagens sowie die Hoffnung auf eine (lange vermisste) innerfamiliäre Anerkennung als mögliche Motive. Relativ gut dokumentiert ist der Zusammenhang zwischen der Nutzung von Entlastungsangeboten und sozialer Schicht: Menschen mit hohem sozioökonomischem Status und hoher Bildung nutzen Unterstützungs- und Entlastungsangebote häufiger als sozial schlechter Gestellte (Holley 2000; Toseland et al. 2002). Und Barusch und Spaid (1989) weisen in ihrer Übersicht darauf hin, dass Männer und Frauen unterschiedliche Arten von formellen Unterstützungsangeboten in Anspruch nehmen: Während Frauen häufiger ihren Arzt konsultieren, in Selbsthilfegruppen gehen und Beratungsstellen aufsuchen, greifen Männer stärker auf professionelle Pflegedienste und Haushaltshilfen zurück. Bei männlich dominierten Pflegearrangements ist – bei gleichem Pflegebedarf – die professionell erbrachte Hilfe fast doppelt so hoch wie bei der weiblich dominierten Pflege (Blinkert und Klie 1999). Im Unterschied zu pflegen-

---

[3] Auch Diener (2001) legt eine Klassifikation der Unterstützungsangebote für die Angehörigen von Demenzkranken vor und formuliert die Anforderungen, die an solche Angebote zu richten sind. Er unterscheidet zwischen Information, Einzel- und Familienberatung, Gesprächsgruppen und Schulungsangeboten, Hüte- und Mahlzeitendiensten, Pflegedienstleistungen, teilstationären Entlastungsangeboten, Tages- und Nachtpflege sowie zeitlich befristeten Aufenthalten in stationären Einrichtungen.

den Töchtern können Söhne eine größere innere Distanz wahren. Sie fühlen sich weniger zur Pflege verpflichtet, setzen eher Belastungsgrenzen, leisten weniger Schwerstpflege und neigen schneller dazu, den kranken Elternteil in einem Heim unterzubringen (Europäische Stiftung zur Verbesserung der Lebens- und Arbeitsbedingungen 1993; Lutzky und Knight 1994).

Kooperation zwischen Angehörigen und professionellen Pflegekräften
Die Zusammenarbeit zwischen Angehörigen und professionellen Pflegekräften ist nicht selten durch Macht- und Konkurrenzbeziehungen geprägt. Ward-Griffin (1998) analysierte dieses Kooperationsverhältnis und stellte fest, dass sich ein für beide Seiten produktives Arbeitsbündnis oft erst im Laufe einer langen und häufig konfliktreichen Zusammenarbeit herausbildet und stabilisiert.

2.2.2.2   Die Anforderungen aus dem gesellschaftlichen Umfeld

Vereinbarkeit der Pflege mit andern Rollen
Gemäß einer repräsentativen Erhebung von Infratest Sozialforschung (2003) stammen die Hauptbetreuungspersonen von Pflegebedürftigen in Privathaushalten mehrheitlich aus dem engsten Familienkreis: Bei 28 % der Pflegebedürftigen ist es die (Ehe-)Partnerin bzw. der (Ehe-)Partner, bei 26 % die Tochter, bei 6 % die Schwiegertochter und bei weiteren 10 % ist es der Sohn, dem diese Aufgabe zukommt. 73 % der Hauptpflegepersonen sind Frauen. Die häusliche Pflege von (älteren) Angehörigen wird zunehmend zum Bestandteil der weiblichen „Normalbiographie" (Beck-Gernsheim 1990). Andererseits hat jedoch auch die Berufstätigkeit von Frauen zugenommen, womit sich die Frage der Vereinbarkeit zwischen diesen beiden Rollen stellt. Das Institut für Gerontologie (2001) schätzt, dass von den Hauptbetreuungspersonen, die einen über 65-jährigen Angehörigen pflegen, ca. 45 % erwerbstätig sind, wobei der Umfang je nach Ausmaß der Hilfsbedürftigkeit und der zu leistenden Unterstützung variiert. Um Beruf und Pflege vereinbaren zu können, sind Frauen stärker als Männer bereit, ihre Arbeitszeit zu reduzieren oder ihre Erwerbstätigkeit ganz aufzugeben (Schneider et al. 2001), was gravierende Auswirkungen auf das Einkommen und die späteren Sozialversicherungsleistungen hat. Die Vereinbarkeit von Erwerbstätigkeit und Pflege ist auch abhängig vom Bildungsniveau: Frauen mit höheren schulischen und beruflichen Qualifikationen können die Rahmenbedingungen flexibler gestalten als geringer Qualifizierte (Bracker et al. 1988; Dallinger 1997; Naegele 1997; Reichert 1996).

Schacke und Zank (1998) stellen fest, dass wahrgenommene Konflikte zwischen der Pflege und anderen Lebensbereichen – neben dem Beruf auch die Familie und die Freizeit – die Lebenszufriedenheit der Angehörigen von Demenzkranken am stärksten beeinflussen. Und in der Studie von Colerick und George (1986) erwiesen sich solche Rollen- und Bedürfniskonflikte als ein wesentlicher Einflussfaktor für die Stabilität der häuslichen Pflege und die Bereitschaft, den Pflegebedürftigen in einem Heim unterzubringen.

Die „Sandwichposition" zwischen „Pflege eines Elternteils" und „eigener Familie" ist nicht nur oftmals schwierig für die Pflegenden (Brody 1989), sondern tangiert das Leben aller Familienmitglieder (Brody 1985; Szinovacz 2003). Andererseits zeigen Studien, dass die Familie auch als Copingressource fungieren kann und die emotionale Unterstützung des Ehemannes (Sussman 1979), der Geschwister (Horowitz 1982) und anderer Verwandter (Zarit et al. 1980) Belastungen verringern und das Befinden der Pflegenden verbessern können. Brody et al. (1992) verglichen in einer amerikanischen Studie verheiratete, geschiedene, getrennt lebende, verwitwete und ledige Frauen und stellten fest, dass verheiratete Frauen das höchste (Familien-)Einkommen, die meisten Helfer in der Pflege und das größte Wohlbefinden hatten. Sie fühlten sich am wenigsten deprimiert, klagten am wenigsten über finanzielle und soziale Belastungen und waren mit ihrem Familienleben und ihren Freundschaften am zufriedensten.[4]

Einkommens- und Vermögensverhältnisse, beruflicher Status
Blinkert und Klie (2000) zeigen, dass die Bereitschaft, Angehörige selber zu pflegen, nicht nur mit der Bildung und dem Einkommen, über das man verfügt, abnimmt, sondern in mittleren und höheren Lagen bei jenen am geringsten ist, die individuelle Selbstverwirklichungswerte vertreten. Die Autoren erklären ihren Befund auf dem Hintergrund von unterschiedlichen Kostenüberlegungen: während in unteren Milieus die Heimpflege vor allem wegen den materiellen Kosten abgelehnt wird, möchten die Mitglieder von mittleren und höheren (Selbstverwirklichungs-) Milieus ihre Angehörigen deshalb seltener selbst pflegen, weil sie die damit verbundenen „Opportunitätskosten" als zu hoch veranschlagen.

Das Institut für Gerontologie (2001) vermutet auf der Grundlage einer qualitativen Untersuchung, dass statushöhere Frauen die Versorgung ihres kranken Angehörigen eher organisieren („Care Manager"), während Frauen mit einem tieferen beruflichen Status häufiger selbst konkrete Pflegeleistungen erbringen („Care Provider").

Hinsichtlich des Zusammenhangs von sozioökonomischem Status und erlebten Belastungen von Pflegepersonen sind die Ergebnisse nicht einheitlich (Institut für Gerontologie 2001). Während es Studien gibt, die keinen Zusammenhang fest-

---

[4] Auch die Erwerbstätigkeit von pflegenden Angehörigen ist nicht nur belastend, sondern kann auch entlastend wirken, indem sie Anerkennung, Selbstbestätigung und soziale Kontakte vermittelt (Bracker et al. 1988) oder von den häuslichen Sorgen ablenkt (Reichert 1996).

stellen, kommt Horowitz (1985) zum Ergebnis, dass der negative Stress in höheren Statusgruppen am größten ist, was er darauf zurückführt, dass sich Angehörige dieser Gruppen durch die Pflege stärker in ihren individuellen Möglichkeiten eingeschränkt fühlen. McCagg (1997) hingegen findet in ihrer Studie die größten Belastungswerte bei Pflegenden mit tiefen Einkommen. Und auch Brody et al. (1995) ermitteln einen negativen Zusammenhang zwischen Bildung, finanziellen Mitteln und Depression.

2.3   Die individuelle Ebene als Determinante des Belastungserlebens

Verschiedene psychologische Studien widmen sich der Frage, wie sich individuelle Charakteristika der Pflegepersonen und ihre Copingstile auf die Betreuung und das damit verbundene Belastungserleben auswirken.

Einschätzung der eigenen Kompetenzen
Die Sicherheit, die Betreuungsarbeit kompetent leisten zu können, reduziert die Belastungen erheblich, wie McKune (1997) in ihrer Sekundäranalyse zeigt. Auch McCagg (1997) findet einen signifikanten, negativen Zusammenhang zwischen der Einschätzung der eigenen Problemlösungsfertigkeiten und dem Belastungserleben.

Wissen über die Krankheit
Graham et al. (1997) kommen zum Ergebnis, dass Angehörige mit einem umfassenden Demenzverständnis sich im Umgang mit dem Dementen kompetenter fühlen und seltener depressiv werden. Und Mantell (2000) zeigt, dass es hilfreich ist, wenn die pflegenden Angehörigen in der Lage sind, regelmäßig die kognitiven Funktionen der erkrankten Angehörigen zu überprüfen, um ihre Pflege angemessen zu gestalten. Gemäß seiner Studie reduziert die Sicherheit, die kognitiven (Rest-) Fähigkeiten des Patienten adäquat einschätzen zu können, das Belastungserleben beträchtlich. Weiter kommt O'Donnell (1997) zum Ergebnis, dass ein Mangel an Wissen über den Verlauf der Krankheit und daraus resultierende Gefühle der Unsicherheit, eine zentrale Dimension des Belastungserlebens darstellen.[5]

---

[5] Diese Befunde ließen sich theoretisch in jenem „sense of coherence" verorten, der laut Antonovsky (1997) eine „Widerstandsressource" gegen negative Wirkungen von Stressoren darstellt und drei Dimensionen umfasst. Comprehensibility (Überschaubarkeit): die Fähigkeit, Reize, Veränderungen und Entwicklungen zu ordnen, zu überschauen und vorherzusagen. Manageability (Handhabbarkeit): das Vertrauen, künftige Lebensaufgaben

Copingstile

Morano (2003) zeigt in ihrer Studie, dass ein Copingstil („emotion-focused"), in dem der Pflegende seine Erwartungen reduziert und der neuen Situation anpasst, positive Vergleiche anstellt und dem Erlebten einen umfassenderen Sinn zu geben vermag, sein Wohlbefinden verstärkt und Depressivitätsgefühle reduziert, während bei einem problemzentrierten Copingstil, der darauf abzielt, die Situation zu verändern, ein solcher Effekt nicht nachzuweisen war.

Phänomenologische Ansätze betonen, dass die gleiche Situation von Akteuren ganz unterschiedlich erlebt werden kann und das Ausmaß der Belastung auch davon abhängt, welche Bedeutung einer Situation zugeschrieben wird, Stress also auch eine Frage der Wahrnehmung ist (Nolan et al. 1990). So kommt Ayres (2000) in einer qualitativen Studie zum Ergebnis, dass nur ein Teil der Befragten die Pflege eines Angehörigen als belastend schildert, während andere die Situation normalisieren und zwei Befragte sogar der Meinung sind, dass sich ihr Leben durch die Betreuung eines Angehörigen verbessert hat. Und Farran et al. (1991, S. 484 f.) schlagen aufgrund der Ergebnisse ihrer Studie vor, „Caregiving" als Prozess zu sehen, in dem die Pflegenden nach Phasen des Leidens und der Machtlosigkeit Antworten auf ihre Situation finden können, indem sie sich positiv zur Pflege stellen, ihrem Leben auch positive Aspekte abgewinnen und ihre Erfahrungen innerhalb von (spirituellen) Sinnbezügen verorten, was sie auch als Resultat einer individuellen Freiheit des Einzelnen sehen: „This inner freedom determines whether a caregiver becomes a plaything of circumstances or an active participant in caregiving situation. The sort of caregiver a person becomes is the result of an inner decision, and not the result of the caregiving situation alone".

2.4　Fazit und Konsequenzen für unser Forschungsvorhaben

Wie die kurze Übersicht über den Forschungsstand deutlich macht, besteht ein Mangel vieler Untersuchungen über pflegende Angehörige von Demenzkranken darin, dass der Einfluss von verschiedenen (unabhängigen) Variablen auf die Belastungen und Bewältigungsformen der „Caregivers" isoliert untersucht wurde, ohne deren Genesezusammenhang zu berücksichtigen. Auf der Grundlage des verfügbaren soziologischen Wissens lässt sich jedoch begründet vermuten, dass viele Faktoren, die das Verhältnis zur Demenz, den Umgang mit Demenzkranken und

---

meistern zu können. Meaningfulness (Sinnhaftigkeit): die Überzeugung, dass künftige Aufgaben sinnvoll sind und dass es lohnend ist, sich dafür zu engagieren.

das Belastungserleben von pflegenden Angehörigen bestimmen, von ihrer sozialen Position abhängen. Zu solchen Faktoren gehören etwa:

- Die Sicht und Handhabung der Geschlechterrollen (Koppetsch und Burkart 1999)
- Spezifische Krankheitskulturen (Buchmann et al. 1985) und eine daraus resultierende unterschiedliche Wahrnehmung der Demenz
- Das Wissen über die Krankheit und die vorhandenen Unterstützungsmöglichkeiten (Buchmann et al. 1985; Heusinger 2008)
- Die Art der Belastungen und der Kosten, die mit der Pflege verbunden sind (ökonomische Kosten versus Opportunitätskosten) und die Entscheidung, von wem und wo gepflegt werden soll (Blinkert und Klie 2000)
- Das Ausmaß von Konflikten zwischen Pflege und eigenen Bedürfnissen in anderen Lebensbereichen (Schacke und Zank 1998; Colerick und George 1986)
- Habituelle Strategien der Krankheitsbewältigung (Dornheim 1983; Buchmann et al. 1985; Jacob 1995) und eine damit verbundene, unterschiedlich ausgeprägte Fähigkeit, Unausweichliches zu akzeptieren und damit umzugehen
- Die Art der Copingstile, die in unteren sozialen Lagen stärker „emotion-focused", in höheren sozialen Lagen hingegen eher problemzentriert sein dürften (Morano 2003)
- Die Bedeutung normativer bzw. affektiver Faktoren für die Übernahme der Pflege eines Angehörigen (Lee 1995; Carrafa et al. 1997) sowie die sozialen und psychosozialen Copingressourcen, über die man verfügt (Badura 1981; Pearlin et al. 1990)
- Die Ausgestaltung der Pflegerolle als „Caregiver" bzw. „Care Provider" oder als „Care Manager" (Institut für Gerontologie 2001)
- Die Inanspruchnahme von professionellen Unterstützungsangeboten und die Art der daraus resultierenden Kooperationsbeziehungen (Wettstein 1999; Wettstein et al. 2002)

Angesichts solcher, mit einiger Plausibilität zu treffenden Annahmen, überrascht es, dass es unseres Wissens praktisch keine Untersuchung gibt, die den sozialen Unterschieden in den informellen Pflegearrangements systematisch nachgegangen wäre.[6] Wenn überhaupt, werden schichtbezogene Faktoren als eine von mehreren Kontextvariablen in multivariate Auswertungsmodelle einbezogen, wobei die Art der verwendeten Schichtindikatoren (Einkommen, Bildung) nur wenig geeignet ist, soziale Unterschiede adäquat zu erfassen (vgl. Karrer 1998, 2000).

---

[6] Ein Versuch in diese Richtung stellt das Buch von Heusinger und Klünder (2005) dar, wenn auch thematisch in einem etwas anders gelagerten Zusammenhang.

Um die positionsspezifischen Problematiken und Logiken des Umgangs mit Demenzkranken untersuchen zu können, benötigen wir ein Strukturmodell sozialer Unterschiede, das differenzierter ist als herkömmliche Schichtmodelle, bei denen insbesondere in mittleren Lagen „strukturell höchst heterogene Gruppen zusammengewürfelt werden, was zur häufig beklagten Diffusität der Befunde über so identifizierte ‚Mittelschichten' beitragen dürfte" (Levy 1996, S. 79), ein Einwand, der sich im Prinzip auch gegen jene Modelle beruflicher Stellungen vorbringen lässt, die in Erhebungen der öffentlichen Statistik verwendet werden.

Geeigneter scheint uns das Modell des sozialen Raumes von Pierre Bourdieu (1988), mit dem sich soziale Unterschiede differenzierter erfassen lassen und mit dem Begriff des Habitus ein Begriff zur Verfügung steht, mit dem der Zusammenhang von sozialer Lage, praxisbezogenen Klassifizierungen und der Art des Verhaltens verstehbar gemacht werden kann.[7]

Statt sich auf einzelne Variablen zu konzentrieren, wird die Kohärenz verschiedener Faktoren in den Blick genommen und eine lebensweltliche Perspektive verfolgt, die den Umgang mit Demenzkranken eingebettet sieht in milieuspezifische Alltagskulturen.

So hat der Umgang mit dementen Angehörigen auch etwas damit zu tun, wie man spricht, etwas wahrnimmt bzw. nicht wahrnimmt, was einem wichtig bzw. weniger wichtig ist, also mit allgemeinen Prägungen, die im Habitus verankert sind und auf den ersten Blick mit dem Thema Demenz in keinem unmittelbaren Zusammenhang stehen.

Literatur

Antonovsky, A. (1997). *Salutogenese. Zur Entmystifizierung der Gesundheit.* Tübingen: DGVT.

Ayres, L. (2000). Narratives of family caregiving: Four story types. *Research in Nursing & Health, 23*(5), 359–371.

Badura, B. (Hrsg.). (1981). *Soziale Unterstützung und chronische Krankheit. Zum Stand sozialepidemiologischer Forschung.* Frankfurt a. M.: Suhrkamp.

Barusch, A. S., & Spaid, W. M. (1989). Gender differences in caregiving: Why do wives report greater burden? *The Gerontologist, 29*(5), 667–676.

Beck-Gernsheim, E. (1990). *Das halbierte Leben.* Frankfurt a. M.: Fischer.

Beekman, N. R. (1999). Family caregiving, dementia, and social support. PhD thesis, University of Michigan.

---

[7] So gesehen ist die Reaktion auf die Pflegesituation nicht, wie in phänomenologischen Ansätzen vertreten, Resultat einer individuellen Wahl, sondern das Produkt eines habituellen, durch soziale Bedingungen geprägten „Modus operandi".

Benson, V. K. (1998). The impact of depression and burden levels on caregivers. MSW thesis, California State University.

Blinkert, B., & Klie, T. (1999). *Pflege im sozialen Wandel: Eine Untersuchung über die Situation von häuslich versorgten Pflegebedürftigen nach Einführung der Pflegeversicherung.* Hannover: Vincentz Verlag.

Blinkert, B., & Klie, T. (2000). Pflegekulturelle Orientierungen und soziale Milieus. *Sozialer Fortschritt, 10,* 237–245.

Bourdieu, P. (1988) [1979]. *Die feinen Unterschiede.* Frankfurt a. M.: Suhrkamp.

Bourgard, L. L. (1995). Existential growth resulting from giving care to a spouse with Alzheimer's disease. PhD thesis, Arizona State University.

Bourgeois, S. S., et al. (1996). Interventions for caregivers of patients with Alzheimer disease: A review and analysis of content, process, and outcomes. *International Journal of Aging and Human Development, 43,* 35–92.

Bracker, M., et al. (1988). Die Pflegebereitschaft der Töchter. Zwischen Pflichterfüllung und eigenen Lebensansprüchen. Wiesbaden: o. V.

Brody, E. M. (1985). Parent care as a normative family stress. *The Gerontologist, 25*(1), 19–29.

Brody, E. M. (1989). The family at risk. In E. Light & B. D. Lebovitz (Hrsg.), *Alzheimer's disease treatment and family stress. Directions of research* (S. 2–49). Rockville: National Institute of Mental Health.

Brody, E. M., Litvin, S. J., Hoffman, C., & Kleban, M. H. (1992). Differential effects of daughters' marital status on their parent care experiences. *The Gerontologist, 32,* 58–67.

Brody, E. M., Litvin, S., Hoffman, C., & Kleban, M. H. (1995). On having a ,significant other' during the parent care years. *Journal of Applied Gerontology, 14*(2), 131–149.

Buchmann, M., Karrer, D., & Meier, R. (1985). *Der Umgang mit Gesundheit und Krankheit im Alltag.* Bern: Haupt.

Campbell, J. D. (1997). The relationship of caregiver demands, appraisal, and resources with spousal caregiver adaptation to dementia caregiving. DNS thesis, Indiana University School.

Carrafa, G., et al. (1997). Differences between Anglo-Celtic and Italian caregivers. *Ageing and Society, 17,* 699–712.

Colerick, E. J., & George, L. K. (1986). Predictors of institutionalization among caregivers of patients with Alzheimer's disease. *Journal of American Geriatric Society, 34,* 493–498.

Cox, R., & Monk, A. (1996). Strain among caregivers: Comparing the experience of African American and Hispanic caregivers of Alzheimer's relatives. *International Journal of Aging and Human Development, 43,* 93–105.

Dallinger, U. (1997). Erwerbstätige Pflegepersonen älterer hilfe- und pflegebedürftiger Menschen in der Bundesrepublik Deutschland: Partizipation in und Ausscheiden aus dem Erwerbsleben. In Bundesministerium für Familie, Senioren, Frauen und Jugend (BMfFSFJ) (Hrsg.), *Vereinbarkeit von Erwerbstätigkeit und Pflege. Schriftenreihe des Bundesministeriums 106/1* (S. 111–154). Stuttgart: Kohlhammer.

Diener, O. (2001). Ambulante und teilstationäre Grundversorgung für Demenzkranke und Hilfen für ihre Angehörigen in der Schweiz. Unveröffentlichtes Manuskript.

Dornheim, J. (1983). *Kranksein im dörflichen Alltag. Soziokulturelle Aspekte im Umgang mit Krebs.* Tübingen: Tübinger Verein für Volkskunde.

Eisdorfer, C., et al. (2003). The effect of a family therapy and technology-based intervention on caregiver depression. *The Gerontologist, 43*(4), 521–531.

Europäische Stiftung zur Verbesserung der Lebens- und Arbeitsbedingungen (Hrsg.) (1993). *Familiale Betreuung abhängiger alter Menschen in den Ländern der europäischen Gemeinschaften*. Luxemburg: Amt für amtliche Veröffentlichungen der Europäischen Gemeinschaften

Farran, C. J., Keane-Hagerty, E., Salloway, S., Kupferer, S., & Wilken, C. S. (1991). Finding meaning: An alternative paradigm for Alzheimer's disease family caregivers. *The Gerontologist, 31*(4), 483–489.

Folstein, M. F., Folstein, S., & McHugh. P. (1975). Mini mental state: A practical method for grading the cognitive state of patients for the clinician. *Journal of Psychiatric Research, 12*, 189–198.

Gallant, M. P. (1995). The stress process among dementia spouse caregivers: The effects of burden, appraised control, support and depression on caregiver health behaviors. PhD thesis, University of Michigan.

Gibbons, D. M. (1998). The relationship between marital closeness and attitude toward caregiving in spouse caregivers of persons with dementia. MSW thesis, California State University.

Graham, C., Ballard, C., & Sham, P. (1997). Carers' knowledge of dementia, their coping strategies and morbidity. *International Journal of Geriatric Psychiatry, 12*, 931–936.

Grässel, E. (1998). Häusliche Pflege dementiell und nicht dementiell Erkrankter. Teil I: Inanspruchnahme professioneller Pflegehilfe. *Zeitschrift für Gerontologie und Geriatrie, 31*, 52–56.

Gunzelmann, T. (1991). Problemsituation und Beratung von Angehörigen dementiell erkrankter älterer Menschen. Stand der Forschung und Praxis. *Zeitschrift für Gerontopsychologie und -psychiatrie, 4*(1), 41–56.

Hess, B. B., & Waring, J. H. (1978). Parent and child in later life: Rethinking the relationship. In R. M. Lerner & G. B. Spanier (Hrsg.), *Child influences on marital and family interaction: A life-span perspective* (S. 241–273). New York: Academic Press.

Heusinger, J. (2008). Der Zusammenhang von Milieuzugehörigkeit, Selbstbestimmungschancen und Pflegeorganisation in häuslichen Pflegearrangements älterer Menschen. In U. Bauer & A. Büscher (Hrsg.), *Soziale Ungleichheit und Pflege. Beiträge sozialwissenschaftlich orientierter Pflegeforschung* (S. 301–315). Wiesbaden: Verlag für Sozialwissenschaften.

Heusinger, J., & Klünder, M. (2005). Ich lass' mir nicht die Butter vom Brot nehmen. Aushandlungsprozesse in häuslichen Pflegearrangements. Frankfurt a. M.: Mabuse Verlag.

Holley, M. T. S. (2000). The relationship between caregiver stress, social support and well-being. PhD. Thesis, University of Maryland College Park.

Höpflinger, F., & Haller, M. (1990). Kinship and social networks in modern societies: A cross-cultural comparison among seven nations. *European Sociological Review, 6*, 103–124.

Horowitz, A. (1982). The role of families in providing long-term care to the frail and chronically ill elderly living in the community. Final report submitted to the Health Care Financing Administration, DHHS, May.

Horowitz, A. (1985). Sons and daughters as caregivers to older patients: Differences in role performance and consequences. *The Gerontologist, 25*, 612–617.

Infratest Sozialforschung. (2003). Hilfe- und Pflegebedürftige in Privathaushalten in Deutschland 2002. Schnellbericht. München.

Institut für Gerontologie. (2001). *Vereinbarkeit von Erwerbstätigkeit und Pflege. Schriftenreihe des Bundesministeriums für Familien, Senioren, Frauen und Jugend*. Stuttgart: Kohlhammer.

Jacob, R. (1995). *Krankheitsbilder und Deutungsmuster. Wissen über Krankheit und dessen Bedeutung für die Praxis.* Opladen: Westdeutscher Verlag.

Jarrott, S. E. (1999). The effect of social support on outcomes of caregivers of dementia patients. PhD thesis, Pennsylvania State University.

Karrer, D. (1998). *Die Last des Unterschieds. Biographie, Lebensführung und Habitus von Arbeitern und Angestellten im Vergleich* (2. Aufl. 2000). Opladen: Westdeutscher Verlag.

Karrer, D. (2000). Kulturelle Vielfalt und soziale Unterschiede. In C. Suter (Hrsg.), *Sozialbericht 2000* (S. 108–130). Zürich: Seismo.

Kessler, J., Markowitsch, H. J., & Denzler, P. (1996). MMST. In Collegium Internationale Psychiatriae Scalarum (Hrsg.), *Internationale Skalen für Psychiatrie.* Göttingen: Beltz.

Koppetsch, C., & Burkart, G. (1999). *Die Illusion der Emanzipation. Zur Wirksamkeit latenter Geschlechtsnormen im Milieuvergleich.* Konstanz: UVK.

Lee, Y.-R. (1995). Korean and North American Caucasian caregivers of dementia patients: A cross cultural comparison of caregiver burden. PhD thesis, University of Texas at Austin.

Lee, Y. -R., & Sung, K. T. (1997). Cultural differences in caregiving motivations for demented parents: Korean caregivers versus American caregivers. *International Journal of Aging and Human Development, 44,* 115–127.

Levy, R. (1996). Zur Institutionalisierung von Lebensläufen. In J. Behrens & W. Voges (Hrsg.), *Kritische Übergänge. Statuspassagen und sozialpolitische Institutionalisierung* (S. 73–114). Frankfurt a. M.: Campus.

Lutzky, S. M., & Knight, B. G. (1994). Explaining gender differences in caregiver distress: The roles of emotional attentiveness and coping styles. *Psychology and Aging, 9*(4), 513–519.

Mantell, R. A. (2000). Family caregivers of the elderly: The relationship between dementia caregiver burden, caregiver depression and beliefs about caregiving. PhD, University of Minnesota.

McCagg, D. L. (1997). Perceptions of caregiver burden among caregivers of dementia clients. MSN thesis, Eastern Michigan University.

McKune, A. M. (1997). Perceived competence and positive well-being in family caregivers of relatives with Alzheimer's disease. MSN thesis, Michigan State University.

Meier, D., et al. (1999). Pflegende Familienangehörige von Demenzpatienten. *Zeitschrift für Gerontopsychologie und -psychiatrie, 12*(2), 85–96.

Meyer, C. (2014). Menschen mit Demenz als Interaktionspartner. Eine Auswertung empirischer Studien vor dem Hintergrund eines dimensionalisierten Interaktionsbegriffs. *Zeitschrift für Soziologie, 2,* 95–112.

Molo-Bettelini, C., Clerici, N., & Testa-Mader, A. (1997). La charge et les besoins de qui soigne à domicile un parent atteint de démence sénile. Rapport à l'intention du Fonds National Suisse de la Recherche Scientifique, PN 32.

Morano, C. L. (2003). Appraisal and coping: Moderators or mediators of stress in Alzheimer's disease caregivers? *Social Work Research, 27,* 116–128.

Naegele, G. (1997). Zusammenfassung wichtiger Ergebnisse und erste sozialpolitische Schlussfolgerungen. In Bundesministerium für Familie, Senioren, Frauen und Jugend (BMfFSFJ) (Hrsg.), *Vereinbarkeit von Erwerbstätigkeit und Pflege. Schriftenreihe des Bundesministeriums 106/1* (S. 5–22). Stuttgart: Kohlhammer.

Nolan, M. R., Grant, G., & Ellis, N. C. (1990). Stress is in the eye of the beholder. Reconceptualizing the measurement of caregiver burden. *Journal of Advanced Nursing, 15,* 544–555.

O'Donnell, M. E. (1997). The lived experience of uncertainty for spouse caregivers of people with Alzheimer's disease. PhD thesis, Adelphi University.

Pappas-Rogich, M. (1990). An analysis of the influences of characteristics of the Alzheimer patient and their primary caregiver on caregiver perception of burden, barriers to social support utilization and need. PhD thesis, University of Pittsburgh.

Pearlin, L., et al. (1990). Caregiving and the stress process: An overview of concepts and their measures. *The Gerontologist, 30,* 583–594.

Reichert, M. (1996). Vereinbarkeit von Erwerbstätigkeit und Hilfe/Pflege für ältere Angehörige: Arbeitsplatzbezogene Belastungen und Bewältigungsstrategien. In P. Tews (Hrsg.), *Altern und Politik. Schriftenreihe der Hamburger Arbeitsgemeinschaft für Fortbildung in der Altenhilfe* (S. 237–251). Melsungen: Bibliomed.

Schacke, C., & Zank, S. (1998). Zur familiären Pflege demenzkranker Menschen: Die differentielle Bedeutung spezifischer Belastungsdimensionen für das Wohlbefinden der Pflegenden und die Stabilität der häuslichen Pflegesituation. *Zeitschrift für Gerontologie und Geriatrie, 31,* 355–361.

Schneider, T., Drobnic, S., & Blossfeld, H.–P. (2001). Pflegebedürftige Personen im Haushalt und das Erwerbsverhalten verheirateter Frauen. *Zeitschrift für Soziologie, 30,* 362–383.

Spiegel, R., et al. (1996). Nosger. In Collegium Internationale Psychiatriae Scalarum (Hrsg.), *Internationale Skalen für Psychiatrie.* Göttingen: Beltz.

Stricks, L. S. (1998). Mutuality in caregiving relationships: An examination of caregiver-care recipient dyads in patients with Alzheimer's disease. PhD thesis, Columbia University.

Sussman, M. (1979). Social and economic supports and family environment for the elderly. Final report to Administration on Aging, Grant #90-A-316, January.

Szinovacz, M. E. (2003). Caring for a demented relative at home: Effects on parent-adolescent relationships and family dynamics. *Journal of Aging Studies, 17,* 445–472.

Toseland, R. W., McCallion, P., Gerber, T., & Banks, S. (2002). Predictors of health and human services use by persons with dementia and their caregivers. *Social Science and Medicine, 55,* 1255–1266.

Tschainer, S. (1999). „Ich kann nicht mehr!" Pflege zu Hause um jeden Preis? *Alzheimer Info, 24,* 15–19.

Ward-Griffin, M. C. (1998). Negotiating the boundaries of eldercare. The relationship between nurses and family caregivers. PhD thesis, University of Toronto.

Warren, J. H. (1998). An investigation into the relationship between psychological distress and family factors in offspring and spouse caregivers of people with dementia. Thesis, Open University United Kingdom.

Wettstein, A. (1999). Prospektive randomisierte kontrollierte Studie des Schulungseffektes bei Angehörigen von Demenzkranken. Projektskizze NFP Probleme des Sozialstaates, Zürich.

Wettstein, A., et al. (2002). Schulungseffekte bei Angehörigen von Demenzkranken. Zwischenbericht Zürich.

Zarit, J. (1982). Predictors of burden and distress for caregivers of senile dementia patients. Unpublished doctor dissertation, University of Southern California, Los Angeles.

Zarit, S., & Zarit, J. (1987). The memory and behavior problems checklist – 1987R and the burden interview. Technical Report, University of Pennsylvania.

Zarit, S., Reever, K. E., & Bach-Peterson, J. (1980). Relatives of the impaired elderly: Correlates of feelings of burden. *The Gerontologist, 20,* 649–655.

Sozialer Raum und Habitus   3

3.1 Der soziale Raum

Das Modell des sozialen Raumes (vgl. Diagramm 1 im Anhang) beruht im Wesentlichen auf zwei Kapitalarten: dem ökonomischen und dem kulturellen Kapital. Während das ökonomische Kapital den Besitz an Einkommen und Vermögen umfasst, existiert das kulturelle Kapital (Bourdieu 1983) in drei Formen: inkorporiert (als Wissen, Sprache usw.), objektiviert (in Gütern) und institutionalisiert (in Form von Titeln).

Die vertikale Achse des sozialen Raumes wird gebildet durch das Kapitalvolumen, also den Umfang des ökonomischen und kulturellen Kapitals, über das man verfügt. Die horizontale Achse beruht auf dem Verhältnis zwischen den beiden Kapitalarten: rechts ist das ökonomische Kapital größer als das kulturelle, in der Mitte ist es mehr oder weniger ausgeglichen und links überwiegt das kulturelle gegenüber dem ökonomischen Kapital.

Nun lassen sich in einem so konstruierten Raum verschiedene „Berufsgruppen" verorten. Während die vertikale Achse definiert, ob eine Gruppe eher oben, in der Mitte oder unten steht, lässt sich aufgrund der horizontalen Achse bestimmen, auf welcher Kapitalform ihre Position vor allem beruht.

Erfasst werden also nicht nur vertikale, sondern auch horizontale Unterschiede, die soziologisch oftmals von ebenso großer Bedeutung sind: Unterschiede zwischen einem eher ökonomischen Pol auf der rechten und einem stärker kulturellen Pol auf der linken Seite.

Diese horizontale Erweiterung gegenüber rein vertikal ausgerichteten Modellen erweist sich insbesondere in der mittleren Region des sozialen Raumes als fruchtbar, die in ihrer sozialen Zusammensetzung sehr heterogen ist. Sie erlaubt es, Unterschiede zwischen Gruppen zu erfassen, die sich auch in ihrem eigenen Verständnis voneinander unterscheiden und nicht selten auch voneinander abgrenzen.

© Springer Fachmedien Wiesbaden 2016   23
D. Karrer, *Der Umgang mit dementen Angehörigen*,
DOI 10.1007/978-3-658-11082-6_3

Die mittlere Region des sozialen Raumes ist zwar heterogen, aber keineswegs strukturlos, wie Ulrich Beck (1997, S. 195) meint. Sie bildet eine eigene Ordnung von Unterschieden, über die wir allerdings weniger wissen als über die vertikalen Ungleichheiten, weil sie mit den herkömmlichen Schichtmodellen gar nicht ins Blickfeld geraten konnten und deshalb auch nicht untersucht worden sind. Soziologische Begriffe können Unterschiede nicht nur sichtbar machen, sie können sie auch zum Verschwinden bringen.

Das Modell bezieht sich primär auf die Erwerbstätigen als „Kernstatusgruppe". Das schließt nicht aus, auch Hausfrauen oder Rentner im sozialen Raum zu verorten (vgl. Kap. 4.2), sofern man berücksichtigt, dass sie nicht oder nicht mehr zur Kernstatusgruppe gehören.

Ist die Perspektive von Bourdieu (1988) in seinem Buch „Die feinen Unterschiede" auf „Großgruppen" (Beck 1986) ausgerichtet, lässt sich das Modell des sozialen Raumes auch für eine akteurbezogene Analyse nutzen. Der soziale Raum stellt dann eine Art „Landkarte" der verschiedenen sozialen Positionen dar (Bourdieu 1992, S. 35 ff.), auf der sich die Laufbahn und die Stellung von Akteuren eintragen und in ihrer Differenz zueinander sichtbar machen lässt (vgl. Karrer 2015).

3.2   Der Habitus

Aufgrund ihrer Position im sozialen Raum sind Akteure nicht nur mit einem unterschiedlichen Ausmaß und unterschiedlichen Arten von sozialen Ressourcen ausgestattet, sie sind auch verschieden geprägt, das heißt, sie haben einen unterschiedlichen Habitus (Bourdieu 1987, 1988).

Der Habitus ist ein unter sozialen Bedingungen erworbener Modus der Wahrnehmung und des Handelns, der in seiner positionsspezifischen Form das Verhalten von Akteuren in verschiedenen Bereichen des Alltagslebens prägt (Bourdieu 1988; Buchmann et al. 1985; Karrer 1998, 2002). Der Habitus bestimmt nicht einzelne Handlungen, sondern die Modalität des Handelns, so dass in nominal völlig unterschiedlichen Handlungen die gleiche Art und Weise des Handelns zum Ausdruck kommen kann: wie einer spricht, isst, was er mag oder nicht mag – „all das ist eng miteinander verknüpft" (Bourdieu 1992, S. 32). Der Habitus als Erzeugungsprinzip von Handlungen macht kohärent, was auf den ersten Blick höchst disparat scheint.[1] Und was vom Namen her gleich ist, kann je nach Position im sozialen Raum etwas Unterschiedliches bedeuten.

---

[1] In der Literatur hat man das schon immer besser begriffen als in der Soziologie (vgl. Bourdieu 1988, 1992, S. 32). So schreibt Peter von Matt (2015) in seinem Nachruf auf Günter

Im Unterschied zu Theorien, die Handlungen als bewusste und intentionale Akte sehen, ist der Habitus ein „Gewohnheits-Sinn", der stärker auf der Ebene der Praxis als auf der Ebene des Bewusstseins agiert (Bourdieu 2001, S. 182). Der Habitus als „inkorporiertes Soziales" kann zu unwillkürlichen, körperlichen Reaktionen führen, die in Widerspruch stehen zu dem, was man sagt und was man sein möchte. Etwa wenn in einer sozial ungleichgewichtigen „Figuration" (Elias 1970) der Blutdruck ansteigt oder einem die Stimme versagt und der Körper eine Wahrheit offenbart, die dem Bild, das man abgeben möchte, diametral widerspricht (vgl. Hahn 2010).

Im Habitus inkorporiert sind auch die Relationen der Unterschiede. Sie schlagen sich nieder in einem Sinn für Unterschiede: in einem Sinn dafür, was zu wem passt, was Bourdieu (1988) in Anlehnung an Goffman „sense of one's place" genannt hat (vgl. dazu auch Karrer 1998, S. 38 ff.).

Der Habitus wird nicht allein durch die aktuelle soziale Lage geprägt, sondern auch durch den Weg, den man im sozialen Raum zurückgelegt hat (Bourdieu 1988, 1992, S. 37): durch die soziale Herkunft und die Positionen, die man im Laufe seines Lebens besetzt, und durch die Art des Verlaufs, den das eigene Leben nimmt: aufsteigend oder absteigend, kontinuierlich oder unstet, stärker vorgegeben oder hergestellt.

So kann man zwar die gleiche Position im sozialen Raum haben, Gemeinsamkeiten des Habitus teilen und trotzdem auch verschieden sein, weil man aus völlig unterschiedlichen Herkunftsmilieus stammt, deren Prägungen im Habitus fortwirken können, auch wenn sich die sozialen Bedingungen verändert haben. „Denn in jedem von uns ist in verschiedenen Dosen der Mensch von gestern", wie Durkheim (1977, S. 16) schreibt. „Nur fühlen wir diesen Menschen der Vergangenheit nicht, weil er in uns verwurzelt ist. Er bildet den unbewussten Teil in uns."

Weitere Einflüsse auf den Habitus
Der Habitus ist auch geprägt durch die Unterschiede zwischen den Geschlechtern, die wohl am stärksten von allen sozialen Unterschieden „verkörpert" sind. Wie die Unterschiede im sozialen Raum schlagen sie sich nieder in einem „sense of gender" (Karrer 1998): einem Sinn dafür, was „männlich" und was „weiblich" ist und was zu wem passt (vgl. Bourdieu 2005). Stimmt der Habitus mit den Unterschieden überein, kann das zu einem „So-ist-es"-Effekt führen (Bourdieu 2014, S. 211): Allein dadurch, dass sie so sind, wie sie sind, können Geschlechterunterschiede

---

Grass: „Zu den Wörtern und zum Schreiben hatte er das gleiche Verhältnis wie zu den Nahrungsmitteln und zum Kochen. Hier wie dort suchte er das Ursprüngliche, das Ungezähmte, das sich in Kunst verwandeln ließ."

zu etwas werden, was fraglos der Fall ist und sich von selbst versteht, ohne dass das eigens begründet werden müsste. Wobei der geschlechtsspezifische Habitus je nach Position im sozialen Raum variiert (Koppetsch und Burkart 1999) und die herkömmliche Geschlechterordnung auch in Frage gestellt werden kann, wenn die sozialen Grundlagen dafür vorhanden sind.

Der Habitus ist nicht nur „vergeschlechtlicht und vergeschlechtlichend" (Bourdieu 1997, S. 167), er ist auch generationenspezifisch ausgeprägt: Menschen, die ihr Leben in den fünfziger oder sechziger Jahren nach dem Zweiten Weltkrieg begonnen haben, sind anders sozialisiert als Menschen, die in der Weltwirtschaftskrise der zwanziger und dreißiger Jahre geboren worden sind (Elder 1974).

Während Vorkriegsgenerationen mehr „Pflicht- und Akzeptanzwerte" vertreten, sind die Nachkriegsgenerationen stärker durch eine gesellschaftliche Entwicklung geprägt, die Ulrich Beck (1986) unter dem Begriff der Individualisierung zusammengefasst hat: Durch verschiedene strukturelle Veränderungen (Zunahme der materiellen Möglichkeiten, Bildungsexpansion, Mobilität u. a.) werden Menschen herausgelöst aus herkömmlichen Sozialformen, Bindungen und Orientierungen und auf die Suche geschickt nach ihrem eigenen Leben. Verlief das Leben früher in relativ normierten Bahnen, so muss es nun von den Individuen vermehrt selbst hergestellt werden. Normalbiographien werden stärker zu Wahl- oder Bastelbiographien. Die Frage „Was will ich" wird nicht nur möglicher, sie wird auch nötiger, weil die „kollektiven Habitualisierungen" und Selbstverständlichkeiten der alltäglichen Lebensführung mürbe geworden sind. Oder in den Worten von Anthony Giddens (1991, S. 82): „The signposts established by tradition now are blank". Was früher mehr oder weniger vorgegeben war, muss nun vermehrt entschieden werden. „Gefordert ist ein aktives Handlungsmodell des Alltags, das das Ich zum Zentrum hat" (Beck 1986, S. 217). Aufgrund dieser Entwicklung muss das Leben nun stärker vom Einzelnen her und auf den Einzelnen bezogen gedacht werden, womit das frühere Verhältnis von Individuum und Gesellschaft gewissermaßen auf den Kopf gestellt wird. Denken Vorkriegsgenerationen sich selbst stärker von den gesellschaftlichen Formen her, werden bei jüngeren Nachkriegsgenerationen die gesellschaftlichen Formen stärker vom Ich aus gedacht.

Das äußert sich in einer um sich greifenden „Selbst-Kultur", in der Selbstbestimmung, Selbstverwirklichung, Selbsterfahrung, Selbstsuche, Selbstreflexion und Selbstentwicklung zentrale Momente bilden (Beck 1997; Beck et al. 1995). Und es zeigt sich in einem Freiheits- und Autonomiebedürfnis, das sich an gesellschaftlich zugemuteten Normen und Pflichten ebenso stößt wie an formalen Hierarchien oder zugewiesenen Mitgliedschaften, die nicht selbst gewählt sind. Auf diesem Hintergrund wird soziologisch verstehbarer, warum formale Rangordnungen heute mehr hinterfragt werden als früher, warum mehr Menschen aus der Kirche austreten oder ihre Mitgliedschaft zwar formell beibehalten, sich aber lieber ihre eigene Religion aus verschiedenen Bezügen zusammenbasteln als ein bestimmtes vorgefertigtes Angebot zu übernehmen: etwa indem man christliche Inhalte mit Vorstellungen aus anderen Glaubensrichtungen kombiniert, den Glauben an Christus zum Beispiel mit dem Glauben an die Reinkarnation. Gerade das Beispiel der Seelenwanderung, an die laut einer Untersuchung etwa 30 % der Schweizer Bevölkerung glauben (Dubach und Campiche 1993), scheint in diesem Zusammenhang von allgemeiner Bedeutung. An Einfluss gewonnen haben als Folge des Individualisierungsprozesses all jene Deutungs- und Orientierungsangebote, in denen Selbstentdeckung und Selbstentwicklung eine zentrale Rolle spielen. Deshalb überrascht es nicht, dass zum Beispiel Botschaften des „New Age", die man vor ein paar Jahrzehnten noch als Aberglaube belächelt hätte, heute auf breite Zustimmung stoßen (vgl. Stenger 1993) oder Religionen wie der Buddhismus an Attraktivität gewonnen haben.

Diese Form des Individualismus ist nicht zu verwechseln mit einer egozentrischen Lebensführung und Lebenshaltung. Vielmehr scheint die Tendenz, vom Einzelnen aus und auf den Einzelnen bezogen, also individuumszentriert zu denken, häufig sogar mit mehr Empathie verbunden zu sein, also mit der Bereitschaft und der Fähigkeit, sich in andere Menschen hineinzuversetzen (Beck et al. 1995).

So wichtig die von Ulrich Beck beschriebenen Veränderungen sind, so sehr sollte man sich hüten, sie zu verallgemeinern. Es weist einiges darauf hin, dass die erwähnten Formen der „Selbstkultur" wiederum an den sozialen Raum gebunden sind und sich vor allem bei Gruppen finden, die über vergleichsweise viel kulturelles Kapital verfügen, während hin zur ökonomischen Seite eine andere, stärker utilitaristische Variante des Individualismus (vgl. Bellah et al. 1987) vorherrscht und eine „Selbstkultur" im erwähnten Sinne im unteren Bereich des sozialen Raumes praktisch gar nicht zu finden ist (Karrer 1998, 2000). Was Ulrich Beck in einem Aufsatz von 1997 auch selbst eingeräumt hat.

Wie empirische Untersuchungen zeigen, werden zum Beispiel die traditionellen Geschlechterrollen vor allem „Mitte und Oben links" im sozialen Raum in Frage gestellt, während die hierarchische Beziehung zwischen den Geschlechtern im unteren Bereich des sozialen Raumes noch weitgehend selbstverständlicher Bestandteil des Alltags ist, bei Männern wie bei Frauen. Wobei die Unterschiede auf der diskursiven Ebene größer sind als auf der Handlungsebene (Koppetsch und Burkart 1999). Und wie wir sehen werden, ist der Rückgriff auf individuumszentrierte Sinnbezüge als Form der Problembewältigung vor allem für Angehörige des sozio-kulturellen Milieus von Bedeutung, die nach dem Krieg geboren sind.

Allerdings prägen Gruppen, die sich auf der kulturellen Seite des sozialen Raumes befinden und zu denen auch die Medienschaffenden gehören, in starkem Maße das Bild und die Atmosphäre einer gesellschaftlichen Epoche. Was dazu führen kann, dass „der Mood" (Bourdieu 2009, S. 128) der Selbstkultur zum Teil auch auf Akteure ausstrahlt, die allein von ihrer sozialen Lage her weniger dafür disponiert sind.

Es gibt generationelle Unterschiede des Habitus, die jedoch positionsspezifisch ausgeprägt sind. Statt nach allgemeinen Generationenunterschieden zu suchen, wäre deshalb eher zu fragen, wie sich generationelle Unterschiede innerhalb einer Positionsgruppe zeigen. Der Habitus eines Lehrers zum Beispiel, der in den vierziger und fünfziger Jahren unterrichtet hat, ist mit hoher Wahrscheinlichkeit nicht der gleiche wie der eines Lehrers, der seine Berufslaufbahn in den achtziger Jahren des 20. Jahrhunderts begonnen hat. Leider wissen wir jedoch nur sehr wenig darüber, weil generationelle Unterschiede innerhalb von Berufs- und Positionsgruppen gewöhnlich nicht untersucht werden (vgl. Schulze 1990).

Der Habitus unterliegt auch lebenszyklischen Effekten. Allerdings ist ebenfalls nur sehr wenig bekannt, wie sich der Habitus in verschiedenen Lebensphasen verändert. Was u. a. damit zusammenhängt, dass „eine zweifelsfreie Separierung von Lebenszyklus- und Generationeneffekten nur selten möglich [ist]", wie Schulze angemerkt hat. Andererseits hat sich jedoch in einer Reihe von Untersuchungen gezeigt, „dass mit zunehmendem Alter immer wieder ähnliche Veränderungen von Erlebnisbedürfnissen und Erlebnismustern auftreten. Gut bestätigt ist ein zunehmendes Bedürfnis nach Ordnung, Ruhe, Harmonie und Tradition" (Schulze 1990, S. 417). Und Kohli (1990, S. 400) hat darauf hingewiesen, dass mit verschiedenen Lebensphasen auch ein unterschiedlicher Zeithorizont verbunden ist. „Es ist etwas völlig anderes, ob man etwas noch vor sich oder schon hinter sich hat." So kann man im Alter gelassener und gleichmütiger werden (Frevert 2013, S. 8). Und das Gefühl, sein Leben selbst bestimmen zu können, ist vermutlich nicht nur von der Position im sozialen Raum abhängig, sondern auch von der Lebensphase und dem damit verbundenen Raum des Möglichen.

Sozialer Habitus, Individualität und Milieu
Ähnliche soziale Bedingungen und eine ähnliche *Art* von (lebensgeschichtlichen) Erfahrungen schlagen sich in einem ähnlichen Habitus nieder, der Akteure einander verwandt macht, ohne dass sie sich persönlich zu kennen brauchen.

Das heißt nicht, dass alle gleich sind. Kein Individuum ist genau wie das andere. Der soziale Habitus, den man mit andern teilt, zeigt sich in individuellen Varianten innerhalb eines Raumes des Möglichen, wie die gemeinsame Schrift, die sich in individuellen Handschriften äußert (Elias 1987, S. 144 f.; Bourdieu 1987, S. 112).

Und was sich gleicht, ist nicht so sehr das Verhalten im substantivischen Sinn, sondern der Modus operandi, die Art des Verhaltens und die damit verbundenen Vorlieben und Abneigungen (vgl. Karrer 1998, S. 43 f.).

Der Habitus bevorzugt Erfahrungen, die ihm entsprechen. Es zieht ihn an Orte und zu „Personen des Umgangs", die zu ihm passen und schafft sich so ein Milieu, in dem er vor Infragestellung geschützt ist (vgl. Bourdieu 1987, S. 114), während er sich von Orten und Personen, wo er sich fremd und fehl am Platz fühlt, *auf Dauer* eher fern hält. Was nicht heißt, dass es nicht Situationen gibt, in denen Akteure mit einem unterschiedlichen sozialen Hintergrund und mit verschiedenem Habitus aufeinandertreffen. In solchen (quasi experimentellen) Begegnungen und Konfigurationen werden soziale Unterschiede besonders augenfällig und die damit verbundenen Kräfte der Anziehung und Abstoßung sind besonders spürbar.

Unterschiede des Habitus und der Umgang mit dementen Angehörigen
In einer früheren Studie haben wir gezeigt, wie der Umgang mit Gesundheit und Krankheit durch soziale Unterschiede des Habitus beeinflusst wird (Buchmann et al. 1985). Und die vorliegende Untersuchung geht von der Annahme aus, dass auch die Wahrnehmung der Demenz und der Umgang mit demenzkranken Angehörigen durch den jeweiligen Habitus geprägt werden.

Angesichts einer Krankheit, bei der die Medizin nur wenig Hilfe und Orientierung anzubieten hat, ist zu erwarten, dass die Akteure in besonderem Maße auf eigene Deutungen und Bewältigungsmuster zurückgreifen, die in ihrem Habitus zur Verfügung stehen. Und im Unterschied zur medizinischen Sicht von Krankheit als rein physiologischem Vorgang ist möglicherweise auch das Bedürfnis besonders groß, einem Schicksal, das man nicht ändern kann, mindestens einen Sinn abzuringen, weil sinnvoll erscheinendes Leiden leichter zu ertragen ist als sinnloses (Hahn et al. 1996).

Im Mittelpunkt der Untersuchung stehen die Unterschiede im sozialen Raum und die damit verbundenen positionsspezifischen Unterschiede des Habitus, die jeweils geschlechts- und generationenspezifisch ausgeformt sind. Einbezogen wird auch die Laufbahn der pflegenden Angehörigen, soweit sie für das Verständnis der Fälle von Bedeutung ist. Und zu berücksichtigen sind auch die Positionen des Demenzkranken und von nahen Bezugspersonen, die den Umgang ebenfalls beeinflussen können.

Allerdings muss bedacht werden, dass auch von der Krankheit selbst (habitualisierende) Effekte ausgehen können (Lettke et al. 1999), die die Wirkung sozialer Unterschiede abschwächen oder ganz außer Kraft setzen können.

Literatur

Beck, U. (1986). *Risikogesellschaft. Auf dem Weg in eine andere Moderne.* Frankfurt a. M.: Suhrkamp.

Beck, U. (1997). Die uneindeutige Sozialstruktur: Was heißt Armut, was Reichtum in der „Selbst-Kultur"? In U. Beck & P. Sopp (Hrsg.), *Individualisierung und Integration: Neue Konfliktlinien und neuer Integrationsmodus* (S. 183–199). Opladen: Leske und Budrich.

Beck, U., Vossenkuhl, W., Ziegler, U. E., & Rautert, T. (1995). *Eigenes Leben. Ausflüge in die unbekannte Gesellschaft, in der wir leben.* München: C. H. Beck.

Bellah, R. N., Madsen, R., Sullivan, W. M., Swidler, A., & Tipton, St. M. (1987). *Gewohnheiten des Herzens. Individualismus und Gemeinsinn in der amerikanischen Gesellschaft.* Köln: Bund-Verlag.

Bourdieu, P. (1983). Ökonomisches Kapital, kulturelles Kapital, soziales Kapital. In R. Kreckel (Hrsg.), *Soziale Ungleichheiten, Soziale Welt Sonderheft 2* (S. 183–198). Göttingen: Schwarz.

Bourdieu, P. (1987). *Sozialer Sinn. Kritik der theoretischen Vernunft.* Frankfurt a. M.: Suhrkamp.

Bourdieu, P. (1988). *[1979]. Die feinen Unterschiede.* Frankfurt a. M.: Suhrkamp.

Bourdieu, P. (1992). *Die verborgenen Mechanismen der Macht.* Hamburg: VSA-Verlag.

Bourdieu, P. (1997). Die männliche Herrschaft. In I. Dölling & B. Krais (Hrsg.), *Ein alltägliches Spiel. Geschlechterkonstruktion in der sozialen Praxis* (S. 153–218). Frankfurt a. M.: Suhrkamp.

Bourdieu, P. (2001). *Meditationen. Zur Kritik der scholastischen Vernunft.* Frankfurt a. M.: Suhrkamp.

Bourdieu, P. (2005). *Die männliche Herrschaft.* Frankfurt a. M.: Suhrkamp.

Bourdieu, P. (2009). Die heilige Familie. Der französische Episkopat im Feld der Macht. In P. Bourdieu (Hrsg.), *Religion. Schriften zur Kultursoziologie 5* (S. 92–224). Konstanz: UVK Verlagsgesellschaft.

Bourdieu, P. (2014). *Über den Staat. Vorlesungen am Collège de France 1989–1992.* Berlin: Suhrkamp.

Buchmann, M., Karrer, D., & Meier, R. (1985). *Der Umgang mit Gesundheit und Krankheit im Alltag.* Bern: Haupt.

Dubach, A., & Campiche, R. J. (1993). *Jede(r) ein Sonderfall? Religion in der Schweiz.* Basel: NZN Buchverlag.

Durkheim, E. (1977). *Die Entwicklung der Pädagogik.* Weinheim: Beltz.

Elder, G. H. (1974). *Children of the great depression. Social change in life experience.* Chicago: University of Chicago Press.

Elias, N. (1970). *Was ist Soziologie?* München: Juventa.

Elias, N. (1987). *Die Gesellschaft der Individuen.* Frankfurt a. M.: Suhrkamp.

Frevert, U. (2013). *Vergängliche Gefühle.* Göttingen: Wallstein.

Giddens, A. (1991). *Modernity and self-identity.* Cambridge: Polity Press.

Hahn, A. (2010). *Kann der Körper ehrlich sein?* In A. Hahn (Hrsg.), *Körper und Gedächtnis* (S. 131–141). Wiesbaden: VS Verlag für Sozialwissenschaften.

Hahn, A., Eirmbter, W. H., & Jacob, R. (1996). *Krankheitsvorstellungen in Deutschland. Das Beispiel AIDS.* Opladen: Westdeutscher.

Karrer, D. (1998). *Die Last des Unterschieds. Biographie, Lebensführung und Habitus von Arbeitern und Angestellten im Vergleich* (2. Aufl. 2000). Opladen: Westdeutscher.

Karrer, D. (2000). Kulturelle Vielfalt und soziale Unterschiede. In C. Suter (Hrsg.), *Sozialbericht 2000* (S. 108–130). Zürich: Seismo.

Karrer, D. (2002). *Der Kampf um Integration. Zur Logik ethnischer Beziehungen in einem sozial benachteiligten Stadtteil.* Wiesbaden: Westdeutscher Verlag.

Karrer, D. (2015). *Familie und belastete Generationenbeziehungen. Ein Beitrag zu einer Soziologie des familialen Feldes.* Wiesbaden: VS Verlag für Sozialwissenschaften.

Kohli, M. (1990). Das Alter als Herausforderung für die Theorie sozialer Ungleichheit. In P. A. Berger & St Hradil (Hrsg.), *Lebenslagen, Lebensläufe, Lebensstile* (S. 387–409). Soziale Welt Sonderband 7. Göttingen: Otto Schwartz.

Koppetsch, C., & Burkart, G. (1999). *Die Illusion der Emanzipation. Zur Wirksamkeit latenter Geschlechtsnormen im Milieuvergleich.* Konstanz: UVK.

Lettke, F., Eirmbter, W. H., Hahn, A., Hennes, C., & Jacob, R. (1999). *Krankheit und Gesellschaft. Zur Bedeutung von Krankheitsbildern und Gesundheitsvorstellungen für die Prävention.* Konstanz: UVK.

Schulze, G. (1990). Die Transformation sozialer Milieus in der Bundesrepublik Deutschland. In P. A. Berger & St Hradil (Hrsg.), *Lebenslagen, Lebensläufe, Lebensstile* (S. 409–433). Soziale Welt Sonderband 7. Göttingen: Otto Schwartz.

Stenger, H. (1993). *Die soziale Konstruktion okkulter Wirklichkeit. Eine Soziologie des New Age.* Opladen: Leske und Budrich.

Von Matt, P. (2015). Anfassen und Formen. *Frechheit und Wut, Zärtlichkeit und Witz. Stimmen zum Tod von Günter Grass.* http://www.nzz.ch/feuilleton/reaktionen-zum-tod-von-guenter-grass, 13. April.

Teil II
Empirische Analyse

Untersuchungsanlage und methodisches Vorgehen

4

4.1 Fragestellung und Anlage der Untersuchung

Im empirischen Teil der Untersuchung wird der Frage nachgegangen, mit welchen Belastungen und Problemen pflegende Familienangehörige von Demenzkranken in verschiedenen Regionen des sozialen Raumes konfrontiert sind, ob es milieuspezifische Formen des Umgangs und der Bewältigung dieser Situation gibt und inwieweit dabei auch gender- und generationenspezifische Unterschiede von Bedeutung sind.

Die Untersuchung sollte so angelegt werden, dass die Lebenswelt und die Perspektive von Menschen, die einen demenzkranken Angehörigen pflegen, möglichst konkret und ganzheitlich erfasst werden konnte. Deshalb haben wir uns für eine qualitative Untersuchungsanlage mit einer leitfadengestützten Befragungsform entschieden, die es den Befragten ermöglicht, ihre Erfahrungen, Probleme und ihre Sicht- und Verhaltensweisen ausführlich darzustellen und auch Aspekte einzubringen, an die wir selbst nicht gedacht hatten. Was auch deshalb angebracht schien, weil das Thema in dieser Form praktisch noch nicht untersucht worden ist.

Gegenüber einer standardisierten Befragung hat eine offenere Befragungsmethode den Vorteil, dass der Untersuchungsgegenstand differenzierter und in seiner Prozesshaftigkeit[1] erfasst werden kann, soziale Beziehungen in ihrer Ambivalenz (Pillemer und Müller-Johnson 2007) analysiert und Aspekte entdeckt werden können, die zu Beginn der Forschung noch nicht bekannt waren.

Es ging jedoch nicht nur darum, in die Erfahrungswelt dieser Menschen einzutauchen und sie konkret und differenziert zu beschreiben. Mittels einer soziologi-

---

[1] So können zum Beispiel Veränderungen im Belastungserleben und Lernprozesse im Umgang mit der Situation erfasst werden.

© Springer Fachmedien Wiesbaden 2016
D. Karrer, *Der Umgang mit dementen Angehörigen,*
DOI 10.1007/978-3-658-11082-6_4

schen Analyse sollten zugrunde liegende Strukturen sichtbar gemacht und versucht werden, die Betroffenen aus sozialen Unterschieden zu verstehen, ohne dabei die Anschaulichkeit ihrer Erzählungen zu zerstören.

4.2 Das methodische Vorgehen

Der Ablauf des Forschungsprozesses gliederte sich in verschiedene Phasen, die jedoch weniger voneinander getrennte Sequenzen bildeten, als es die folgende, aus Gründen der Übersichtlichkeit etwas schematische Darstellung vermuten lässt.

4.2.1 Die Bestimmung der Auswahlkriterien

Der Fragestellung entsprechend, wurden die Auswahlkriterien der Befragten wie folgt spezifiziert:

Pflegende Familienangehörige Demenzkranke werden in erster Linie von ihrem Partner und in zweiter Linie von ihrer Tochter betreut.[2] Diesem Umstand wurde in der Untersuchung Rechnung getragen, indem neben Partnerinnen und Partnern von Demenzkranken auch Töchter befragt werden sollten, die sich um einen demenzkranken Elternteil kümmern.[3] Damit konnten zwei unterschiedliche Arten familialer (Pflege-)Beziehungen miteinander verglichen und auch generationelle Unterschiede zwischen den Befragten analysiert werden.

Position im sozialen Raum Um soziale Unterschiede differenziert erfassen zu können, sollten Angehörige aus verschiedenen Regionen des sozialen Raumes in die Untersuchung einbezogen werden und nicht allein vertikale, sondern auch horizontale Unterschiede berücksichtigt werden, die in Untersuchungen oftmals vergessen werden. Es wurden fünf „Regionen" unterschieden, die vergleichend analysiert werden sollten (vgl. Tab. 4.1).

---

[2] Von jenen Personen, die sich in den Jahren 2002 und 2003 in der Zürcher Memoryklinik Entlisberg untersuchen ließen und bei denen eine Demenz diagnostiziert worden ist, wurden 52.3 % von ihrem Partner und 30.7 % von der Tochter, Schwiegertochter oder, was allerdings selten ist, vom Sohn betreut. 5.9 % wurden von einer anderen Bezugsperson gepflegt, 6.5 % waren in einem Heim und 4.6 % auf sich allein gestellt (Karrer 2004).

[3] Da Söhne relativ selten die Hauptbetreuenden sind und die Situation der Schwiegertöchter eine spezifische ist, schien es uns sinnvoll, sich auf Töchter zu beschränken.

Tab. 4.1 Die unterschiedenen fünf Regionen des sozialen Raumes

Region 1	„Unten"	Arbeiter, einfache Angestellte, Handwerker
Region 2	„Mitte"	Kaufmännische Angestellte, mittleres Kader
Region 3	„Mitte links"	Sozio-kulturelle Berufe, Lehrer
Region 4	„Oben links"	Professoren, akademische Berufe
Region 5	„Oben rechts"	Unternehmer, Direktoren

Die Position der pflegenden Angehörigen im sozialen Raum wurde wie folgt bestimmt:

- Bei Erwerbstätigen über den aktuellen und bei Pensionierten über den früheren sozioprofessionellen Status, sowie über Angaben zum kulturellen und ökonomischen Kapital, soweit sie verfügbar waren.
- Bei Hausfrauen über den erlernten bzw. früher ausgeübten Beruf und das damit verbundene kulturelle Kapital („Stammstatus") sowie das vom Mann abgeleitete (ökonomische) Kapital („abgeleiteter Status").

Geschlecht Damit genderbezogene Unterschiede in und zwischen den verschiedenen Regionen des sozialen Raumes erfasst werden konnten, sollten die Befragten zur Hälfte dem weiblichen und männlichen Geschlecht angehören.

Wohnort Um den Kontext so weit als möglich konstant und die Kosten tief zu halten, konzentrierten wir uns auf Angehörige von Demenzkranken, die in der Stadt Zürich oder in der näheren Umgebung wohnen.

Art der Demenz Da unterschiedliche Formen von Demenz unterschiedliche Problematiken und Belastungen für die Pflegenden nach sich ziehen, wollten wir uns auf Pflegende von Angehörigen mit einer zerebralen, neurodegenerativen Form der Demenz beschränken, wobei das Spektrum der frontotemporalen und der rein vaskulären Demenzen sowie die Lewy-Körper-Demenz ausgeschlossen und nur Personen befragt werden sollten, deren Angehörige an Alzheimer oder an einer Mischform (Alzheimer und vaskuläre Demenz) erkrankt sind.[4]

Um den Einfluss krankheitsspezifischer Faktoren ausschalten zu können, wäre es auch wünschenswert gewesen, das Stadium der Krankheit zu kontrollieren, was

---

[4] Die frontotemporalen Demenzen wurden ausgeschlossen, weil sie aufgrund der Läsion jener Hirnsegmente, die für die Fähigkeit einer differenzierten Anpassung an soziale Situationen verantwortlich sind, sehr spezifische Verhaltensänderungen mit sich bringen, wie z. B. markante Aggressivität oder sexuelle Enthemmung usw. Und die Lewy-Körper-Demenz sollte deshalb nicht berücksichtigt werden, weil hier die kognitiven Leistungen stark fluktuierend sind und Hand in Hand gehen mit visuellen Halluzinationen.

allerdings nicht möglich war, weil uns der aktuelle Zustand des Patienten vor dem Interview nicht bekannt war. Deshalb konnte die Phase, in der sich der Kranke befindet, erst nachträglich bei der Interpretation der Daten mit berücksichtigt werden. Um Fälle so weit wie möglich auszuschließen, bei denen die demenziellen Veränderungen des Angehörigen noch kaum spürbar sind, sollte jedoch zwischen Erstabklärung und Interview mindestens ein Jahr vergangen sein, außer es wurde bei der Untersuchung bereits ein MMS von 20 und weniger Punkten ermittelt.[5]

4.2.2 Zugang zum Untersuchungsfeld

Aufgrund unserer Untersuchungsanlage benötigten wir nicht nur Adressen von Menschen, die einen an Demenz erkrankten Angehörigen zu Hause pflegen, wir waren auch darauf angewiesen, ihre Position im sozialen Raum vorgängig zu kennen, um eine gezielte Auswahl treffen zu können. Zu diesem Zweck wurden folgende Abklärungen und Vorbereitungsarbeiten für den Feldzugang gemacht:

- Wir haben die in der Untersuchung von Wettstein et al. (2002) Befragten auf der Grundlage der vorhandenen Angaben zu Beruf, Bildung, Einkommen und Vermögen verschiedenen Regionen des sozialen Raums zugeordnet und jene Personen bestimmt, die aufgrund der Auswahlkriterien für unsere Untersuchung in Frage kamen.
- Mit dem gleichen Ziel wurde mittels Aktenanalyse eine Positionierung jener 225 Personen vorgenommen, die sich im Jahre 2002 und 2003 in der Memoryklinik Entlisberg auf eine Demenz untersuchen ließen. Neben Angaben zur sozialen Herkunft, zur Bildungs- und Berufslaufbahn sowie zur familiären Lebenssituation wurde auch die Art des überweisenden Arztes, die Diagnose und der ermittelte MMS erfasst und mit SPSS statistisch ausgewertet. So ließ sich z. B. ermitteln, wer sich in welchem Stadium der Krankheit untersuchen lässt und ob es Unterschiede zwischen den verschiedenen Positionsgruppen gibt (vgl. Kap. 5).

Gestützt auf diese Daten wurden mögliche Gesprächspartner von Mitarbeiterinnen der Memoryklinik über die Studie informiert und angefragt, ob wir uns mit ihnen in Verbindung setzen dürfen, um einen Gesprächstermin zu vereinbaren.

---

[5] Der MMS ist ein Wert, mit dem der Schweregrad der Demenz grob bestimmt werden kann. Der Wertebereich reicht von 1 bis 30. Je tiefer der Wert, umso weiter ist die Krankheit in der Regel fortgeschritten.

Nach einer ersten Interviewphase suchten wir dann gezielter nach Personen aus bestimmten Regionen des sozialen Raumes, die in der Untersuchung noch zu wenig vertreten waren: Über das Gerontopsychiatrische Zentrum Hegibach konnten Teilnehmer einer Angehörigengruppe und Benutzer des Ambulatoriums für Gespräche gewonnen werden. Und Frau Sticher von der Alzheimervereinigung Zürich, die ihre Mitglieder mit einem Versand auf die Studie aufmerksam gemacht hatte, vermittelte uns weitere Interviewpartner. Da aber immer noch einige Personen fehlten, hat Frau Hanhart von der Memoryklinik auch Angehörige von Patienten kontaktiert, die sich im Jahre 2000 oder 2004 untersuchen ließen, und uns so zu weiteren Untersuchungsteilnehmern verholfen.

4.2.3 Probleme der Auswahl und Zusammensetzung der Befragten

Bei der Auswahl von Befragten, die unseren Kriterien entsprachen, waren wir mit verschiedenen Schwierigkeiten konfrontiert:

- Trotz der beschriebenen Vorbereitung war eine gezielte Auswahl aufgrund der Position im sozialen Raum nur teilweise möglich. In den Akten der Memoryklinik war zwar immer der Beruf des Patienten, aber nur zum Teil der Beruf des Partners oder der Partnerin vermerkt. Und sehr schwierig gestaltete sich vor allem die Auswahl der Töchter, über deren Berufsposition wir vorgängig nur sehr wenig oder gar nichts wussten. Diese Schwierigkeiten erklären die ungleiche Verteilung der Befragten auf die verschiedenen Positionsgruppen (vgl. Tab. 4.2), wobei wir vor allem Probleme hatten, genügend Töchter aus dem unteren Bereich des sozialen Raumes zu finden.

Tab. 4.2 Befragte PartnerInnen und Töchter aus den verschiedenen Regionen des sozialen Raumes

	PartnerInnen	Töchter	Gesamt
Unten	8	3	11
Mitte	12	4	16
Mitte links	7	6	13
Oben links	5	4	9
Oben rechts	9	3	12
Total	41	20	61
Weggelassene Interviews	3	–	64

- Auch die Kontrolle der Krankheit erwies sich zum Teil als problematisch, weil aufgrund der Akten die Diagnose nur bei einem Teil der Befragten bekannt war. Bei anderen erfuhren wir die Diagnose erst im Gespräch mit den Angehörigen, die allerdings darüber häufig auch nicht genau Bescheid wussten. Deshalb ist das Auswahlkriterium „Alzheimer und Mischform mit vaskulärer Demenz" zwar bei den meisten, aber nicht bei allen Interviews gegeben.
- Bei sechs Gesprächen stellte sich heraus, dass der erkrankte Elternteil (4 Fälle) oder der Partner (2 Fälle) bereits im Heim lebten. Weil die Heimüberweisung aber erst kurze Zeit zurücklag, wurden diese Interviews trotzdem in die Auswertung einbezogen.
- Bei zwei Töchtern war es zudem so, dass der kranke Vater bzw. die kranke Mutter hauptsächlich von ihrem Partner betreut wurden. Diese Interviews waren jedoch trotzdem interessant, weil sie – aus der Perspektive der Töchter – einen Einblick in das Verhalten von Partnern vermittelten, die selbst zu keinem Gespräch bereit gewesen wären.

Befragt haben wir schließlich 64 Angehörige aus fünf verschiedenen Regionen des sozialen Raumes: 44 Personen, deren Partner an Demenz erkrankt ist sowie 20 Töchter, die sich um einen demenzkranken Elternteil kümmern. Drei Interviews wurden nicht in die Auswertung einbezogen, weil u. a. nicht klar war, ob die Partnerin tatsächlich an einer Demenz litt.

Die Verteilung der Befragten auf die verschiedenen Regionen des sozialen Raumes wird aus Tab. 4.2 ersichtlich.

Von den 41 Interviews mit Partnern entfielen 20 auf Frauen und 21 auf Männer (Tab. 4.3). Allerdings gelang es nicht, in jeder Region gleich viele Männer und Frauen zu befragen. Aufgrund der qualitativen Untersuchungsanlage war das aber nur bei der Positionsgruppe von „Oben links" ein Problem, wo lediglich eine Partnerin befragt werden konnte.

Tab. 4.3 Befragte Partnerinnen und Partner aus den verschiedenen Regionen des sozialen Raumes

Position	Partnerin	Partner	Gesamt
Unten	3	5	8
Mitte	7	5	12
Mitte links	3	4	7
Oben links	1	4	5
Oben rechts	6	3	9
Total	20	21	41

Die befragten Partner und Partnerinnen von Demenzkranken sind im Durchschnitt 72,6 Jahre alt, wobei das Alter von 50 bis 85 Jahren reicht (s: 8,09). Die befragten Töchter sind im Schnitt 50,2 Jahre alt und die Spanne liegt hier zwischen 40 und 61 Jahren (s: 5,52). Während die Partner und Partnerinnen mehrheitlich der Vorkriegsgeneration angehören, sind fast alle befragten Töchter in den fünfziger und sechziger Jahren des 20. Jahrhunderts geboren worden.

4.2.4 Durchführung der Gespräche

Die leitfadengestützte Befragung fand zwischen 2004 und 2007 statt. Nach kurzen Eingangsfragen zum sozialen Hintergrund des Befragten und des an Demenz Erkrankten, wurde das Interview entlang der Krankheitsgeschichte geführt, um ihm einen möglichst alltagsnahen Rahmen zu geben. Am Anfang stand eine „offene Erzählaufforderung" (Wahrnehmung Krankheitsbeginn), die dann durch gezielte Nachfragen ergänzt und durch weitere Erzählaufforderungen (Prozess der Abklärung, Reaktion auf Diagnose, Veränderung des Zustandes des Demenzkranken, Umgang damit usw.) mit entsprechenden Nachfragen erweitert wurden. Dabei folgten die Fragen dem sogenannten „Trichterprinzip": bei einzelnen Themen wurden immer zuerst allgemeine Eingangsfragen gestellt, die den Befragten viel Raum ließen, ihre eigene Perspektive und Schwerpunktsetzungen einzubringen. Und erst dann wurden spezifischere (Nach-)Fragen gestellt. Diese Fragen beschränkten sich nicht nur auf Punkte, die von den Befragten selbst angesprochen wurden, sondern auch auf Sachverhalte, die nicht erwähnt wurden, aber für das (soziologische) Verständnis des Falles wichtig waren. Die Befragung war also nicht voraussetzungslos, sondern geleitet durch unser Vorwissen. Denn je mehr man über den Gegenstand weiß, umso besser fragt man (nach). Und ein möglichst voraussetzungsreiches, theoretisch informiertes (Nach-)Fragen ist auch deshalb wichtig, damit nach dem Interview alle Elemente zur Interpretation des Falles vorhanden sind. Es geht also nicht darum, den Interviewer zum Verschwinden zu bringen, um den Gegenstand möglichst „rein" erfassen zu können. Es geht darum, das Interview so zu konstruieren, dass man die Erfahrungen und Sichtweisen des Befragten möglichst genau ermittelt und sie soziologisch versteh- und erklärbar werden.

Die Interviews fanden mehrheitlich bei den Befragten zu Hause statt, was für die Gesprächspartner eine Erleichterung und für uns eine weitere, wichtige Informationsquelle zum sozialen Milieu darstellte. Für die Zeit des Interviews boten wir an, dass sich jemand um den Demenzkranken kümmert, was von einigen gern in Anspruch genommen wurde.

Allerdings gab es auch Befragte, die kein Gespräch bei sich zu Hause wünschten, worauf wir auf einen neutraleren Ort ausgewichen sind. Auffallend oft stammten diese Personen aus dem oberen Bereich des sozialen Raumes.

Wenn man Menschen die Gelegenheit gibt, über ihre Situation zu sprechen, ihnen Fragen stellt, die ihrer Situation angemessen sind und sie das Gefühl haben, dass man sich auch tatsächlich für sie interessiert und bemüht ist, sie zu verstehen, dann kann es passieren, dass die Betroffenen zwei, drei oder vier Stunden reden und einem Außenstehenden manchmal Dinge erzählen, die sie sonst lieber für sich behalten.

Die Gespräche waren oftmals auch traurig. Das hat mich zum einen einfach berührt und nicht selten auch bedrückt. Zum andern ging es jedoch auch darum, die Gesprächspartner aus einer analytischen Distanz zu betrachten und nach sozialen Unterschieden zu fragen, ein Schritt, der mir bei dieser Untersuchung nicht immer ganz leicht gefallen ist und manchmal fast ein bisschen mit einem schlechten Gewissen verbunden war (vgl. Kap. 10.1). Denn obwohl die Soziologie ein Mittel darstellt, Menschen zu verstehen und ihnen dadurch näher zu kommen, kann die soziologische Analyse – vor allem für Außenstehende – auch etwas Entmystifizierendes und Unerbittliches haben, weil sie Dinge anspricht, über die wir lieber schweigen würden.

Dass die Untersuchung an der Hochschule für Soziale Arbeit gemacht wurde, führte hin und wieder auch zu Missverständnissen. Zwei Personen aus dem oberen Bereich des sozialen Raumes hielten mich anfänglich für einen Vertreter eines Hilfswerkes und schienen mich als Forscher erst dann etwas ernster zu nehmen, als sie herausgefunden hatten, dass ich studiert und promoviert habe. Und ein Befragter glaubte anfänglich, ich sei vom Stadtarzt geschickt worden, um abzuklären, ob er noch in der Lage sei, sich um seine kranke Frau zu kümmern.

Rund ein Dutzend Interviews wurden von Barbara Baumeister durchgeführt, die auch an der Suche nach Befragten beteiligt war, die übrigen vom Autor selbst. Bei leitfadengestützten Gesprächen ist es generell schwierig, externe Interviewer hinzuzuziehen, die mit der Untersuchung nur wenig vertraut sind, weil man manchmal auf überraschende und unvorhergesehen Themen reagieren muss und sich aus dem Gespräch heraus auch neue Fragen ergeben können. Zudem sind die direkten Begegnungen mit den Befragten für die Analyse von unschätzbarem Wert und durch nichts zu ersetzen, weil längst nicht alle Informationen verbal vermittelt werden.

4.2.5 **Auswertung**

Die Gespräche wurden auf Tonband aufgenommen und wörtlich transkribiert. Weil es sich bei der Transkription um den ersten, grundlegenden Schritt im Auswertungsprozess handelt (Hildenbrand 1999), habe ich versucht, so viele Gespräche wie möglich selbst zu transkribieren. Das ist zwar mühselig, aber für die Analyse von großem Vorteil.

Die Übertragung eines Gesprächs in einen schriftlichen Text wird häufig unterschätzt. Besonders schwierig gestaltet sie sich dann, wenn man auf Schweizerdeutsch geführte Interviews ins Schriftdeutsche übersetzen muss. Denn es besteht die Gefahr, dass milieuspezifische Eigentümlichkeiten des Sprechens im Hochdeutschen verloren gehen, vor allem bei Befragten aus dem unteren Bereich des sozialen Raumes. Deshalb wurden einzelne, besonders charakteristische Ausdrücke im Schweizerdeutschen belassen und in Klammer erläutert.

Die Auswertung der Transkripte erfolgte in drei Schritten:

1. Aufgrund eines theoriegeleiteten, am Material entwickelten Kategoriensystems wurden die Interviews mit dem Computerprogramm MAXQDA codiert und die zugeordneten Textstellen ausgedruckt.
2. Darauf wurde versucht, jeden Fall als eine spezifische Variante des Möglichen hinsichtlich zentraler Themen zu beschreiben und aus seinen spezifischen sozialen Konstellationen soziologisch zu verstehen.
3. Auf der Grundlage dieser 61 Fallanalysen wurde dann nach gruppenspezifischen Gemeinsamkeiten und Unterschieden gefragt.

Bei einer solchen Menge an Informationen[6] kann man leicht den Überblick verlieren. Deshalb haben wir einen SPSS-File erstellt, um einen *ersten Überblick* zu gewinnen und die wichtigsten Tendenzen herauszufiltern, was sich als hilfreich erwiesen hat, aber nicht mehr als ein Anfang der Analyse bildete.

Die Logik der Analyse „Das Reale ist (…) nur eine Realisierung", wie Bachelard (1980, S. 74) schreibt. Bei der Analyse des Materials geht es darum, die Vielfalt der Erscheinungen aus ihren Bedingungszusammenhängen zu verstehen und so die Fülle der Realität in eine begriffene zu verwandeln. Diese Methode geht häufig über den ersten Anschein hinweg. Sie differenziert, was als gleich erscheint und „begreift das Vielfältige als eines" (Lewin 1982, S. 79).

---

[6] Die Interviewtranskripte umfassen über 1500 Seiten.

Voraussetzung dafür ist eine Theorie, die sich gerade dadurch auszeichnet, dass sie mit relativ wenigen Grundbegriffen als „Konstruktionselementen" auskommt, mit denen es möglich ist, einen weiten Bereich von Phänomenen zu analysieren und aus ihrem Entstehungszusammenhang zu begreifen (Lewin 1982, S. 76; vgl. auch Heintz 1982, S. 7 ff.).

Mit dem Begriff des Habitus zum Beispiel kann sichtbar gemacht werden, dass die Akteure selbst Komplexität reduzieren, indem sie in verschiedenen Bereichen zum Teil ähnlichen Mustern eines Modus operandi folgen. Womit sie Dinge einander verwandt machen, die auf den ersten Blick sehr verschieden sind (Bourdieu 1988).

Bei der Auswertung geht es nicht so sehr darum, die verschiedenen Gruppen nach Eigenschaften zu „klassieren", sondern die Bedingungszusammenhänge und Erzeugungsprinzipien ihres unterschiedlichen Handelns zu verstehen.

Diese Unterschiede bestehen weniger darin, dass die einen dies und die andern jenes Verhalten im substantivischen Sinne haben, sondern in der Art und Weise eines Verhaltens (vgl. Karrer 1998). Sie bestehen nicht so sehr darin, dass bei den einen Problematiken vorkommen, die bei den andern völlig fehlen, sondern im Ausmaß und in der Bedeutung einer Problematik. Wobei es manchmal gerade die feinen Unterschiede sind, die eine nachhaltige Wirkung haben.

Nicht selten sind es auch die kleinen, scheinbar unbedeutenden Episoden, die soziologisch besonders aufschlussreich sind. All das, was jene mit Verachtung übergehen, die sich nur für das „Große" und „Allgemeine" interessieren[7] und dabei vergessen, dass sich allgemeine Zusammenhänge gerade in den (vermeintlichen) Kleinigkeiten des Alltags zeigen und es „keine noch so anekdotische Handlung gibt, die nicht einen Sinn in einem komplexen Handlungssystem hätte" (Bourdieu 2014, S. 474).

Bei der Analyse sind wir komparativ vorgegangen. Was und wie jemand ist, ob es sich nun um einzelne Akteure oder um Gruppen handelt, ist relational, durch den Unterschied bestimmt. Erst in vergleichender Perspektive werden die spezifischen (relational bestimmten) Charakteristika eines untersuchten Gegenstandes sichtbar.

Eine vergleichende Logik liegt auch der Beschreibung der Ergebnisse zugrunde. So wird im Text nicht gesagt: die und die sind so und so. Sondern sie verhalten sich *im Vergleich* mit diesen oder jenen *eher* so.

---

[7] „Die generellen Ideen sind Generalsideen", wie Bourdieu (1992, S. 43) einen Satz von Virginia Woolf zitiert.

4.2.6 Darstellung der Ergebnisse

Eine besondere Herausforderung bildete bei dieser Untersuchung die Darstellung der Ergebnisse. Es galt, die Unterschiede zwischen fünf verschiedenen Gruppen von PartnerInnen *und* Töchtern zu beschreiben, ohne sich dauernd zu wiederholen, was den Text ziemlich schwerfällig gemacht hätte.

Die Namen der Befragten wurden geändert. Und weitere Angaben, welche ihre Anonymität hätten gefährden können, haben wir (in soziologischer Hinsicht) möglichst bedeutungsgleich ersetzt.

Zunächst werden die wichtigsten Ergebnisse der Aktenanalyse präsentiert und bestehende Unterschiede bei der Krankheitsabklärung beschrieben. Danach folgen die Resultate der Befragung der Partner und Partnerinnen von Demenzkranken. Und nach einem kurzen Kapitel über allgemeine Unterschiede zwischen Partnerinnen und Töchtern werden die sozialen Unterschiede in der filialen Pflege analysiert. Einige praxisbezogene Schlussfolgerungen runden den empirischen Teil ab. Und im Schlusskapitel werden wichtige Punkte der Untersuchung nochmals aufgegriffen, zusammengefasst und weiterführende soziologische Überlegungen angestellt.

Die Analyse wird eng am Interviewmaterial geführt und die Aussagen der Befragten mit soziologischen Interpretationen verwoben, um Zusammenhänge am konkreten Material sichtbar zu machen. Von daher ist es wichtig, sich beim Lesen auf die Zitate einzulassen, denen nicht nur die Funktion von ausschmückendem Beiwerk zukommt. Um den Text zu lesen, muss man sich wirklich dafür interessieren, was die Betroffenen zu sagen haben.

Literatur

Bachelard, G. (1980) [1940]. *Die Philosophie des Nein. Versuch einer Philosophie des neuen wissenschaftlichen Geistes*. Frankfurt a. M.: Suhrkamp.
Bourdieu, P. (1988) [1979]. *Die feinen Unterschiede*. Frankfurt a. M.: Suhrkamp.
Bourdieu, P. (1992). *Die verborgenen Mechanismen der Macht*. Hamburg: VSA-Verlag.
Bourdieu, P. (2014). *Über den Staat. Vorlesungen am Collège de France 1989–1992*. Berlin: Suhrkamp.
Heintz, P. (1982). *Ungleiche Verteilung, Macht und Legitimität. Möglichkeiten und Grenzen der strukturtheoretischen Analyse*. Diessenhofen: Rüegger.
Hildenbrand, B. (1999). *Fallrekonstruktive Familienforschung*. Opladen: Leske und Budrich.
Karrer, D. (1998). *Die Last des Unterschieds. Biographie, Lebensführung und Habitus von Arbeitern und Angestellten im Vergleich* (2. Aufl. 2000). Opladen: Westdeutscher.

Karrer, D. (2004). *Die sozialen Merkmale von Patientinnen und Patienten mit Demenzverdacht.* Zürich: Hochschule für Soziale Arbeit. (unveröffentlichtes Manuskript).

Lewin, K. (1982) [1951]. Feldtheorie. In C-F. Graumann (Hrsg.), *Werkausgabe* (Bd. 4). Bern: Huber, Stuttgart: Klett-Cotta.

Pillemer, K., & Müller-Johnson, K. (2007). Generationenambivalenzen. Ein neuer Zugang zur Erforschung familialer Generationenbeziehungen. In F. Lettke & A. Lange (Hrsg.), *Generationen und Familien* (S. 130–161). Frankfurt a. M.: Suhrkamp.

Wettstein, A., et al. (2002). *Schulungseffekte bei Angehörigen von Demenzkranken.* Zwischenbericht Zürich.

Krankheitsabklärung – Ergebnisse der Aktenanalyse

5

Die folgenden Ergebnisse beruhen auf der Auswertung der Akten jener 225 Personen, die sich im Jahre 2002 und 2003 in der Memoryklinik Entlisberg auf eine Demenz untersuchen ließen. Zunächst werden die wichtigsten Unterschiede bei der Abklärung dargestellt und anschließend danach gefragt, über welche familiären Betreuungsressourcen die Patientinnen und Patienten verfügen.

5.1 Soziale Unterschiede bei der Abklärung einer Demenz

Art des überweisenden Arztes Je höher die Bildung der Patienten, umso häufiger werden sie von einem Facharzt an die Memoryklinik überwiesen, je tiefer die Bildung, umso häufiger von einem Allgemeinmediziner. Das weist darauf hin, dass man in höheren Bildungsschichten gezielter einen spezialisierten Arzt konsultiert, von dem man glaubt, dass er über die nötigen fachlichen Kompetenzen verfügt (einen Neurologen zum Beispiel), während man unten häufiger zum Hausarzt geht, den man auch bei andern Beschwerden aufsucht (zu dieser allgemeinen Tendenz vgl. Siegrist 1989).

Zeitpunkt der Abklärung „Eine möglichst frühe und valide Diagnosestellung ist Voraussetzung für die Inanspruchnahme jedweder Therapie- und Entlastungsangebote", wie Jutta Stahl (2006) richtig bemerkt hat. Wie die Daten zeigen, ist diese Voraussetzung allerdings nicht bei allen in gleichem Maße gegeben, sondern stark von der Bildung abhängig. Je höher die Bildung des Patienten, umso höher ist der festgestellte MMS (Sig: 0,000; Gamma: 0,40)[1] und umso weniger wird eine

---

[1] Bezieht man nur jene in die Berechnung ein, bei denen eine Demenz diagnostiziert wurde, so zeigt sich der gleiche Zusammenhang (Sig:0,001; Gamma:0,38).

© Springer Fachmedien Wiesbaden 2016
D. Karrer, *Der Umgang mit dementen Angehörigen*,
DOI 10.1007/978-3-658-11082-6_5

Tab. 5.1 Soziale Position der PatientInnen und diagnostizierter MMS

	<20	20–24,5	25–30	Total
Unten	36	35	34	105
	34,3%	33,3%	32,4%	100%
Mitte	17	19	28	64
	26,6%	29,7%	43,8%	100%
Mitte links	2	4	19	25
	8,0%	16,0%	76,0%	100%
Oben	3	4	14	21
	14,3%	19,0%	66,7%	100%

Sig: 0,002; Cramers V: 0,22

Demenz diagnostiziert. Daraus lässt sich schließen, dass sich Menschen mit höherer Bildung (bzw. ihr Umfeld) gegenüber Symptomen, die auf eine Demenz hindeuten könnten, aufmerksamer verhalten und sich in einem früheren Stadium der Krankheit untersuchen lassen als weniger Gebildete.

Differenziert man die Patienten nach ihrer Position im sozialen Raum, zeigt sich ebenfalls, dass jene von oben früher in die Abklärung gehen als jene aus dem unteren Bereich des sozialen Raumes. Darüber hinaus wird aber auch noch ein weiterer Befund deutlich (Tab. 5.1, 5.2): Es sind vor allem die Patienten aus dem mittleren, linken Bereich des sozialen Raumes, also Angehörige von sozio-kulturellen Berufen, die sich am frühesten in der Memoryklinik untersuchen lassen, und bei denen auch am häufigsten keine Demenz diagnostiziert wird. Das könnte damit zusammenhängen, dass man sich hier am meisten mit Demenz beschäftigt und sich auch am meisten davor fürchtet, an einer Demenz zu erkranken, was dazu führt, dass man ersten Symptomen gegenüber besonders achtsam ist.

Tab. 5.2 Soziale Position der PatientInnen und Diagnose

	Demenz	Keine Demenz	Total
Unten	85	23	108
	78,7%	21,3%	100%
Mitte	48	17	65
	73,8%	26,2%	100%
Mitte links	10	15	25
	40,0%	60,0%	100%
Oben	12	10	22
	54,5%	45,5%	100%

Sig: 0,001; Cramers V: 0,28

Tab. 5.3 Mittelklasse nach Laufbahngruppen und Art des überweisenden Arztes: PatientInnen Memoryklinik 2002/2003 (N = 85)

	Allgemeinarzt	Facharzt	Total
Aufgestiegen	26	13	39
	66,7 %	33,3 %	100 %
Konstant	17	17	34
	50,0 %	50,0 %	100 %
Abgestiegen	4	8	12
	33,3 %	66,7 %	100 %
Total	47	38	85
	55,3 %	44,7 %	100 %

Sig: 0,03; Gamma: 0,40

Es ist jedoch nicht allein die Position[2], die von Bedeutung ist, sondern auch die Laufbahn, wie sich am Beispiel von mittleren Gruppen zeigen lässt.

Laufbahneffekte in der Mittelklasse Die mittlere Region des sozialen Raumes ist soziologisch nicht nur sehr heterogen, weil hier ganz unterschiedliche Gruppen positioniert sind – auch die Laufbahnen sind sehr verschieden. So sind von den 87 untersuchten Personen, die sich in der Mittelklasse befinden, intergenerationell 40 Personen (46,0 %) aus der Unterklasse aufgestiegen, 35 (40,2 %) stammen aus der Mittelklasse selbst und 12 (13,8 %) sind von oben abgestiegen.

Aufgrund der Daten lässt sich vermuten, dass bei der Art des überweisenden Arztes und beim Zeitpunkt der Erstabklärung auch die Laufbahn eine Rolle spielt: Jene Patienten aus den mittleren Regionen des sozialen Raumes, die von oben abgestiegen sind, werden häufiger von einem Facharzt, jene, die aus dem unteren Bereich des sozialen Raumes stammen, häufiger von einem Allgemeinmediziner überwiesen, wie aus Tab. 5.3 ersichtlich wird.

Die Patienten aus der Mittelklasse, die aus den oberen Regionen des sozialen Raumes stammen, haben auch einen höheren MMS (Tab. 5.4), was – *bei aller Vorsicht aufgrund der geringen Fallzahl* – zumindest die Vermutung nahelegt, dass sich diese Laufbahngruppe früher auf eine Demenz untersuchen lässt als jene, die von unten in den mittleren Bereich des sozialen Raumes aufgestiegen sind.[3]

---

[2] Unterschiede nach Geschlecht ließen sich weder bei der Art des überweisenden Arztes, beim Zeitpunkt der Abklärung noch bei der Diagnose feststellen.

[3] Die gleiche Tendenz zeigt sich auch, wenn man nur jene berücksichtigt, bei denen auch tatsächlich eine Demenz diagnostiziert worden ist.

Tab. 5.4 Mittelklasse nach Laufbahngruppen und MMS: PatientInnen Memoryklinik 2002/2003 (N=85)

	<20	20–24,5	25–30	Total
Aufgestiegen	12	8	19	39
	30,8 %	20,5 %	48,7 %	100 %
Konstant	8	11	15	34
	23,5 %	32,4 %	44,1 %	100 %
Abgestiegen	1	3	8	12
	8,3 %	25,0 %	66,7 %	100 %

Aufgrund der Beharrungstendenz des Habitus kann man einen Teil seiner herkunftsbedingten Prägungen beibehalten, die das Verhalten weiterhin beeinflussen. Zudem sind die intergenerationell Aufgestiegenen vor allem kleine Selbständige und untere Angestellte geworden, während jene, die von oben abgestiegen sind, mehrheitlich im mittleren Bereich des Raumes auf der kulturellen Seite positioniert sind, was schon Bourdieu (1988) als charakteristischen Weg bezeichnet hat. Und 11 dieser 12 Personen sind Frauen, von denen ein Teil wiederum einen Mann aus dem oberen Bereich des sozialen Raumes geheiratet und damit den Abstieg durch den Zugewinn an abgeleitetem Status kompensiert hat.[4] Dass man früher zur Abklärung geht und häufiger von einem Facharzt überwiesen wird, könnte also auch auf den Einfluss des Partners zurückzuführen sein.

5.1.1 Fazit

Das Ergebnis, dass man sich unten im sozialen Raum in einer späteren Phase der Krankheit abklären lässt, ist auch auf dem Hintergrund allgemeiner medizinsoziologischer Untersuchungen zum Krankheitsverhalten plausibel (vgl. z. Bsp. Buchmann et al. 1985). Trotzdem können die präsentierten Ergebnisse nur als eine mehr oder weniger gute Annäherung an die tatsächlichen Verhältnisse gesehen werden. Denn die Entscheidung, sich in einer Memoryklinik untersuchen zu lassen, hängt nicht allein vom Betroffenen ab, sondern von der Konfiguration des gesamten familialen Feldes und dem damit verbundenen Kräfteverhältnis (vgl. Karrer 2015), wozu sich aufgrund der Informationen aus den Akten aber nichts sagen lässt.

---

[4] Etwas mehr als die Hälfte der Frauen mit absteigender Laufbahn haben einen Mann von oben geheiratet.

5.2   Familiäre Betreuungsressourcen der Patienten und Patientinnen

Aufgrund der Angaben in den Akten lässt sich auch ermitteln, welche familiären Betreuungsressourcen den Patientinnen und Patienten *potentiell* zur Verfügung stehen (Tab. 5.5).

Über 90 % der Personen, die sich 2002 und 2003 haben untersuchen lassen, verfügen über einen Partner und/oder über Kinder, während 9,4 % ohne Partner und ohne Kinder zurechtkommen müssen.

Männer besitzen deutlich mehr familiäre Betreuungsressourcen als Frauen (Tab. 5.6), was wesentlich darauf zurückzuführen ist, dass Frauen älter werden und häufiger verwitwet sind.

Frauen haben nicht nur häufiger weder Partner noch Kind, sie wohnen auch deutlich häufiger allein, wie aus Tab. 5.7 hervorgeht.

Und unterscheidet man die Patientinnen und Patienten nach ihrer Position im sozialen Raum, zeigt sich, dass jene von „Mitte links" am häufigsten ledig sind und über die geringsten familiären Betreuungsressourcen verfügen (Tab. 5.8).[5]

Tab. 5.5 Familiäre Betreuungsressourcen der PatientInnen der Memoryklinik: 2002/2003 (N=223)

Partner und Kinder	108
	48,4 %
Nur Partner	24
	10,8 %
Nur Kinder	70
	31,4 %
Weder noch	21
	9,4 %

Tab. 5.6 Patienten der Memoryklinik nach Geschlecht und Betreuungsressourcen: 2002/2003 (N=223)

	Partner und Kinder	Nur Partner	Nur Kinder	Weder noch	Total
Männer	52	8	12	3	75
	69,3 %	10,7 %	16,0 %	4,0 %	100 %
Frauen	56	16	58	18	148
	37,8 %	10,8 %	39,2 %	12,2 %	100 %

Sig: 0,000; Cramers V: 0,32

---

[5] Die gleiche Tendenz zeigt sich, wenn man nur jene Personen in die Berechnung einbezieht, bei denen eine Demenz diagnostiziert wurde.

Tab. 5.7 Patienten der Memoryklinik nach Geschlecht und Wohnsituation: 2002/2003 (N=223)

	Allein	Nicht allein	Total
Männer	11	64	75
	14,7%	85,3%	100%
Frauen	56	92	148
	37,8%	62,2%	100%

Sig: 0,000; Cramers V: 0,24

Tab. 5.8 PatientInnen nach Position im sozialen Raum und Betreuungsressourcen: Memoryklinik 2002/2003 (N=218)

	Partner u/o Kinder	Weder noch	Total
Unten	97	10	107
	90,7%	9,3%	100%
Mitte	62	3	65
	95,4%	4,6%	100%
Mitte links	19	6	25
	76,0%	24,0%	100%
Oben	19	2	21
	90,5%	9,5%	100%

Sig: 0,05; Cramers V: 0,19

Das heißt allerdings nicht, dass man Mitte links auch am häufigsten sozial isoliert ist, weil man das geringere familiäre soziale Kapital mit andern Formen sozialer Beziehungen kompensieren kann.

Literatur

Bourdieu, P. (1988). *[1979]. Die feinen Unterschiede.* Frankfurt a. M.: Suhrkamp.
Buchmann, M., Karrer, D., & Meier, R. (1985). *Der Umgang mit Gesundheit und Krankheit im Alltag.* Bern: Haupt.
Karrer, D. (2015). *Familie und belastete Generationenbeziehungen. Ein Beitrag zu einer Soziologie des familialen Feldes.* Wiesbaden: Springer VS.
Siegrist, J. (1989). Steps toward explaining social differentials in morbidity: The case of West Germany. In J. Fox (Hrsg.), *Health inequalities in European countries* (S. 353–371). London: Gower Publ.
Stahl, J. (2006). Workshop „Tagesstrukturen und kreative Therapien". Protokoll der Tagung „Das ambulante Unterstützungs- und Therapieangebot für Demenzerkrankungen – gemeinsam diskutiert". Alzheimervereinigung Zürich.

Die Sicht der befragten Partner von Demenzkranken

Im Sinne eines Extremgruppenvergleichs werden zuerst die Unterschiede zwischen den befragten Partnerinnen und Partnern aus dem unteren und dem oberen Bereich des sozialen Raumes dargestellt (vgl. Diagramm 2 im Anhang).[1] Daran anschließend werden wir auf spezifische Besonderheiten und Unterschiede von mittleren Gruppen eingehen und am Schluss des Kapitels beschreiben, welche Anliegen die Befragten in Bezug auf Unterstützungsmaßnahmen geäußert haben.

6.1 Unterschiede zwischen unterem und oberem Bereich des sozialen Raumes

6.1.1 Wahrnehmung Krankheitsbeginn

Der Beginn der Demenz scheint unten im sozialen Raum stärker an funktionalen Einschränkungen festgemacht zu werden (Autofahren, Gebrauch des Telefons, Kochen), während man oben eher kommunikative und intellektuelle Veränderungen erwähnt. Das erklärt mit, warum man sich unten in der Regel später als oben untersuchen lässt und entspricht – wie wir in einer früheren Untersuchung gezeigt haben – den unterschiedlichen Gesundheits- und Krankheitsvorstellungen, die man hat. Während oben im sozialen Raum Krankheit stärker als Beeinträchtigung des physischen *und* psychischen Wohlbefindens gesehen wird, wird Krankheit unten häufig auf physische Symptome reduziert und als krank betrachtet, wer seinen alltäglichen Funktionen nicht mehr nachkommen kann (Buchmann et al. 1985).

---

[1] Die Befragten aus dem oberen Bereich des sozialen Raumes werden als *eine* Vergleichsgruppe gefasst und Unterschiede zwischen dem ökonomischen und dem kulturellen Pol lediglich punktuell erwähnt.

© Springer Fachmedien Wiesbaden 2016
D. Karrer, *Der Umgang mit dementen Angehörigen,*
DOI 10.1007/978-3-658-11082-6_6

Ob der betreuende Partner selbst oder jemand anderer die ersten Krankheitssymptome wahrnimmt, scheint weniger von der sozialen Position als vom Geschlecht abzuhängen. Während Frauen die Veränderungen ihres Partners in der Regel als Erste wahrnehmen, werden Männer häufiger von andern darauf aufmerksam gemacht. Das stimmt mit Forschungsergebnissen überein, in denen sich gezeigt hat, dass Frauen ihren Partner genauer und differenzierter wahrnehmen als Männer ihre Partnerin (Bourdieu 2005, S. 61).

6.1.2 Alltagsvorstellungen und Laienätiologien

Die Befragten von unten sehen den Auslöser der Krankheit relativ häufig in einem konkreten sozialen Ereignis, was dazu führt, dass sie den Beginn der Demenz relativ genau benennen können. Angefangen habe alles, meint der 76-jährige Herr Kuhn, als er von einer Genossenschaftsversammlung zurückgekommen sei und seiner Frau gesagt habe, dass sie umziehen müssen: „Da hatte ich das Gefühl, hat sie wie ein bisschen eine Blockade bekommen." Bei einer Frau in der Nachbarschaft, die ebenfalls an Alzheimer erkrankt ist, sei es „ganz sicher auch das Zügeln [der Wohnungswechsel] gewesen. (...) Mit der ist es dann weit runter gegangen. Die ist kaum recht in der neuen Wohnung gewesen, haben sie die ins Spital tun müssen."

Während die einen den Verlust des Gewohnten[2] als Auslöser der Krankheit sehen, steht für Frau Steiner (62 J.) ein anderes Ereignis im Vordergrund. „Der Mann ist einige Male hingefallen, einmal haben ihn sogar Schwarze umgeschmissen da in der Straße und von da weg hat alles einfach zu ‚lottern' begonnen [ist aus den Fugen geraten]".[3] Auch sie schließt aufgrund der zeitlichen Koinzidenz von zwei Ereignissen auf einen kausalen Zusammenhang. Darüber hinaus sieht sie Alzheimer als eine Krankheit, die von außen zu uns gekommen ist: „Ich meine das ist ja dann mit dieser Schauspielerin, mit dieser Ding ist ja das langsam zu uns gekommen, das Alzheimer. Die hat ja dann ein Buch geschrieben. Rita Hayworth. Und das ist ja dann so ganz langsam zu uns rüber. (...) Ich sehe es ja eben an den Röntgenbildern, es hat so ganz dicke..., es ist einfach nicht normal. Es ist einfach als ob etwas auseinander fallen würde. Ich meine, das ist ja dieser Alzheimer auch.

---

[2] Ähnlich wie Herr Kuhn sieht auch Frau Geering (69 J.) den Wohnungswechsel als Faktor, der die Krankheit negativ beeinflusst. „Dann wird er krank. Der Doktor hat gesagt, dann geht die Krankheit so (zeigt nach unten)."

[3] „Neger. Man sagt es heute nicht mehr, ich weiß schon. Auf jeden Fall habe ich auf die und überhaupt auf die Ausländer mittlerweile eine Wut. Wissen Sie, wenn Sie hier im Kreis vier [sozial benachteiligter Stadtteil] wohnen, dann lernen Sie dann das Zeug kennen."

Und wenn man denkt, dass das alles gescheite Leute bekommen haben. (…) Früher hat man einfach gesagt: Der ist plemplem und fertig." Sie ringt nach Worten, weil ihr das Wissen und die sprachlichen Mittel fehlen, um die Krankheit zu beschreiben. Das macht sie wett, indem sie sich am Konkreten orientiert, die Krankheit an einer bekannten Person festmacht und bildhafte Analogien herstellt. „Dann hat es mir der Doktor dann erklärt, vor etwa drei Monaten. Er hat gesagt: Hören Sie, er hat eine gewisse Demenz, er hat Hirnschrumpfen und das sieht man auf den Röntgenbildern. Das ist im Gehirn so und das wird immer dicker da und das ist wie der Rhein, also wie Flüsse, die da einfach…. Und ich merke das, wenn ich mit ihm rede, er bringt einfach keinen ganzen Satz mehr hin."

Während im unteren Bereich des sozialen Raumes vor allem alltagsweltliche Erklärungsmuster herangezogen werden und das medizinische Wissen über die Krankheit gering ist[4], rekurriert man oben im sozialen Raum stärker auf den medizinischen Forschungsstand, insbesondere jene, die viel kulturelles Kapital besitzen. Vor allem Frauen nehmen die Krankheit jedoch auch auf dem Hintergrund ihrer meritorischen Sichtweise wahr. Alzheimer ist für sie eine Krankheit, die man nicht verdient hat, weil man immer gesund gelebt und im Leben viel geleistet hat. „Warum hat es gerade uns getroffen", fragt Frau Feldmann (75 J.). „Wir, die wir so viel geschafft haben". Und die gleichaltrige Frau Berner meint: „Er hat so eine Position gehabt. Große Verantwortung, hat sich eingesetzt für das Geschäft und wir haben immer gesund gelebt. Wir haben auch nicht über die Stränge gehauen."

Hadern die meisten befragten Frauen von oben damit, dass Alzheimer die meritorischen Prinzipien außer Kraft setzt, individualisiert Frau Zeiher (69 J.) auch die Demenz ihres Mannes, indem sie die Ursachen der Krankheit ihm und seinem Verhalten zuschreibt. „Das ist das, was ich heute einfach behaupte und der Dr. W. hat das mal am Fernsehen gesagt: Es bestimmt jeder selber, wenn er Alzheimer bekommt. Es hat ein bisschen etwas, wenn Sie mich fragen. (…) Wenn Sie einfach im Fauteuil sitzen und sich das Leben bequem machen und sich nicht mehr selber fordern, dann kommt's, wissen Sie, weil Sie keine Anregung mehr haben. (…) Ich habe einfach das Gefühl, er hat sich zu wenig gefordert, vor allem auch nach der Pensionierung. (…) Er ist, das muss ich sagen, aber schon von jung auf, eine grenzenlos bequeme Natur. Ein Phlegma, auf Deutsch gesagt. (…) Und ich habe das Gefühl, das ist ihm jetzt zum Verhängnis geworden." Seine Passivität sieht sie auch als Resultat seiner langjährigen Beziehung zu einer Domina, mit der er sie betrogen hat. „Ich habe einfach das Gefühl, wenn das nicht gewesen wäre, wäre sein Kopf heute anders dran. Durch das ist er, durch die Frau ist er wie… im eigenen

---

[4] Das zeigt sich auch darin, dass Frau Hefti (77 J.) verunsichert nachgefragt hat, ob die Krankheit ansteckend sei.

Denken gelähmt gewesen. Ich kann es nicht anders erklären. So empfinde ich es. Er hat sich nicht mehr gefordert, sondern er hat sich nur noch herumkommandieren lassen. Er ist ja ihr Hund gewesen. (…) Das hat natürlich diese Krankheit gefördert. Das hat der die Bahn geebnet. (…) Es hat ihn geistig gelähmt, etwas Intelligentes zu machen, wo er gefordert wird auf einem Gebiet. (…) Wissen Sie, andere gehen ja nach der Pensionierung noch an die Uni. (…) Und schauen Sie, wenn Sie über diese Krankheit lesen, das sagt Ihnen jeder Professor: Das Schlimmste ist, wenn man an einem Strand liegt drei Wochen und nichts macht. Kopf in den Sand, Bratwurst." Das sei genau das, was ihr Mann immer gemacht habe. „Und wenn ich gesagt habe, komm, wir machen etwas und so: Nein, ich mag nicht. Und das ist das, was ich sage. Das hat ihn geschädigt."

Indem sie die Krankheit individualisiert, macht sie ihren Mann dafür verantwortlich. Als er sich zum Beispiel beklagt, dass er nicht mehr Autofahren darf, sagt sie zu ihm: „Ein bisschen selber schuld bist du halt auch. Du bist einfach zu phlegmatisch gewesen."

An diesem Beispiel zeigt sich, dass Laienätiologien nicht allein das Resultat inkorporierter sozialer Bedingungen sind, sondern auch strategischen Charakter haben können: Indem sie ihrem Mann die Schuld an seiner Krankheit gibt, kann sie ihm einen Teil der Demütigungen, die sie durch seine Seitensprünge erlitten hat, zurückzahlen, was bei ihm nicht ohne Wirkung bleibt. Wenn sie ihm vorwirft, „jede, die mit dir ins Bett wollte, konnte das, du hast keinen Stolz und nichts gehabt", weine er manchmal, schäme sich und sage: „Man kann halt nicht so ein Leben führen und meinen, man komme ungeschoren davon, jetzt bekomme ich die Strafe vom Herrgott." Dass er nun seine Eskapaden bereut und sich – bildlich gesprochen – Asche aufs Haupt streut, hängt wohl auch damit zusammen, dass er durch seine Krankheit von seiner Frau völlig abhängig geworden ist.

Aufgrund seines Wissens und seiner habitualisierten Wahrnehmungsmuster ist man im oberen Bereich des sozialen Raumes gewöhnlich besser disponiert, medizinische Informationen aufzunehmen, während Menschen mit wenig kulturellem Kapital solche Informationen aufgrund bestehender Deutungsmuster stärker filtern und uminterpretieren. So meint Frau Steiner, nach der Abklärung ihres Mannes habe man ihr gesagt: „Schauen Sie, das ist eine gewisse Demenz. Man hat natürlich von Alzheimer schon langsam gehört und so. Da habe ich natürlich schon auch Angst bekommen. Und ich bin dann sofort eine, die sowieso nur schwarz sieht. Und dann habe ich gesagt: Ja, hat er Alzheimer und so? Ja, nein, so weit sei es noch nicht, aber es sei eine gewisse Demenz. F: Was heißt: eine gewisse? A: Es sind sieben Sachen von Demenz, die es offenbar gibt. Die hat mir eine Zeichnung gemacht, die muss ich nur hervorholen, so mit Strichen und so. Und dann hat es geheißen: Er ist ungefähr das, ungefähr noch am Anfang. (…) Und dann hat man mir erklärt, was das ist. Und ich habe schon gesagt: Ja, hat er Alzheimer? – und wie ist das und so? Und warum fällt er immer hin? Und dann haben sie gesagt: Ja er hätte eben schon auch ein bisschen Schwund. Und er sei halt jetzt dann... – was ist er da gewesen? – 78, so etwa, ja, ungefähr."

Wie andere Befragte aus dem unteren Bereich des sozialen Raumes versteht auch Frau Steiner „Demenz" nicht als zusammenfassenden Oberbegriff verschiedener Krankheitsformen, sondern als eine noch vergleichsweise harmlose Vorstufe zu Alzheimer, unter der sie sich „nicht groß etwas vorgestellt" habe. „Ich habe dann schon gefragt: Ja, wie geht es denn weiter? ‚Ja, das ist halt von Mensch zu Mensch verschieden'. Und jetzt müsse ich einmal abwarten und schauen." Obwohl man ihr, wie aus den Akten hervorgeht, Vorschläge gemacht hat, erwähnt sie das, was ihrem Habitus, der die Welt sehr stark als zugewiesen wahrnimmt, am nächsten liegt: „abwarten". Und weil sie über wenig kulturelles Kapital verfügt, ist sie nicht nur weniger in der Lage, medizinische Informationen aufzunehmen (vgl. dazu allgemein Boltanski 1976, S. 148 ff.), sie hält sich auch vor allem an das, was konkret und für sie fassbar ist. „Ich habe ja eine Zeichnung da, eben, dass es so ungefähr in dem Ding ist. Er hat noch gesehen, dass der Esel verkehrt am Wagen steht und solches Zeug."

6.1.3   Information der Umgebung über die Krankheit

Die Befragten aus den unteren Regionen des sozialen Raumes informieren ihre Umgebung vergleichsweise offen über die Demenz ihres Partners, was man auch damit begründet, dass sie nicht selbst verschuldet ist: „Er hat kein Rauschgift genommen, er hat nicht getrunken, er hat nicht geraucht, also es ist nicht eine selbstverschuldete Krankheit. (…) Also wenn er jetzt Alkoholiker gewesen wäre und durch das krank, dann ist er ja selber schuld. Aber er hat keines von dem, er hat nie Alkohol getrunken. Er hat nicht geraucht. Er ist immer solide gewesen."

Die Tatsache, dass der Partner krank ist und nichts dafür kann, erlaubt es, soziale Auffälligkeiten zu rechtfertigen, die sonst negativ bewertet und den Betroffenen angelastet würden. Frau Geering zum Beispiel hat aus diesem Grund nicht nur die Verwandten, sondern auch die Nachbarn über die Demenz ihres Mannes informiert. „Wissen Sie, wir dürften ja gar nicht mehr hier wohnen ohne Kinder. Und mein Mann ist ja immer zu Hause. Und die denken ja auch, warum ist der Mann immer da und geht spazieren und ist daheim. Und da habe ich gesagt, was mit meinem Mann los ist und dass wir da bleiben müssen wegen seiner Krankheit. Und die verstehen es auch. Es hat also sehr nette Nachbarn." Indem sie die Nachbarn über die Krankheit informiert hat, konnte sie rechtfertigen, dass sie in der Familienwohnung bleiben müssen, obwohl sie das ohne Kinder eigentlich gar nicht mehr dürften, und dass ihr Mann nicht deshalb immer zu Hause ist, weil er auf der faulen Haut liegt, sondern weil er als Folge seiner Krankheit nicht mehr arbeiten kann.

Die Befragten aus dem unteren Bereich des sozialen Raumes versuchen nicht, die Demenz des Partners zu vertuschen, weil einem das eher schaden als nützen würde und man in diesem Milieu gewohnt ist, ungeschminkt und frisch von der Leber weg zu reden, was sich auch darin zeigt, dass man von der Umgebung direkt auf die Veränderungen des Partners angesprochen wird.

Demgegenüber sind viele Befragte aus dem oberen Bereich des sozialen Raumes bemüht, die Krankheit zu verbergen, so lange das möglich ist. „Wir gehen immer ins ‚Baur au Lac' [eine noble Gaststätte]. Und es ist dort noch interessant, so etwas wie eine kleine Gemeinde in einem Teil des Restaurants, der einander kennt. (…) Das ist sehr nett. Aber ich glaube nicht, dass irgendjemand eine Ahnung hat davon, auch die Kellner nicht, dass meine Frau in dieser Hinsicht krank ist", erzählt der 80-jährige Professor Ulrich. „Der eine ist Psychiater gewesen. Mit dem sind wir relativ viel zusammen. Ich weiß nicht, ob er sich bewusst ist. (…) Oder dann ein anderer, der Zoologe ist, seine Frau Apothekerin. Ich würde sagen, die sind fast schlimmer dran als meine Frau. Ohne dass man darüber redet. (…) Und so sind noch zwei, drei andere befreundete Ehepaare, wo wir regelmäßig Kontakt haben, wo das Thema nie zur Sprache gekommen ist. Deshalb kann ich auch nicht sagen, haben die eine Ahnung davon. Ich meine, wenn wir telefonieren und fragen, wie geht es, dann sagt man gut, wie üblich (lächelt)."

Man beobachtet sich in diesem Milieu zwar sehr genau, spricht aber nicht direkt an, was man registriert. Das würde hier als Vertraulichkeit empfunden, welche die Grenzen der stets Distanz haltenden Höflichkeitsrituale verletzt. Und auch Herr Ulrich möchte nicht von sich aus ansprechen, dass seine Frau „in dieser Hinsicht krank ist". Er möchte die Demenz seiner Frau verschweigen, so lange das noch geht. Dazu passt auch seine zweimalige Mahnung an mich, seine Aussagen diskret zu behandeln. Und auch im Umgang mit seiner Frau ist die Krankheit tabu. So spricht er mit ihr zwar über den Tod, aber nicht über ihre Demenz.

Auch die Mutter von Frau Sand, die mit ihrem Mann im oberen, linken Bereich des sozialen Raumes positioniert ist, hat lange versucht, die Krankheit ihres Mannes zu vertuschen – auch vor ihren Kindern. Und als sie schließlich trotzdem mit ihnen darüber spricht, legt sie Wert darauf, dass es kein Alzheimer ist. „Sie hat das sehr betont. Und sie hat es auch ganz, ganz lange gegen außen nicht gesagt. Sie wollte auch, dass man im Geschäft, wo mein Vater gearbeitet hat, dass *man* [betont] das nicht weiß. (…) Wenn alte Freunde und Kollegen einen Brief schreiben oder so, das bringt sie dann alles mir und sagt, ich solle denen freundlich Antwort schreiben und sagen, sie sollen sich nicht mehr melden. Also sie will das wirklich nicht mehr. Ich muss dann immer so schreiben, es sei schön, dass sie noch an meinen Vater denken, aber mein Vater sei nicht mehr in der Lage, darauf zu reagieren, es gehe ihm, ich schreibe nie was genau, es gehe ihm gesundheitlich nicht so gut und meine Mutter bitte um keinen Kontakt."

Die Mutter habe Probleme, seine Krankheit anzunehmen und versuche mit allen Mitteln, sie nach außen zu verbergen. Sie habe mal gesagt, „ich nehme ihn nicht mit zum Einkaufen. Da habe ich gefragt, warum? Das wäre doch eine Abwechslung für ihn. Da hat sie gesagt: Nein, das will ich nicht, dass die anderen sehen, in welchem Zustand er ist." Sie möchte das Bild aufrechterhalten, das man von ihrem Mann hat. „Es geht ihr um die Würde. Es geht ihr um die Würde. (…) Es geht ihr um die Würde gegen außen. Und sie hat ein ganz starkes Außenbild, also sie wäre überhaupt nicht einverstanden, dass ich Ihnen jetzt da Rede und Antwort stehe. Das macht man nicht, oder. F: Also sie würde kein Interview geben. A: Nie! Nie. Sie lässt praktisch niemanden über die Türschwelle, der nicht zur Familie gehört." Da Achtung auf Zuschreibung beruht, wird der Statusverlust gewissermaßen erst dann Realität, wenn er für andere sichtbar wird, weshalb die Mutter auch nächste Verwandte und Freunde nicht informiert hat. Mittlerweile wissen es aber auch die. „Die merken es ja. Das kann man nicht mehr nicht merken."

Auch ihrem Mann gegenüber scheint die Mutter lange Normalität simuliert zu haben. „Ich glaube, es ist lange gegangen, bis ich das erste Mal gehört habe, meine Mutter zu ihm sagen: hör jetzt, das ist, weil du irgendetwas im Kopf hast. (…) Das hat sie ganz lange nicht gemacht. Ich kann Ihnen nicht sagen, ob sie ihm sagt, dass er Demenz hat."

Auch Frau Berner, die mit ihrem Mann sozial aufgestiegen ist, hat sich am Anfang fast ein bisschen geschämt, es zu sagen: „Doch, ich habe mich am Anfang auch geniert. Ich weiß selber nicht warum man sich deswegen geniert. Wenn jemand etwas hat, oder eine Hüfte operieren muss, dann redet man auch darüber. Ich denke eher, ich habe am Anfang immer das Gefühl gehabt, das sei eine Schande, wenn man das hat. F: Wieso meinen Sie eine Schande? A: Ich weiß auch nicht. Weil man so auf eine Art fast ein bisschen verblödet mit der Zeit."

Dass man die Demenz des Partners tabuisiert, scheint auch mit dem „sense of one's place" (Bourdieu 1988) zusammenzuhängen: Es ist eine Krankheit, die nicht zur Position von oben passt, weil sie allem widerspricht, was hier von Bedeutung ist (vgl. unten). Deshalb kann man, wie im Falle von Herrn Bauer (78 J.), so weit gehen, dass man leugnet, die Partnerin sei krank. „Ich schaue das eben nicht unbedingt als eigentliche Krankheit an, sondern als Umstände, die mit dem Alter kommen. Das ist meine Grundeinstellung." Dieser Meinung ist auch seine Frau, eine ehemalige Ärztin. Geht es um einen selbst, können die eigenen Interessen wirksamer sein als der professionelle Modus operandi.[5] Beide ignorieren die Diagnose und bestätigen und stützen sich dabei gegenseitig. Mit andern habe er nicht darüber gesprochen, sagt Herr Bauer mit Nachdruck, weil sie ja gar nicht krank sei und es auch nicht auffalle: „Die sollen das selber merken."

6.1.4 Wahrnehmung der Situation

Einen dementiell veränderten Partner zu haben ist für alle eine schwierige Situation. Die Befragten aus den oberen Regionen des sozialen Raumes empfinden das aber – in vergleichbaren Phasen der Krankheit – als deutlich gravierender als die (meisten) Befragten aus dem unteren Bereich des sozialen Raums.[6] Das hängt damit zusammen, dass herkömmliche Momente des Habitus und der Lebensführung durch die Krankheit des Partners oben viel stärker tangiert werden als unten. Das soll im Folgenden an ein paar Punkten erläutert werden:

1. Im Habitus der Befragten von oben tief verankert ist das Gefühl, sein Leben im Griff zu haben und es selbst bestimmen zu können. Durch die Demenz ihres Partners sind sie aber mit einer Krankheit konfrontiert, die nicht heilbar ist. Der ehemalige Direktor Schnell zum Beispiel meint, das Schwierigste sei für ihn die Erkenntnis, „dass das nicht geheilt werden kann, dass das im Regelfall einen ganz schlimmen Ausgang nehmen wird" und die Situation irgendwann völlig außer Kontrolle geraten werde.
Unten hingegen nimmt man das Leben viel stärker als zugewiesen wahr (Karrer 1998). Man hat Erfahrung mit dem Unausweichlichen und scheint auch deshalb besser mit der Situation zurechtzukommen, weil auch das bisherige Leben „kein Zuckerschlecken" war: „Ich habe schon so viel mitgemacht in meinem Leben, schlimmer konnte es gar nicht mehr kommen", sagt Frau Geering. Und Frau Hefti meint: „Manchmal ist es schon schwierig. Aber ich bin mein Leben lang noch nie verwöhnt worden. Das spielt vielleicht auch noch eine Rolle. (…). Es geht gut. Ich komme auch gut zugange. Ich weiß gar nicht, was Sie haben. Meine Mutter: nie in den Ferien gewesen. Und sie sind zufriedener gewesen als Sie und ich miteinander. (…) Ich bin nie verwöhnt worden, können

---

[5] Allerdings wird diskutiert, inwieweit es sich „bei Demenz um eine Krankheit oder um natürliche Veränderungen des Gehirns im Rahmen des Alterungsprozesses handelt" (Meyer 2014, S. 96).

[6] So sagt zum Beispiel Herr Schütz (79 J.): „Ich komme zugange mit ihr. Ich habe keine Probleme. Ich hoffe, es bleibe dann noch lange so. Ich weiß nicht, wie der Verlauf ist. Nein, ich habe gar keine Probleme, he."

Sie ja denken, das zwölfte Kind. Ich bin nie verwöhnt worden. Das kommt mir jetzt zugute."

2. Kommunikation und intellektuelle Auseinandersetzung sind in den oberen Regionen des sozialen Raumes, vor allem oben links, zentrale Werte, die durch die Krankheit des Partners verloren gehen, was als sehr schmerzhaft empfunden wird. „Ich habe keinen Gesprächspartner mehr. Das ist das Schwierigste", sagt Dr. Studer. Und Prof. Peter macht Mühe, dass im Umgang mit seiner kranken Frau Worte und Argumente ihre Überzeugungskraft völlig verloren haben. „Und das ist, finde ich, was am meisten unschön ist. Dass man nicht mehr räsonieren kann."

Unten hingegen empfindet man den Verlust der Kommunikation als weniger schlimm, weil hier stärker die alltägliche Funktionsfähigkeit und somatische Aspekte im Vordergrund stehen. Solange sie zusammen etwas unternehmen können und seine Frau immer noch fähig ist, sich zu bewegen, empfindet Herr Kuhn ihren Zustand als nicht so gravierend: „So lange man ja noch gehen kann, was will man dann."[7] Seine Beurteilung ihres Zustands ist weniger abhängig von ihrer geistig-kommunikativen als von ihrer körperlichen Funktionsfähigkeit. Und grade auf diesem Hintergrund gibt es Schlimmeres als Alzheimer: „Gerade in der Nachbarschaft haben wir einen, der einen Lungentumor hat und auf nichts mehr reagiert. (…) Jetzt ist er schon im Rollstuhl. Dann habe ich gesagt: Siehst du, es gibt noch viel Schlimmeres als das, was wir zusammen durchmachen müssen."

Noch deutlicher zeigt sich dieser somatische Code bei Frau Hefti: „Ich bin halt jetzt vielleicht grad der Typ, ich nehme es nicht auf die schwere Schulter. (…) Ich kenne eine, die weint die ganze Zeit. (…) Ich nehme es einfach nicht so tragisch. (…) Es tut ihm ja nichts weh. Er muss ja keine Schmerzen haben! Also wenn er jetzt Schmerzen haben müsste, also das wäre dann weniger gut. Nein, also dann täte es mir schon Leid. Dann würde ich es wahrscheinlich schon auch auf die hohe Achsel nehmen. Aber nicht so. Es tut ihm gar nichts weh. Er wird bedient von Kopf bis Fuß, er muss nur essen und schlafen. Er hat ja das schönste Leben (lacht)."

3. Eigenes Leben und individuelle Freiräume sind den Befragten oben im sozialen Raum viel wichtiger als jenen unten, weshalb die Einschränkungen der eigenen Möglichkeiten, die mit der Krankheit des Partners verbunden sind, auch viel stärker empfunden werden. Während man oben gerne mehr Zeit *für sich* hätte,

---

[7] „Wenn wir irgendwohin gehen, wir haben das Halbtaxabonnement und dann machen wir manchmal solche Tagesfahrten und dann sage ich ihr: Komm, jetzt gehen wir einmal dort und dort hin, dort bin ich auch noch nie gewesen und du bist auch noch nie dort gewesen. (…) Und dann haben wir es jeweils saumäßig lustig und dann merkt man überhaupt nichts."

spielt das unten praktisch keine Rolle, weil man sich weniger als Individuum versteht, das einen Anspruch auf ein eigenes Leben hat, sondern stärker das Gemeinsame in den Vordergrund stellt.

Frau Hefti zum Beispiel hat nicht das Gefühl, durch die Krankheit ihres Mannes an eigenem Leben verloren zu haben, weil sie das auch vorher nicht gekannt hat. „Früher habe ich nichts alleine unternommen. An einem Abend alleine fort schon grad gar nicht. Das hat es nicht gegeben bei mir. Das hätte ich gar nicht gewollt. Ich hätte es nicht gewollt, nein, das hätte ich nicht gemacht. Und wenn wir fort gegangen sind, sind wir miteinander gegangen. Ich sage, als er gesund gewesen ist, haben wir alles miteinander, oder." Einzig ins Schwimmbad sei sie alleine gegangen, weil er da nicht mitkommen wollte.

4. Frauen aus dem oberen Bereich des sozialen Raumes beklagen auch stärker den gesellschaftlichen Statusverlust ihres Mannes. „Wenn Sie meinen Mann früher gekannt hätten und jetzt die Defizite sehen, das tut weh", sagt Frau Feldmann. „Ein stolzes Armeeregiment hat er befehligt. Und die Studenten haben ihn gerne gehabt." Und er, „der früher so souverän gewesen ist" und „bei seinen Reden nie einen Zettel gebraucht hat", beherrscht nun die einfachsten Dinge nicht mehr. Das schmerzt nicht nur deshalb, weil man sich in einem Ausmaß in die Situation des Partners hineinzuversetzen versucht, das sich bei den männlichen Befragten nicht findet („Ich stelle mich immer an die Stelle des Betroffenen"). Der Statusverlust des Partners ist auch deshalb so schwierig, weil man selbst an (abgeleitetem) Status verliert, was dazu führen kann, dass man plötzlich nicht mehr weiß, wer man ist, weil man sich vor allem über seinen Mann definiert hat. Am Anfang, meint Frau Stoll, habe es sie sehr gestört, dass man auf ihren Mann nur noch wie auf einen Kranken reagiert habe: „Ich hätte natürlich auch gerne einen strahlenden Mann gehabt. Und hätte gern gehabt, dass man ihn so wahrnimmt, wie er gewesen ist."

Diese Unterschiede erklären mit, warum die Befragten von oben mehr psychische und physische Beschwerden nennen als jene aus dem unteren Bereich des sozialen Raumes. Was jedoch nicht heißt, dass man hier keine Probleme hat. Fast mehr Mühe als mit der Krankheit selbst scheint man jedoch mit den sozialen Begleitumständen zu haben, mit allem „was drum herum ist", wie Frau Geering meint, der vor allem ihre finanzielle Notlage zu schaffen macht. „Also ich will Ihnen so viel sagen: wenn das Finanzielle nicht wäre, das mich so plagt, mit dem anderen würde ich eigentlich fertig."

Frau Geering, die zusammen mit ihrem Mann über etwas mehr als 3000 Franken im Monat verfügt, „59 Franken auf der Bank" hat und auch noch Schulden abzahlen muss, scheint ihre finanzielle Lage umso drückender zu empfinden, als ihr Mann durch seine Demenz einen ökonomischen Abstieg gemacht hat[8], ihre Ansprüche aber immer noch durch die früheren, besseren Zeiten geprägt sind. „Wissen Sie, ich bin nicht gewohnt, überall betteln zu gehen. Ja, du musst dort ‚bitti bätti machen‘, musst da wieder fragen gehen, musst dort wieder schreiben, musst da wieder schreiben. Und das ist das, was mich fertig macht. Ich habe schon fünfzehn Kilos abgenommen. Nicht weil ich nicht esse."

Auch Frau Steiner beklagt sich, wie überall in ihrem Leben auch wegen dem Geld kämpfen zu müssen. Zum Beispiel, weil die Krankenkassen die Windeln für ihren Mann nicht bezahlen wollen. „Die kommen dauernd mit etwas anderem. Ich weiß nicht, mich macht es auf jeden Fall so wütend. Aber den Ausländern hinten rein, das macht dann nichts. Die lachen uns ja nur aus." Hier können dann Ressentiments gegen Minderheiten auftauchen: gegen Ausländer, Arbeitslose oder AIDS-Kranke, für die man mehr bezahle als für Alzheimerpatienten, die für ihre Krankheit nichts können, wie der 81-jährige Herr Häusler meint (vgl. auch „Die Wut eines sozialen Absteigers")

Neben den finanziellen Sorgen ist die Veränderung der gewohnten Wohnumgebung durch Renovation oder Umzug ein weiteres Problem, das den Befragten aus dem unteren Bereich des sozialen Raumes zu schaffen macht. „Wir haben einen Umbau gehabt in der Wohnung, die Küche erneuert und das Badezimmer. Und da kommt sie natürlich jetzt gar nicht mehr draus bei der neuen Einrichtung", erzählt Herr Häusler. Und Frau Geering musste vor kurzem gegen ihren Willen die Wohnung wechseln. Als sie sich dagegen mit einem Arztzeugnis ihres Mannes wehren wollte, bekam sie von der städtischen Verwaltung gesagt: „Wenn Sie nicht wollen, dann sind Sie am ersten April draußen". Wegen einer geplanten Renovation müssen sie nun erneut umziehen, was eine mittlere Katastrophe darstellt, weil ihr Mann „keinen Wechsel mehr verträgt" und sich in einer neuen Umgebung nicht mehr zurechtfindet.

Das ist nicht nur bei den Kranken aus dem unteren Bereich des sozialen Raumes ein Problem. Auch die Demenzkranken von oben „brauchen das Gewohnte". Während man oben jedoch den Zeitpunkt einer Renovation selbst bestimmen kann, weil man Eigentümer ist, oder sich teure Ausweichmöglichkeiten leisten kann, ist man solchen Veränderungen im unteren Bereich des sozialen Raumes viel stärker ausgeliefert.

Die Wut eines sozialen Absteigers Herr Kuoni hat die Handelsschule absolviert und war bereits mit dreißig Jahren Direktor einer Zweigniederlassung eines ausländischen Konzerns. „Und da habe ich die ganze Schweiz unter mir gehabt, die Händler usw."

---

[8] Weil der 63-jährige Herr Geering, der Autolackierer gelernt hat, trotz seiner Demenz weiter arbeitet, geht sein kleines Geschäft Bankrott. Er gerät in die Schulden und erhält nur eine geringe Invalidenrente.

Als das Unternehmen nach zwanzig Jahren liquidiert wird, hat er „eine Zeit lang gestempelt" und danach als Buchhalter gearbeitet, aber auch diese Stelle wieder verloren. „Die Firma ist zuerst gestorben und dann bin ich auch gestorben." Statt erneut zu stempeln – „einen Job zu bekommen, ist gar nicht mehr möglich gewesen" – geht er mit 56 Jahren in Pension, „also sieben, acht Jahre früher", und erleidet darauf zwei Herzinfarkte.

Nach dem Ausscheiden aus dem Erwerbsbereich leben er und seine Frau vom Vermögen, das aber im Laufe der Jahre schnell kleiner geworden ist, auch weil sie angelegtes Geld verloren haben. Da seien sie natürlich sehr schnell „da unten gewesen. Das können Sie sich ja vorstellen. (...) Da müssten sie Millionen haben, dass sie richtig leben könnten." Heute, da ihr Vermögen praktisch aufgebraucht sei, müssten sie mit 3200 Franken Rente auskommen, wobei nur schon die Wohnung 1500 Franken koste, wie er betont.

Herr Kuoni ist ökonomisch abgestiegen, hat jedoch Teile seines kulturellen Kapitals und seines Habitus behalten. Seine soziale Lage ist gekennzeichnet durch Statusinkonsistenz und die Nichtübereinstimmung von Habitus und materiellen Mitteln.[9] Die finanzielle Lage ist für ihn nicht nur deshalb ein großes Problem, weil der Betrag, über den er verfügt, gering ist, sondern weil seine Ansprüche aufgrund der Beharrungstendenz des Habitus (Bourdieu 1987) immer noch durch die frühere Situation geprägt sind, als er deutlich mehr Geld hatte.

Bis jetzt, meint der 82-jährige, seien sie über die Runden gekommen. „Aber jetzt geht es finanziell nicht mehr. (...) Mit 3000 Franken kommen sie einfach nicht vorwärts, das ist nicht möglich. Das kann jetzt nicht einmal ein Einzelner schaffen." Deshalb hat er Ergänzungsleistungen beantragt, was jedoch abgelehnt worden ist: „Sie haben gesagt, ich hätte noch zu viel Vermögen. Das sind etwa 90.000 Franken gewesen, also zu zweit, das ist ja lächerlich. (...) Darum bin ich richtig verärgert." Später hat er ein neues Gesuch gestellt, das ihm aber noch nicht bewilligt worden ist, weil man vermutet, dass er immer noch „Schwarzgeld" besitzt: „Sie haben alle Kontenauszüge, sie haben alles gesehen und glauben immer noch, dass ich Geld weggeschafft habe. Wissen Sie, das ist deprimierend." Beantragt hat er auch „Hilflosenentschädigung", ebenfalls ohne Erfolg: „Sie muss mindestens ein Jahr hilflos sein. Können Sie sich das vorstellen? Wenn man hilflos ist, dann ist man einfach hilflos. Das haben sie auch abgelehnt. (...) Das nervt mich sehr." Das akzeptiere er einfach nicht. „Denn mit 3000 Franken können sie ganz einfach nicht leben, zu zweit." Zudem koste ihn auch die spitalexterne Pflege „einen Haufen Geld", weil ihm seine Krankenversicherung nur noch die Hälfte bezahle.

Sein kulturelles Kapital verschafft ihm die Wissensgrundlage, seine Ansprüche einzuklagen. „Ich meine, ich habe ja Ökonomie gemacht, genügend. Ich habe eine ganze Firma geleitet."[10] Und es gibt ihm auch das nötige Selbstvertrauen, trotz ablehnender Bescheide auf seinen Forderungen zu beharren. Wobei er seine Ansprüche umso

---

[9] Diese Diskrepanz zeigt sich in einer Wohnung, die einen ziemlich einfachen Eindruck vermittelt, sowie einer Kleidung (Golfshirt) und einer körperlichen Hexis, die eher an seine frühere Stellung als Direktor erinnern. Im Golfclub ist er Mitglied geblieben, was aber nur möglich war, weil man ihm den Mitgliederbeitrag erlassen hat.

[10] Unterstützt wird er auch von seiner Tochter, die sich, so Herr Kuoni, in der Materie gut auskenne.

legitimer und das Misstrauen der Ämter umso empörender empfindet, als er, wie er betont, immer Steuern bezahlt („und zwar recht Steuern"), die AHV seit ihrer Gründung mit finanziert und sehr viel mehr Beiträge entrichtet habe als er nun in Form von Leistungen zurückbekomme.

Die ablehnenden Bescheide machen ihn aber auch deshalb wütend, weil man seiner Ansicht nach den Ausländern (und den Arbeitslosen) gegenüber viel großzügiger ist: „Und dann macht einen das natürlich schon giftig und vor allem wenn man sieht, was für Ausländer in den Spitälern sind und wir müssen es bezahlen. Und da habe ich doch heute noch den Bericht gelesen vom ‚Blick' [Boulevardzeitung]. Da hat ein Türke aus Liebeskummer nicht arbeiten können. Und da bekommt doch der 4800 Franken, als Einzelperson. Ich meine das geht doch nicht. Die muss man rausschaffen, die haben nichts verloren bei uns. (…) Das ärgert mich. (…) Ich bin richtig wütend. Wenn ich sehe, was da passiert und was für Sozialleistungen wir für Ausländer haben. Da passiert jeden Tag etwas von Arbeitslosen. (…) Da wurde auch die Scheibe eingeschlagen. Ja, es ist furchtbar. Und die wollen nicht arbeiten. Die verdienen viel mehr, wenn sie nicht arbeiten."

6.1.5   Umgang mit der Situation

6.1.5.1   Die Logik des Umgangs unten im sozialen Raum

Geprägt durch ein Leben, das man nicht groß beeinflussen kann, nimmt man im unteren Bereich des sozialen Raumes die Krankheit mehr oder weniger hin und unternimmt nicht viel. „Was wollte ich machen? Man musste einfach ja und amen sagen zu allem", meint Herr Schütz und fährt fort: „Sie sagen ja, man muss es auf sich zukommen lassen. Nein, wir haben gar nichts unternommen sonst. Die Memoryklinik hat mich schon zweimal angerufen, wie es geht. Und dann sage ich, es geht gut." Und Frau Steiner meint auf die Frage, was sie unternommen habe: „Er hat in die Maschine gemusst. Das haben wir unternommen. (…) Dann ist dann da die Memory noch gewesen. Und dann hat man einfach gesagt – es ist dann nichts anderes mehr gewesen. Sie haben dann einfach immer wieder gefragt: Wie geht es und so."

Anders als im oberen Bereich des sozialen Raumes wird die Zukunft nicht als Möglichkeitsraum gesehen, den man beeinflussen und planen kann, sondern als ein Fa(k)tum, das man auf sich zukommen lässt. „Ja, ich muss es einfach so nehmen wie es kommt. (…) Ich bin noch nie einer gewesen, der weiß der Teufel wie lange zum Voraus Pläne gemacht hat", sagt Herr Kuhn. Und Frau Geering meint: „Kommt Zeit, kommt Rat." An einen möglichen Heimeintritt denke sie nicht. „Wenn's kommt, dann kommt's". Die geringe Möglichkeit, sein Leben beeinflussen zu können, hat sich im Habitus dieser Befragten in einer Orientierung an der Gegenwart niedergeschlagen, die einen mit daran hindert, den demenzkranken Partner vorsorglich in einem Heim anzumelden. Und wenn man sich finanzielle

Sorgen macht, dann macht man sich Sorgen um das Heute und nicht um eine abs-
trakte Zukunft, bei der man ohnehin nicht weiß, wie sie aussehen wird.

Informationen über die Krankheit sind im unteren Bereich des sozialen Raumes
von vergleichsweise geringer Bedeutung. Man informiert sich wenig. Und wenn,
dann nicht (abstrakt) über Bücher oder Vorträge, sondern (konkret) über Personen,
die man kennt. Wenn man etwas unternimmt, dann eher auf der körperlich-aktiven
Ebene, wie Herr Kuhn (76 J.), der das tut, worauf er schon als nebenamtlicher
Trainer gesetzt hat. „Viel in die Natur raus, wir gehen jeden Tag raus." Bewegung,
meint er, sei die beste Medizin gegen die Depressionen seiner Frau, das sage auch
ihr Arzt. Und wenn er erzählt, dass er ihr Gedächtnis auch mit „Jassen" [Karten-
spiel] trainiere, umschreibt er das in einer Terminologie der Bewegung. „Ich glaube
es ist das Beste, was man machen kann: sie einfach ein bisschen auf Trab halten."

„Machst du es eigentlich extra"
Auch im unteren Bereich des sozialen Raumes weiß man, dass der Partner krank
ist. Trotzdem hat man stärker als in andern sozialen Milieus Mühe, den Partner als
Kranken zu akzeptieren und auch so zu behandeln. Das hängt nicht allein damit
zusammen, dass man relativ wenig über die Krankheit weiß, sondern dass man sich
an einem Krankheitsverständnis orientiert, das lediglich sichtbare und körperliche
Veränderungen als legitime Symptome anerkennt.

Frau Hefti zum Beispiel hat ihren Mann – vor allem am Anfang – wie einen Gesunden behandelt, weil ihm körperlich nichts gefehlt hat und sein Erscheinungsbild
immer noch Normalität signalisierte. „Ich habe ihm ja nichts angesehen. Man sieht
ihm ja nichts an." Das hat zu Konflikten geführt. „Dann hat er etwas behauptet, ich
habe dagegen behauptet und konnte ihm klipp und klar sagen, wie es gewesen ist.
Und er wollte es aber nicht so haben. (…) Und da bin so sauer geworden, ich habe
es vergessen, dass es da oben nicht stimmt bei ihm. Da habe ich gesagt zu ihm: du,
also ich sag dir eins, wenn jetzt du eine Frau wärst und ich ein Mann, ich glaube,
ich würde dich gerade zum Fenster rauswerfen, ich bin so sauer. Ich bin so sauer,
ich würde dich gerade zum Fenster rauswerfen. Aber er hat nur gelacht."[11]

An einem Schulungskurs für Angehörige, an dem sie teilgenommen hat[12], habe
sie jedoch gelernt, dass man mit einem Dementen keinen Streit anfängt. „Weil er
hat dann gar nicht mehr gewusst, was er gesagt hat." Und sie habe sich dann relativ
schnell mit seinem Zustand abgefunden: „Wissen Sie, ich ‚gah nid däm Züüg go

---

[11] Auch da, wo sie ihrem Mann droht, zeigt sich ihr traditioneller geschlechtsspezifischer
Habitus, weil sie sich das nur unter dem herkömmlichen Geschlechterverhältnis vorstellen
kann: „wenn ich ein Mann wäre".

[12] Im Rahmen der erwähnten Studie von Wettstein et al. (2005), in der die Probanden unterteilt wurden in eine Schulungsgruppe und eine Kontrollgruppe ohne Schulung.

nabrüele' [Ich weine diesem Zeug nicht nach]. Ich weiß einfach, was los ist und dass es nicht mehr besser wird, das weiß ich. Da habe ich mich abgefunden damit." Trotzdem schwingt bei verschiedenen Aussagen immer noch ein vorwurfsvoller Ton mit.[13] Was die Vermutung stützt, dass es nicht allein an einem Mangel an Wissen, sondern auch an tiefer liegenden habituellen Dispositionen liegt, dass es ihr schwer fällt, ihren Mann als Kranken zu behandeln.

Obwohl sie wisse, dass er krank ist, sei sie trotzdem mal „saumäßig sauer" geworden. Sie habe mit ihm eine Kollegin besuchen wollen. „Und dann hat er ‚täubelet' [geschmollt, getrotzt] und ausgerufen: ‚Kein Mensch hat etwas gesagt, ich werde nicht gefragt, ob ich dorthin will, ich muss einfach mitkommen'. Er hat ‚täubelet' wie verrückt. Da habe ich gesagt: so, jetzt ist fertig. Hopp, die Schuhe gar nicht anziehen. Zieh den Kittel aus, hock ab, habe ich gesagt. Ich gehe. Ich habe ihm aber den Schlüssel nicht dagelassen. Ich habe ja nicht gewusst, ob er vielleicht davonläuft. (…) Jetzt als ich heimgekommen bin, habe ich rasch seinen Schlüssel dorthin gehängt. Und wenn er jetzt gesagt hätte, du hast mir nicht mal einen Schlüssel hier gelassen, hätte ich gesagt: was, da ist er. Du musst halt recht schauen, hätte ich gesagt, he. Aber er hat nichts gesagt. Aber er hat dann natürlich „böckelet" [gebockt], den ganzen Abend. Aber ich werde halt auch mal sauer. Er ist immer noch am gleichen Ort gehockt, als ich gekommen bin und hat gesagt, er habe Musik gehört."

Frau Hefti macht nicht nur während des Interviews einen ziemlich resoluten Eindruck, auch im Umgang mit ihrem Mann scheint sie ziemlich energisch und direktiv zu sein. Dabei setzt sie auch das Mittel der Drohung ein, was bei ihm die Wirkung nicht verfehlt. „Er wollte sich am Duschvorhang halten – wir müssen in die Badewanne steigen – und am Schlauch halten, dabei hat es zwei Griffe. Da musste ich sagen, hör, du musst dich hier halten, dann passiert nichts. Wenn du einen Unfall hast, ich kann dich nicht herausheben, ich mag dich nicht. (…) Aber er wollte sich nicht dort halten. ‚Du musst mir nicht sagen, wo ich mich halten muss, ich weiß es selber'. ‚Nein, hör, es passiert etwas Dummes, wenn du dich nicht recht halten tust. Da hat es einen Griff'. Er tut mich noch gern wegschubsen. Da hat er mir einfach einen Schubs gegeben. Wegschubsen! (lacht schrill). Und wo das etwa beim dritten, vierten Mal passiert ist, habe ich gesagt: So jetzt ist fertig,

---

[13] „Jeden Tag muss ich ihm sagen, tu doch jetzt bitte in diesem ‚Tages-Anzeiger' ein bisschen lesen. Aber er schaut kaum rein. Er schaut kaum rein. Nein. Ich weiß nicht, hat er gar kein Interesse oder versteht er es nicht, was er liest. (…) Er will die Zeitung gar nicht mehr lesen. Da habe ich gesagt, soll ich sie ab nächsten Sommer nicht mehr abonnieren? Es kostet 320 Franken im Jahr. ‚Doch, doch du. Was meinst denn du! Wir müssen den Tages-Anzeiger haben'. Dann sage ich, aber du tust ja trotzdem nicht lesen. Man muss ja immer sagen, lies mal die Zeitung."

dich dusche ich nicht mehr. Jetzt muss halt der Junior kommen und muss dich duschen. Und dann hat er den ganzen Abend dann ,böckelet' [getrotzt]. Er hat nichts
mehr geredet mit mir. (…) Und dann am anderen Morgen ist er zu mir gekommen
und hat mir die Hand hingestreckt. Und da habe ich gesagt: ja, willst du mir mit
der Hand guten Tag sagen? Da sagt er: nein, er möchte mir nur sagen, er folge von
jetzt an immer und tue sich dort halten, wo ich gesagt habe, wo man müsse. (…)
Ja und gell, der Junior muss nicht kommen, um mich zu duschen? Da habe ich
gesagt: nein, dann muss er nicht kommen, wenn du dich schön dort hältst, wo ich
sage. Dann passiert nämlich nichts. (Strenger Ton) Jetzt geht es! Seither geht es!"

Er versucht sich mit den Mitteln, die ihm noch geblieben sind, zu wehren: indem er bockt, schubst, protestiert oder ihr mit gleicher Münze zurückzuzahlen
versucht, was in seiner machtlosen Position allerdings ohne Wirkung bleibt: „Als
ich heimgekommen bin, ist er vor dem Haus gestanden im Hemd und Hosen und
Finken und es ist unter null gewesen. Da habe ich gesagt, wohin gehst du? Ja,
ich weiß es auch nicht. (…) Das höre ich den ganzen Tag. Den ganzen Tag. Den
Spruch kann ich nicht mehr hören. Ich weiß es doch nicht, heißt es den ganzen
Tag. Ich muss mich abfinden damit. Und als ich gesagt habe, du, jetzt hast du das
dreimal gemacht, also ich kann nicht mehr einkaufen gehen und dir einen Schlüssel
daheim lassen. Ich muss die Schlüssel mitnehmen. Da hat er gesagt: Du, wenn du
das machst, dann werfe aber ich dich zum Fenster raus. (…) Da habe ich gesagt,
ja, ja, dann musst du dir aber zuerst einen Schnauz [Schnurrbart] wachsen lassen,
gell (lacht). Nein, der würde mich ja nicht zum Fenster hinauswerfen." Indem sie
ihm antwortet, „dann musst du dir aber zuerst einen Schnauz wachsen lassen", gibt
sie ihm zu verstehen, dass er dazu wieder ein richtiger Mann werden müsste und
trifft ihn damit an einer der empfindlichsten Stellen seines Abstiegs, den er durch
die Krankheit erlitten hat.

„Dem könnte ich manchmal einen Tritt in den Hintern geben"
Diese resolute und sehr direkte Art des Umgangs kann sich bei Befragten, die in
ihrem Leben selbst viel Härte erfahren haben, bis zur Gewalt steigern.

Frau Steiner reagiert auf ihren Mann mit wachsender Ungeduld. Als er gesagt
habe, er sei ein ,Tubel' [Idiot], habe sie das „jeweils schon wütend gemacht. Ich
habe gesagt: Gottfried Stutz nochmal [Fluchwort], und habe ihn dann manchmal
geschüttelt und gesagt: Du bist kein ,Tubel'. Aber du hast jetzt einfach Nachlass
und das ist jetzt auch durch diese ,Umfallerei' und natürlich habe ich dann auch
wieder eine Wut bekommen durch diese ganze Geschichte mit den Schwarzen und
so." Wenn er gestürzt sei, sei sie in Panik geraten und habe geschrien: „Was machst
du jetzt wieder? Und so, oder. Und er sagt nichts [sie stöhnt]." Und geschrien habe
sie auch, wenn er beim Einkaufen einfach dagestanden sei, wenn sie ihn aufgefor-

dert habe, die Waren einzupacken. „Ich habe dann auch gemerkt, wenn ich normal mit ihm rede, dass er es gar nicht aufnimmt. Wenn ich aber angefangen habe zu schreien…" Später habe ihr jemand gesagt, dass ihr Mann Angst vor ihr habe. „Ich habe ihn manchmal auch geschüttelt und habe gesagt: Gottfried Stutz, machst du es eigentlich extra, oder was ist los? Wie oft hat der mir eine Antwort geben können wie ein zweijähriger ‚Gof' [ungezogenes Kind], so richtig, ja."

Auch Frau Steiner hat Mühe, ihren Mann wie einen Kranken zu behandeln und reagiert immer noch so, wie wenn er gesund wäre, worin sie durch ihre Beobachtung bestätigt wird, dass er in gewissen Situationen immer noch fähig ist, normal zu reagieren. Dass sie seine Krankheit nicht wahrhaben will, hat ihr auch eine Nachbarin gesagt: „Sie hat immer gesagt: Sie müssen das endlich akzeptieren, der Mann ist krank. Sage ich: Ja, ich akzeptiere es schon, aber warum reagiert er jetzt wieder so oder so? Ich habe es schon akzeptiert, aber manchmal habe ich wieder das Gefühl gehabt: Der macht das extra." Die letzten zweieinhalb Jahre habe sie nur noch geschrien. „Weil ich einfach gemerkt habe, er hört mir nicht zu, wenn ich so rede wie jetzt mit Ihnen. (…) Ein Kind, das lernt mit der Zeit, wenn du hundertmal das Gleiche sagst. Aber er nicht. (…) Man kann es nicht fassen, dass ein erwachsener Mensch so ist."

Und dann sei es passiert, erzählt Frau Steiner, „dass er einmal mit der Faust auf mich los gekommen ist. Von da an ist fertig gewesen. Mich schlägt niemand, aber gar niemand! (…) Da habe ich – ich habe ihn dann wirklich geschlagen. Ich habe ihm ab und zu auch eine hinten rein gegeben." Vor einem halben Jahr sei es losgegangen, „dass ich ihn angegriffen habe. Aber auch nicht jedes Mal natürlich. Aber wenn er halt blöd reagiert hat, oder. (…) Und er kommt mir natürlich nicht nach, das ist ja klar. Ich meine, er ist ja so schwach und alles. Ich muss ja nur so machen (hebt den Arm), dann ist er weg." Als er droht, aus dem Fenster zu springen, sagt sie: „Ja bitte, da ist die Türe, mach es bitte, wenn ich nicht da bin. Natürlich habe ich ein schlechtes Gewissen gehabt, wenn ich rasch in die Migros gegangen bin und so. Dann habe ich gedacht: Jesses, jetzt steht die Polizei vor der Türe. Und einmal habe ich gesagt: Hör, ich binde dich an, es ist mir Wurscht, ich binde dich da am Ding an. Ich kann einfach nicht mehr." Angebunden habe sie ihn nicht, sondern ihm nur gedroht. „Ich bin ehrlich unter Strom gestanden."

Zu berücksichtigen ist, dass man im unteren Bereich des sozialen Raumes viel offener und direkter als in anderen Milieus über solche Verhaltensweisen spricht (vgl. „Freimütiges Reden"), was Frau Steiner mit einer Art Ethos der Ungeschminktheit und Ehrlichkeit begründet. „Ich bin einfach nicht der Typ, der so kann: ‚ja, vielen Dank und dä dä dä'. Ich kann das nicht. Und wenn man mich nicht kennt, dann schaut man mich als Hexe an. Das ist ganz ehrlich, das weiß ich schon. Aber mir ist das weiter gleich. (…) Ich verstelle mich auf keinen Fall. Da kann der Papst persönlich kommen. Dem würde ich auch noch sagen, wo Gott hockt. Nein, sicher. Im Ernst."

Freimütiges Reden Im Unterschied zu oben spricht man im unteren Bereich des sozialen Raumes auch ziemlich unverblümt und direkt über die körperlichen Probleme des Demenzkranken. Herr Weber zum Beispiel beschreibt die Hygieneprobleme seiner Frau („Sie sitzt mit dem verschissenen Arsch aufs Bett") in einer Offenheit und Detailliertheit, die oben undenkbar wäre. „Die Spitex [spitalexterne Pflegedienste] hat dann gesagt, haben Sie schon gemerkt, wie der Urin riecht von der Frau. Dann sage ich, ja, ich habe schon gedacht, was das ist, ob das von den Medikamenten ist. Jetzt habe ich sie erwischt, dass sie so putzt (macht es nach), jetzt hat sie den Kot in die Scheide getan und hat eine Harnentzündung bekommen. Dann musste ich wieder zum Arzt mit ihr."

Dass Frau Steiner auf ihren Mann aggressiv reagiert und manchmal auch handgreiflich wird, dazu tragen mehrere Faktoren bei:

Orientierungslosigkeit und Angst Frau Steiner steht der Krankheit ihres Mannes völlig orientierungs- und hilflos gegenüber. Sie versteht nicht, was da geschieht, weil sich ihre Erwartungen immer noch an den normalen Standards orientieren und der Perspektivenwechsel vom Gesunden zum Kranken nicht gelingt. „Wenn ich ihn jeweils etwas gefragt habe, dann hat er etwas ganz anderes gesagt. Und das hat begonnen, mir Angst zu machen. Ich habe dann gedacht, ja Gottfried Stutz, was mache ich jetzt?" Frau Steiner weiß auch nicht, wie sie sich in schwierigen Situationen verhalten soll. „Also das ist schon schlimm gewesen. Wenn Sie sehen, dass jemand dauernd hinfällt. (…) Und ich habe nicht verstanden, was ich machen muss." Mit Gewalt versucht sie eine Situation im wörtlichen Sinne in den Griff zu bekommen, die zunehmend aus dem Ruder zu laufen droht.

Die Krankheit ihres Mannes scheint für Frau Steiner auch deshalb so angsteinflößend zu sein, weil sie sein Umfallen, seine Lethargie – sie spricht von „Verfaulen" – und seine Nichtansprechbarkeit als Vorboten des Todes empfindet, zu dem sie ein geradezu panisches Verhältnis hat. Als sie das erste Mal im Spital gewesen sei, habe sie gefragt, ob das Bettzeug verbrannt werde, wenn jemand gestorben sei. „Dann haben die sich nur angeschaut und gesagt: Ja, dann hätten wir schon lange nichts mehr. Und dann habe ich gesagt: Ich lege mich nicht auf diese Matratze. Ich bin durch [den Wind], ich weiß, ich bin einfach durch mit gewissen Sachen."[14]

Eigene Gewalterfahrungen Frau Steiner hat in ihrer Kindheit und Jugend selbst viel Gewalt erlebt. „Auf jeden Fall habe ich es also sehr mies gehabt, also wirklich, mein Vater ist ganz ein böser Mensch gewesen, der hat uns jeden Tag, also

---

[14] „Einen totalen Spinner mit dem Tod" habe sie auch deshalb, weil ihr Großvater sie manchmal in eine Kammer gesperrt habe, wo die Särge gelagert worden sind, die er als Schreiner angefertigt hat. Seitdem drehe sie durch, wenn sie einen Sarg sehe oder vom Tod die Rede sei.

vor allem mich, geschlagen. Ich weiß heute noch nicht warum. Ich sage immer, ich habe zehn Teufel rein, statt einen raus bekommen." Ihre Biographie ist geprägt durch Gewalt und Verletzungen („Ich bin immer zu kurz gekommen"), Erfahrungen, die sie hart gemacht haben wie die Kristalle, die sie sammelt: „Und da bin ich dann steinhart. So wie die Mineralien (lacht)." Einerseits hat sie diese Erfahrungen so weit inkorporiert, dass sie selbst relativ schnell auf Gewalt zurückgreift. Andererseits reagiert sie völlig allergisch, wenn man ihr gegenüber aggressiv wird. „Ich lasse mich eben nicht zertrampeln und vor allem nicht, wenn jemand gewalttätig wird, dann ist bei mir also Ende." Das erlebt sie als eine Form der Missachtung, auf die ihr sozialisierter Körper quasi unwillkürlich reagiert. „Dann sehe ich nur rot und das ist eine gefährliche Situation. Und wenn ich etwas bei mir hätte, ein Messer oder sonst etwas, dann wäre es passiert."

„Wenn man mich nicht kennt", sagt Frau Steiner, „dann hat man das Gefühl, ich sei kalt und würde über Leichen gehen und Zeugs und Sachen. Aber das habe ich gelernt. Ich will, dass niemand an mich ran kommt. Ich strecke wie ein Igel sofort das Ding raus." Andererseits würde sie ihr letztes Hemd verschenken, wenn sie zu jemandem Vertrauen gefasst hat: „Ich helfe den Leuten auch bis zum Gehtnichtmehr. Aber wenn sie mich ausnutzen, dann ist fertig, dann geht es ganz schnell." Vermutlich ist sie sich auch bei ihrem Mann nicht sicher gewesen, ob er sie nur ausnützen will, wenn sie alles für ihn erledigen musste.

Auf sich allein gestellt Sie fühlt sich in ihrer Situation völlig allein gelassen: „Ich begreife heute, so schlimm das klingt: immer wieder hört man, dass der Vater die ganze Familie umgebracht hat, ich denke immer, das sind so arme Leute und niemand hat denen geholfen. F: Haben Sie auch das Gefühl, dass Ihnen niemand hilft? A: Ja. Ich habe schon meine Leute. Aber ich meine, ich kann das jetzt erzählen, aber im Grunde genommen: ja, wer hilft mir?".

Nicht alle haben die gleichen sozialen Voraussetzungen (mitbekommen), um sich zu verhalten, „comme il faut", was dann oftmals ihrer Person zugerechnet wird. Doch auch für Verhaltensweisen, die einem missfallen mögen, gibt es Gründe, die sie soziologisch verstehbar(er) machen.[15] Wobei es wichtig ist, zwischen soziologischen Gründen und Begründungen der Akteure zu unterscheiden, was allerdings nicht immer ganz einfach ist.

„Durch Schicksalsschläge kann man hart werden"

Auch Herr Weber stammt aus zerrütteten Verhältnissen und hat, wie er sagt, eine schwierige Jugend gehabt: Seine „gemütskranke" Mutter bringt sich um, als er

---

[15] Verstehbar in dem Sinn, dass ein solches Verhalten nicht zufällig ist und nicht von ungefähr kommt, sondern dass ihm Bedingungen zugrunde liegen, die es begünstigen.

sechzehn ist. Der Vater kommt vorübergehend in die Psychiatrie. Und die Stief-
mutter habe ihn schikaniert, als er sich geweigert habe, mit ihr ins Bett zu gehen.
„Bis ich dann weggegangen bin". Diese Erlebnisse hätten ihn geprägt: „Die Heutigen, die würden alle fixen und alles machen. Ich begreife die manchmal nicht.
Durch Schicksalsschläge kann man eben auch hart werden. (…) Ich habe das letzte
Mal geweint in der zweiten Sek [Sekundarklasse], als die Mutter mit dem Küchen-
messer auf mich los ist, weil sie in ein Heim musste. (…) Als sie sich in der Badewanne drin vergast hat, hat sie mit meiner Decke ein Bett gemacht und ich habe
sie noch rausgeholt."

Härte prägt auch den Umgang von Herrn Weber (79 J.) mit seiner demenzkranken Frau. In der Angehörigengruppe scheint er am Anfang ziemlich offen darüber
erzählt zu haben. Das wird auch von einer Befragten bestätigt, die ihn dort getroffen hat. Er habe sich ziemlich aggressiv geäußert und gemeint, manchmal müsse
man die Kranken auch hart anfassen, „ja, wie fast ein bisschen fast dreinschla-
gen". Weil die anwesende Ärztin ihr Missfallen zum Ausdruck bringt, nimmt er
sich jedoch etwas zurück. „Da habe ich gemerkt, man muss aufpassen. (…) Man
muss sich mit Vorsicht outen, man kann nicht groß ausrufen. Man muss praktisch
den Patienten schonen." Als ihn die Ärztin ganz direkt gefragt habe: „Herr Weber,
möchten Sie, dass Ihre Frau stirbt?", sei er diplomatisch ausgewichen: „Ich kann
ja nicht sagen, ich wäre froh, wenn sie sterben würde." Diese Vorsicht ist auch im
Interview spürbar. Er meint, es gebe Situationen, wo er manchmal fast durchdrehe.
Trotzdem wolle er nicht, dass ihm „einmal die Hand ausrutsche. (…) Aber ob das
einmal kommt?"

6.1.5.2   Die Logik des Umgangs oben im sozialen Raum

Anders als in sozial benachteiligten Milieus geht man im oberen Bereich des sozialen Raumes mit der Situation um. Und auch dem Kranken gegenüber verhält man
sich anders.

Der Habitus der Machbarkeit

Die Befragten von oben wissen zwar, dass man die Krankheit nicht heilen kann.
Geprägt durch einen Habitus der Machbarkeit versucht man ihren Verlauf aber so
weit wie möglich zu beeinflussen. „Ändern kann man es nicht", meint ein Professor. „Also muss man schauen, was Schritt für Schritt zu machen ist."

Man versucht den Krankheitsverlauf durch die bestmögliche medikamentöse
Therapie, die man mit dem Arzt abspricht, und durch (Gedächtnis-)Training zu
verlangsamen. Und man verfügt auch über die nötigen Mittel, seine Lebensbe-
dingungen der Krankheit anzupassen. Anders als im unteren Bereich des sozialen
Raumes trifft man auch Vorsorge für die Zukunft, weil man nicht „in Notfallsitu-

ationen reinrutschen" möchte, die man „hätte verhindern können", wie Frau Dormann meint. Professor Ulrich (80 J.) zum Beispiel hat „in Voraussicht" seine frühere Sekretärin, „eine absolute Vertrauensperson", als Bevollmächtigte eingesetzt, die sich im Falle seines Todes um seine Frau kümmert: „Punkto Wohnung, punkto Finanzen, punkto was überhaupt passieren soll. Das haben wir juristisch abgefasst. (…) Wir haben auch das Testament schon längst gemacht. Es ist alles geregelt." Auch in einem Altersheim haben sie sich bereits angemeldet. „Auf Zusehen hin natürlich, so lange wie möglich nicht. Aber wir sind angemeldet, offiziell, so dass also in dieser Beziehung auch vorgesorgt ist."

Der Habitus der Machbarkeit kann dazu führen, dass man den Dementen – vor allem zu Beginn der Krankheit – überfordert. Es sind vor allem Frauen, die versuchen, den Abbau des Mannes zu bremsen oder gar aufzuhalten. So meint Frau Sand über ihre Mutter: „Sie hat immer, auch jetzt, sie drückt, sie will ihn einfach behalten. Sie gibt sich eine wahnsinnige Mühe und probiert ihn… Da bin ich immer dagegen gewesen, weil er ja so verzweifelt gewesen ist, weil es nicht gegangen ist. (…) Sie geht aus mit ihm: in die Oper, bis vor einem Monat ins Kino. Jetzt hat er auch gesagt: ‚Ich komme nicht mehr ins Kino, ich will das nicht! Es ist mir alles zu viel und zu laut und zu schnell und so'. Aber eben, wenn wir ausgehen zum Essen, dann ist es oft noch so, dass sie ihm sagt: zahl du. Und er ist überfordert." Alles Mögliche habe sie probiert: „Sie hat ein Scrabble gekauft. (…) Das hat ihn dann sauer gemacht. Dann hat sie angefangen Puzzle zu kaufen, sie hat nie Puzzle gemacht, beide nicht, das ist etwas völlig Fremdes. Und das macht sie jetzt immer noch. Da fängt sie an, das zusammenzusetzen, aber es funktioniert nur, wenn sie ihm sagt: Oh, ich kann einfach nicht weiter und jetzt macht es mich ganz nervös, kannst du mir nicht helfen. Also sie tun auch untereinander immer noch dieses Spiel aufrechterhalten." Fernsehen lässt sie ihn nicht, obwohl er das gerne würde, „weil das lenkt ihn ja noch ab. Aber sie hat mir mal gesagt, sie habe gelesen, dass das Alzheimer noch befördere. (…) Das geht bei ihr nicht. Fernsehen verblödet ja mit der Zeit. Bei uns ist das früher stark kontingentiert gewesen. Wir haben nur bestimmte Sendungen sehen dürfen. Und meine Großmutter durfte viel mehr und die viel lustigeren Sendungen, wie ‚Einer wird gewinnen' und solche Sachen, was Mist ist: ‚Das ist Schund, das schaut man nicht'. F: Man liest Bücher. A: Genau."

Auch Frau Zeiher (69 J.) hat sich von Anfang an gesagt: „Du kannst jetzt nur das machen, was in deiner Macht steht. Dass du diesen Mann forderst. Und eben: beobachte ihn. Schaue, was gut ist für ihn. Schaue, was etwas bringt. Ich bin einfach die, die drauf geht und die Probleme packt. Verstehen Sie. Nicht dasitzt und Trübsal bläst und anfängt zu weinen. Das bringt ihm ja nichts. Ich habe einfach gesagt: da ist ein Problem. Jetzt muss man das beim Schopf packen. Mach das Beste draus." Wenn er sagt, ich bin ein „Tubel", sagt sie ihm: „nein, du bist kein

‚Tubel', aber es liegt in deiner Hand, etwas dagegen zu tun. Dr. W. sagt immer, das bestimmt jeder selber. Das sag ich ihm dann auch immer: Das bestimmt jeder selber. Du musst dich eben auch fordern."

Auch Frau Dormann (75 J.) versucht aus ihrem Mann das Mögliche herauszuholen: „Ich bin sowieso eher eine Person, die ihn überfordert. Ich habe immer das Gefühl gehabt, man sollte ihn noch möglichst viel selber machen lassen. Ich bin heute noch nicht so ganz sicher, wie viel man ihn selber probieren lassen sollte und wie viel nicht. Weil, wenn ich ihn zu gar nichts mehr überzeuge, dann versinkt er. Dann versinkt er." Damit überfordert sie allerdings nicht nur ihn, sondern auch sich selbst. „Besonders am Anfang der Krankheit habe ich natürlich schon das Gefühl gehabt, ich sollte mehr machen, ich sollte mehr animieren, ich sollte ihn mehr wieder zurückbringen, er sollte doch das wieder können usw. Da habe ich schon ein schlechtes Gewissen gehabt." Dieses schlechte Gewissen hat sie noch heute, wenn sie ungeduldig ist. „Wenn mein Mann dieses und jenes wieder nicht macht oder nicht kann, wenn ich fünfmal neben ihm stehe und sage, könntest du die Schuhe ausziehen, da sind deine Hausschuhe, und er macht es nicht, dann gehe ich die Wände hoch." Vor allem auch, weil sie den Verdacht hat, dass es nicht allein an seiner Krankheit, sondern zumindest ein klein wenig auch an seiner Trägheit liegt. „Er ist raffiniert in dieser Hinsicht. Mir fällt auf, wenn andere Leute um ihn herum sind und ich ihm sage, er soll die Schuhe ausziehen, dann geht das viel schneller."

Einerseits möchte sie, dass er noch möglichst viel selber macht, andererseits fehlen ihr, die sich als „urungeduldige Frau" bezeichnet, aber die Nerven, ihm dabei zur Seite zu stehen und sich seinem langsamen Rhythmus anzupassen: „Helfen in der Küche zum Beispiel geht nur, wenn ich daneben stehe. Und da bin ich sehr zerrissen! (Klopft auf den Tisch) Ich will nicht den ganzen Tag alles mit meinem Mann zusammen machen. Obwohl, wenn ich ihm sagen kann, danke, das hast du gut gemacht, das ist natürlich für ihn ein Erfolgserlebnis. Aber irgendwie geht mir langsam der Schnauf aus für diese Sachen. Weil, wenn ich es selber mache, ist es dreimal schneller und die Sachen sind am richtigen Ort. Da mache ich Fehler, das weiß ich." Mit ihren Ansprüchen, die weder ihr Mann noch sie erfüllen können, gerät sie immer wieder an Grenzen, was sich im Gefühl äußert, ausgebrannt und überfordert zu sein. „Körperlich, ich bin körperlich überfordert. (…) Da oben (zeigt auf den Kopf) weniger (lacht), ich habe das Gefühl, da oben könnte ich noch einiges schaffen, aber körperlich bin ich schon überfordert. Ich meine, wenn ich die Wände hochgehe, das ist auch eine Überforderung natürlich." Dass sie so betont, körperlich und nicht geistig überfordert zu sein, könnte auch damit zusammenhängen, dass sich eine körperliche Überforderung besser mit ihrem Ethos der Souveränität vereinbaren lässt, ein Moment ihres Habitus, das auch darin zum Ausdruck kommt, dass man ihr ihren Gemütszustand während des Gesprächs nicht anmerkt und sie auch unerwähnt lässt, dass sie wegen „sekundärer Depression" in Behandlung ist.

„Ich würde behaupten, dass ich schon ziemlich viel weiß"
Anders als im unteren Bereich des sozialen Raumes haben Informationen über die Krankheit bei den Befragten von oben eine große Bedeutung: Man informiert sich über Bücher, Artikel und Fachvorträge. Informationen werden als Handlungsoptionen gesehen, welche die Beeinflussungsmöglichkeiten erweitern. Und sie sind ein wichtiges Mittel im Prozess der Bewältigung. Sie erlauben es, Symptome und Veränderungen zu ordnen, zu verstehen und bis zu einem gewissen Grad auch vorherzusehen. Das kann Unsicherheit und Ängste reduzieren: „Wenn man sich vertieft, kann der Moment kommen, wo es einem die Angst ein bisschen nehmen kann", meint eine Befragte. Und es kann das Gefühl vermitteln, der Situation nicht hilflos ausgeliefert zu sein und die Krankheit zumindest intellektuell im Griff zu haben. Man möchte „nicht einfach in etwas hineintrampen", wie es Frau Dormann ausdrückt, womit man zumindest einen Rest von Souveränität gegenüber einer Krankheit zu behaupten versucht, die letztlich nicht beherrschbar ist. „Gerade in der Betreuung von einem Alzheimerpatienten, dünkt mich, ist es grässlich, wenn man völlig überrascht wird von Sachen. Ich meine, vor ein paar Wochen hat mein Mann angefangen, in den Waschkorb zu biseln usw. Wenn ich von dem noch nicht gehört hätte, hätte mich das glaub enorm schockiert. Aber wenn man solche Sachen schon weiß, ist man etwas gewappnet, innerlich und auch äußerlich."

Informationen ermöglichen einem auch, dem Kranken gerechter zu werden. „Sie kennen vielleicht die Alzheimertrippler. (…) Wenn ich das nicht gewusst hätte, hätte ich ihm vielleicht die ganze Zeit gesagt: Was trippelst du so blöd herum, geh doch mal richtig." Und wenn man bereits vorher weiß, was geschehen kann, erlaubt das einem als Folge der Krankheit zu verstehen, was sonst nur schwer zu ertragen wäre: „Er zieht auch manchmal meine Kleider an. Stellen Sie sich mal vor, wenn Sie keine Ahnung haben, dass so etwas kommt. Und plötzlich sehen Sie, dass er in ihren Kleidern ist. Das ist ein enormer Schock. Zum Glück habe ich von solchen Sachen gehört. Es ist immer noch anders, wenn es dann wirklich so ist. Es ist immer noch anders."

„Ich gucke danach, ob man die Krankheit heilen kann" Herr Berger, ein ehemaliger Manager, hat alle schulmedizinischen Möglichkeiten der Therapie ausgeschöpft: „Mehr gibt es nicht im Moment. Und das habe ich auch gecheckt. Es gibt also nirgends Literatur – es gibt nur Literatur, die besagt, ARICEPT, das können Sie vergessen, das ist so minimal, das lohnt sich überhaupt nicht. Die verdienen natürlich da dran. Aber dann habe ich das Ganze nochmals mit der Alzheimervereinigung besprochen. Und die haben gesagt, alles, was ein bisschen hilft, sollte man machen. Und dann habe ich das gemacht. Das mit ARICEPT und mit EBIXA. Jetzt nimmt sie zwei Medikamente. Das ist also wirklich das Allerletzte, was man machen kann." Weil er der Schulmedizin nicht unkritisch gegenübersteht, hat er auch nach Alternativen gesucht: „Ja. Alles was es gibt, aber es gibt ja keine Alternativen. Also wir haben es versucht… (…) Und wenn wir zum Arzt gehen und er erzählt uns irgendwas, das ist nicht das Ende. Ich schaue im Internet nach, ich rufe bei Medgate an und informiere mich. (…) Ich gucke natürlich danach, ob man diese Krankheit heilen kann. Das ist die Idee. Und wenn nicht, wie man sie erleichtern kann. Aber ich habe noch nichts gefunden. Das dauert manchmal, dass man was findet. Es kann sein, dass man was findet. Ich schließe das nicht aus. Die ‚Alzheimers‘ [Alzheimervereinigung] machen das auch."

Informationen können auch als Statusressource fungieren, vor allem bei Männern, die sich zum Teil als eigentliche Experten der Krankheit sehen: „Weil der Hausarzt auch beschränkt ist in seinem Wissen, habe ich dann angefangen, ihm zu empfehlen, was man machen könnte", meint der 69-jährige Herr Schnell, ein ehemaliger Direktor. „F: Also Sie haben sich fast mehr damit beschäftigt als er? A: Ja, eindeutig. Wobei ich auch nicht der Normalfall bin. Ich würde jetzt behaupten, dass ich schon ziemlich viel weiß, eben dank diesen Möglichkeiten."

Formen der Distanzierung
Während man unten im sozialen Raum direkter und affektgeladener auf die Situation reagiert, tendiert man oben stärker zu Formen der Distanzierung, um die Situation bewältigen zu können. Das gilt vor allem für die befragten Männer von oben links, die über das meiste kulturelle Kapital verfügen.

Ironie und intellektuelle Distanz Professor Peter (73 J.), der sein Leben lang gelernt hat, Haltung zu bewahren und sich unter Kontrolle zu haben, ist auch seiner aggressiven Frau gegenüber bemüht, nicht die Fassung zu verlieren: indem er sich sagt, dass das nicht seine Frau, sondern eine Kranke ist und indem er schwierige Situationen ironisiert. Wenn ihm seine Frau immer wieder sage, dass er ein „Idiot" und „dumm" sei, dann sage er: „Ich bin nicht dumm, ich bin Professor. Dann sagt sie: ‚Plof‘. Dann sage ich: ‚nein, Professor‘ (Lachen). Dann muss sie lachen." Seine Ironie lässt sich als eine Form der Distanzierung sehen, die ihm hilft, zu ertragen, was sonst nur schwer auszuhalten wäre. „Früher habe ich dem Arzt gesagt, eine Messgröße wäre, wie oft ich am Tag Idiot genannt werde. Zehnmal am Tag oder dreimal in der Woche." Zudem helfe ihm, dass er sich auf veränderte Situationen gut einstellen könne. „Wahrscheinlich bin ich da…, nicht schicksalsergeben, sondern vielleicht… sehr anpassungsfähig." Auch in dieser kleinen Bemerkung zeigt sich die Wirkung der feinen Unterschiede: er ist nicht passiv – ergeben, sondern aktiv – fähig.

Zugute kommt ihm auch eine gewisse Gelassenheit angesichts des Unabänderlichen: „Ich meine, wir haben gute Freunde gehabt. Er ist beim Theater gewesen. (…) Und sie hat Rückenmarkkrebs gehabt und hat gekämpft wie wahnsinnig. Und er auch. Und sie haben für sich ganz absurde Strohhalme gesucht. Und wenn ich versuche, meine Frau zu normalisieren, dann weiß ich, ich muss ja nur ein Buch über Alzheimer aufschlagen, dann sehe ich: Das ist nicht regenerierbar. (…) Medizinisch, chemisch ist noch nichts auf dem Markt, wo man die Hirnzellen regenerieren kann." Diesem wissenschaftlichen Faktum versucht er mit intellektueller Abgeklärtheit zu begegnen, zu der ihm auch die historische Untersuchung seiner Familiengeschichte verholfen hat, durch die so manches relativiert worden ist: „Ich habe jetzt meine Familie bis 1500 mit Dokumenten zurückverfolgen können und habe eine komplette Sammlung von Testamenten. Dort steht: „Nichts ist so gewiss wie der Tod. Und nichts so Ungewiss wie seine Stunde" – in schönem, altem Französisch. Auch die Sorgen, die die Leute gehabt haben: Der Sohn ist im Krieg, man weiß nicht, wo er ist. Und werden die jüngsten Kinder, wenn sie nicht mehr da sind, auch richtig schreiben und lesen lernen, wie die Mutter das ihr Leben lang nicht konnte. Und so geht das weiter und weiter. Zehn Generationen. (…) Und wenn ich denke, wenn alle Leute, die ich kenne, wenn alle zusammenkämen, das wären viele, die auferstehen müssten für diesen Moment. Und andere, die weg sind. Und wahnsinnig viele, die neu dazugekommen sind."

Eine Grundlage seiner Gelassenheit und Abgeklärtheit ist seine Bildung. Sie ermöglicht ihm, Krankheit und Tod zu objektiveren und sie als Teil eines Prozesses zu begreifen, den er in seinen historischen Studien nachvollziehen und analysieren konnte. Die Geschichte seiner Familie hat ihm gezeigt, dass die einen gehen und andere nachkommen, wodurch vieles, was heute groß und wichtig erscheint, sich nur als eine kleine Episode erweist.

Dass es allerdings auch ihm nicht immer gelingt, seine Fassung zu bewahren, tönt er nur an, wenn er sagt, dass man bei seiner Frau ohne körperlichen Druck nicht viel erreicht (vgl. „Und dann muss ich wirklich schieben"). Wobei er auch das mit einem Euphemismus zum Ausdruck bringt: „Das ist, was am meisten unschön ist." Und wenn er davon spricht, dass er in Situationen, die ihn überfordern, Magenbeschwerden bekommt, dann formuliert er es so, als ob sein Magen etwas von ihm Abgespaltenes wäre und in diesem Moment gar nicht zu ihm gehören würde. „Immer wenn es kritisch wird, dann will mein Magen, dass ich in Dauerschlaf gehe, der will dann nicht mehr. F: Wie meinen Sie? A: Der möchte am liebsten, dass ich ins Bett gehe und schlafe."

„Und dann muss ich wirklich schieben" (Prof. Peter) „Seit zwei Wochen ist die Medikamenteneinnahme nicht mehr lustig. Früher ist es gegangen, dass ich einmal probiert habe, zweimal probiert habe, beim dritten Mal macht sie dann so (macht den Mund auf). Und jetzt tobt sie beim ersten Mal. Gestern musste ich den Ärmel waschen, weil sie mich so gebissen hat. Dann habe ich ihr die Blutflecken gezeigt: ‚Oh, du Armer'. Und dann haben wir nochmals darüber geredet: ‚Das habe ich nicht gemacht'. (…) Und ab und zu gelingt es mir, das lustig… einen Scherz zu machen, blöde Sachen, die man mit den Babys ausprobiert hat. Aber dann muss ich aufpassen, dass ich keine Ohrfeige bekomme. Und hin und wieder möchte ich Shiva persönlich sein, mit sechs Armen. Wenn die Tochter da ist, geht es, dann haben wir zwei Hände mehr. Aber sie wehrt sich, man muss jeden Knopf einzeln aufmachen – gegen Widerstand. Und wenn ich das nicht blitzschnell wegräume, sondern etwas anderes parat mache, ins Badezimmer gehe und zurückkomme, dann hat sie das schon wieder angezogen. Und dann endlich im Bett – gegen lauten Widerstand. Nachteinlage und Nachthemd – gegen Widerstand: ‚Das ziehe ich nicht an‘. Und dann ins Bett. ‚Ah, schön‘. ‚Wäre das nicht noch schöner ohne Streit und ohne Ringkampf‘ [sagt er zu ihr]. Und viele Sachen sind eben, sie müsste auf Toilette. ‚Nein, ich geh nicht‘. Und dann muss ich wirklich schieben, schieben und ihre Hand überall von den Möbeln wegnehmen. Und dann endlich sind wir am Ort und dann geht es.“ Er, der sich gewohnt ist mit Sprache, Argumenten und Logik zu überzeugen, merkt nun, dass er nur noch mit dem Einsatz von körperlicher Kraft an sein Ziel kommt. „Und wenn ich dann so Ratgeber lese, man müsse liebevoll sein usw., dann weiß ich, wenn ich das durchhalten würde, dann schlafe ich am Morgen um eins vielleicht vor Erschöpfung ein und meine Frau ist immer noch nicht fertig.“

Kultivierung Man kann die Situation auch zu bewältigen versuchen, indem man sie in literarischen oder philosophischen Bezügen verortet, was einem erlaubt, sie zu objektiveren und etwas an sich höchst Unerfreuliches gewissermaßen zu veredeln, indem man es in „Kultur" verwandelt.

Statt in eine Angehörigengruppe zu gehen, hat es Herr Salzmann, ein pensionierter 77-jähriger Akademiker, vorgezogen, einen Text über die Krankheit seiner Frau zu schreiben, den er an Freunde und Bekannte verschickt hat. „Was kann man dagegen tun? Hier möchte ich einen schönen Satz von Goethe zitieren: ‚Wie von unsichtbaren Geistern gepeitscht, gehen die Sonnenpferde der Zeit mit unsers Schicksals leichtem Wagen durch, und bald rechts, bald links, vom Steine hier, vom Sturze da, die Räder wegzulenken. Wohin es geht, wer weiß es? Erinnert er sich doch kaum, woher er kam‘ (Schlusssatz aus ‚Dichtung und Wahrheit‘). Auf die Medizin übersetzt: Den A. heilen kann man nicht. Man kann nur ‚vom Steine hier, vom Sturze da‘, d. h. eine Tablette hier, eine Pille da verordnen. Aber die Krankheit nimmt eben ihren Verlauf." „Im Umgang mit meiner Frau", schreibt er weiter, „habe ich mir eine stoische Ruhe angeeignet." Und als eine zentrale Eigenschaft eines Betreuers nennt er in seinem Text: „Stoiker sein von früh bis spät!! D. h. Affekte bekämpfen und sich durch nichts erschüttern lassen."

Auch die Kultivierung der Situation ist eine Form der Distanzierung, mit der man sich über eine Situation stellen kann, die einem zu nahe zu gehen droht. Und mit dem Bezug auf die „Hochkultur" sind (bezweckt oder nicht) auch symbolische Gewinne verbunden. Herr Salzmann sagt nicht einfach: Ich bleibe ruhig. Sondern: „Ich bin Stoiker", womit er auch einer an sich banalen Verhaltensweise eine philosophische Dimension verleiht. „Ich bin an einer Vorlesung gewesen ‚Trost in der Philosophie‘. Da hat es eben geheißen, dass man sich nicht aufregen soll."

Intellektualisierung Die Situation bewältigen kann man auch indem man sie primär verstandesmäßig angeht. Der Naturwissenschaftler Studer (75 J.) hat auf die Demenz seiner Lebenspartnerin mit jenem rationalen Modus operandi reagiert, der auch sonst seine Lebensführung prägt. Zwar habe er nach der Diagnose schon Probleme gehabt, sei aber schließlich zum Schluss gekommen, „so bös es tönt: ich muss versuchen, mich geistig von ihr zu lösen", was er durch einen ziemlich teilnahmslosen Tonfall unterstreicht, in dem er das erzählt. „Wenn Sie mit einer Partnerin zusammenleben, sie steht Ihnen nah. Dann müssen Sie ganz bewusst Distanz gewinnen. Und das ist schwer. Aber es hat mir geholfen. Wenn eine Partnerin Alzheimer hat, dann ist das, wie wenn sie stirbt. Aber nicht von einem Tag auf den anderen, sondern es ist ein ganz langsames Sterben." Wenn es nicht gelungen wäre, sich zu distanzieren, „wäre es für mich jetzt schlimmer, glaube ich." Weil ihre Demenz sehr schnell fortgeschritten ist, ist seine Partnerin schon nach kurzer Zeit ins Heim gekommen, was für ihn auch eine Erleichterung gewesen sei. „Ich habe wieder mehr Freiheit, ich muss nicht so Rücksicht nehmen." Er kann nun wieder ungestört seiner Forschungstätigkeit nachgehen, die er auch nach seiner Pensionierung mit Verve betreibt, und auch wieder mal länger verreisen. Und sein Verhältnis zur Demenz scheint mittlerweile stärker durch wissenschaftliche Neugier als durch emotionale Betroffenheit bestimmt zu sein. „Bei Alzheimer ist eine bestimmte Gehirnregion betroffen. Bei Alzheimer glaub hinten. Und bei ihr ist es eher vorne. Das wäre jetzt interessant zu schauen, was für Funktionen im Körper mit dem Hirn vorne zusammenhängen. Dem könnte man nachgehen."

Verschleierungsstrategien und Statusgewinne der Frauen
Demenzkranke Männer erleiden nicht nur innerhalb des öffentlichen Raumes, sondern auch innerhalb der ehelichen Beziehung einen Status- und Machtverlust. Das ist in allen Milieus der Fall. Während die befragten Frauen von unten das ihrem Mann gegenüber vergleichsweise unverblümt und direkt ansprechen („einen Schnauz wachsen lassen"), versuchen es die Frauen von oben eher zu vertuschen.

Frau Feldmann möchte ihrem Mann so wenig wie möglich zeigen, wie abhängig und hilflos er geworden ist: „Eigentlich, wenn er seine Worte nicht findet, dann warte ich und warte ich. Und dann flüstere ich es. Oder wenn er etwas am Telefon sagen will und es geht nicht, dann sage ich schnell, was er sagen will. Dann wiederholt er es nur. Kleine Sachen. Oder das: ‚Wo habe ich es hingelegt?' Dann sage ich: ‚Ja, du hast es da hingelegt', als ob das normal wäre." Wenn sie etwas für ihn tut, dann formuliert sie es so, als ob sie lediglich ausführt, was er angeordnet hat. „Ich sage immer: Wie du gesagt hast, wir machen das". Ganz ähnlich verhält sich auch Frau Berner. Als sie gegen den Willen ihres Mannes die Zahlung der Rechnungen übernommen hat, hat sie das nicht damit begründet, dass er dazu nicht mehr in der

Lage ist. Sie hat gesagt: „Jetzt hast du das so viele Jahre gemacht und jetzt will ich es doch auch einmal machen, oder. (…) Wir haben doch Jobsharing. (…) Es ist doch nicht recht, wenn du das immer machen musst. Jetzt muss ich es auch, jetzt muss ich es einfach eine Zeit lang machen. Und jetzt will er gar nichts mehr."

Trotz all den Verschleierungsversuchen ist diesen Frauen jedoch klar: Während ihr Partner in der Beziehung immer schwächer wird, werden sie immer stärker. Was Frau Dormann sehr genau auf den Punkt bringt, wenn sie sagt: „Mein Mann braucht mich. Ich brauche meinen Mann nicht oder meinen Mann nicht mehr." Sie ist es nun, die die Finanzen regelt und „die Familie ernährt": „Unser Vermögen ist eigentlich nur, was ich erschafft habe. Wir haben sonst nichts." Während ihr Mann bei seinen Spekulationen keine glückliche Hand hatte und viel Geld verloren hat, ist sie bedeutend erfolgreicher, worauf sie sehr stolz ist. „Ja, ich glaube, ich habe da eine etwas solidere Nase. Nicht ganz so spekulativ. (…) Das sind natürlich alles Sachen, wo ich mich entwickelt habe, wo ich keine Ahnung gehabt habe, dass ich das kann." Während er in der Beziehung immer mehr abbaut, wird sie immer selbstbewusster. „Ich habe enorme Entwicklungen durchgemacht. (…) Gerade durch die Krankheit von meinem Mann habe ich ein bisschen herausgefunden, wer ich bin und was ich kann. Und ich kann viel mehr als ich gemeint habe. (…) Ich bin schon selbstbewusst. Ich glaube, im Großen und Ganzen läuft es erstaunlich gut. (…) Das macht mich schon stolz."

Das gleiche Muster zeigt sich auch bei Frau Stoll (75 J.). Während ihr Mann früher in der Beziehung der Dominante gewesen ist, hat sich das nun völlig gekehrt. Es macht ihr zwar Mühe, dass er so abhängig ist, ihre stärkere Position erlebt sie aber auch positiv. „Eigentlich tut es mir gut, einerseits, ganz ehrlich, einerseits tut es mir gut, aber…… äh…… ich wollte, es wäre innerhalb einer Normalität so. F: Also wenn er gesund wäre. A: Ja, ja." Gut tut ihr, dass sie nun „schalten und walten kann. Dass ich einteilen kann, dass mir niemand mehr sagt, das ist so und so. Ja, ich bin ja jetzt mein eigener Herr und Meister. So weit sogar, dass ich manchmal denke, ich möchte jemand, der mich ein bisschen berät. Das fehlt mir dann aber schon. (…) Aber ja, das Herr… oder Frau und Meister sein, das passt mir schon irgendwo durch. Ja. (…) Ich schlucke nicht mehr so viel wie früher. Ich habe Magengeschwüre bekommen früher. Jetzt habe ich nichts mehr in dieser Richtung. (Laut) Das ist jetzt noch interessant. Hören Sie jetzt mal das: Mir geht es ja besser. (…) Das ist mir aber jetzt ganz neu, das ist mir jetzt ganz neu (lacht). Ich habe früher ständig mit dem Magen zu tun gehabt. Ständig. Wahrscheinlich, weil Rebellion da gewesen ist, die nicht raus durfte. Ich weiß es nicht." Und auch wenn sie sich das fast nicht zu sagen traut, weil sie es „unfair" und „mies" findet, so meint sie doch: Wenn sie überlegt habe, warum ihr Mann krank ist, sei ihr auch schon der Gedanke gekommen: „Ja, er ist immer ein Siebengescheiter gewesen und jetzt muss er mal unten durch."

Diese Statusprofite der Frauen können auch als Resultat eines Habitus von oben gesehen werden, der aus allem das Mögliche herausholt und in der Lage ist, das Negative positiv zu wenden: aus Niederlagen Siege und aus Verlusten Gewinne zu machen.

Beharrungstendenz des männlichen Habitus und Verhaltensänderungen Die demenzkranken Männer verhalten sich noch eine Zeit lang weiter so, wie wenn sie gesund wären. Der Mann von Frau Stoll hat auch nach der Diagnose noch Bankgeschäfte getätigt, „was alles in die Hose ist. Er hat dann auch gewisse Rechnungen zweimal bezahlt und andere überhaupt nicht. Das ist dann ziemlich chaotisch geworden. Ich musste der Bank sagen, Sie dürfen von ihm keine Aufträge mehr annehmen, ohne dass ich es weiß. Also man musste etwas hinter dem Rücken die Stränge ziehen. Er hat das nämlich nicht gern gehört. Und Bankgeschäfte sind keine mehr gemacht worden, weil er hat lauter Geld zum Fenster raus geworfen." Dass sie nun übernimmt, was früher er erledigt hat, hat er erst mit der Zeit und ziemlich widerwillig zugelassen. „Er hat mir dann jeweils gesagt, er müsse das anschauen, was ich da mache. Er hat es mir nicht gleich zugetraut. Und er hat rot angestrichen (lacht), wo er das Gefühl gehabt hat, es sei nicht in Ordnung. Aber das macht er jetzt nicht mehr." Trotz Alzheimer scheinen habituelle Dispositionen und Handlungsmuster weiter zu bestehen, was Frau Stoll mit dem Satz auf den Punkt bringt: „Also seine Persönlichkeit bleibt." Er, der früher sehr dominant war, ist nun mit einer Situation konfrontiert, die für ihn völlig neu ist: „Es ist schlimm für ihn, dass ich ihm alles sagen muss. Und er wehrt sich zeitweise auch und sagt: du kannst mir doch nicht immer befehlen. Dann sagt er: Nein, geh weg! Und manchmal sagt er auch: du kommst ja nicht draus. Ja, das kommt alles vor." Obwohl viele Merkmale seines Habitus bestehen bleiben, hat er sich aber auch verändert: „Er ist sehr, sehr anhänglich. Das ist er vorher nie gewesen." Auf die Frage, ob er manchmal auch Angst habe, verlassen zu werden, meint sie: „Möglich, möglich. Als er das erste Mal ins Heim ist, hat er mich täglich angerufen. (…) Und das ist so gar nicht er. Das hat mit der Krankheit zu tun. Das hat er vorher nie, nie, nein." Auch Frau Feldmann hat festgestellt, dass ihr Mann, der früher ausgesprochen dominant und autoritär war, nun lieber und weicher geworden ist. „Jawohl. Und wir lachen miteinander." Er scheint sie nun auch ernster zu nehmen: „Zum ersten Mal im Leben hat er auf mich gehört", wie sie etwas verblüfft feststellt. Er hilft auch im Haushalt mit, was er früher nicht getan hat. Und offenbar kann er ihr auch sagen, wie wichtig sie für ihn ist, was sie angesichts seiner früheren Art ziemlich zu erstaunen scheint: „Er hat mir gesagt, er hat es selber gesagt: ‚Ohne dich bin ich niemand, ich weiß nicht, was ich machen würde ohne dich'. Das sagt er immer wieder. Und das weiß ich jetzt und, ja, wer weiß." Vielleicht habe sie jetzt mehr Einfluss auf ihren Mann, „aber nicht einmal das ist sicher."

Der Gewinn an eigenem Leben

Auch bei Frau Blume (74 J.) war das eheliche Machtverhältnis (vgl. dazu allgemein: Held 1978) früher durch einen ausgeprägten Machtüberschuss des Mannes geprägt. Vieles weist darauf hin, dass Herr Blume in der Beziehung ziemlich dominant war. So hat er zum Beispiel von seiner Frau verlangt, dass sie ihren Beruf aufgibt und zu Hause bleibt. „Mein Mann hat dann gefunden, in seiner Stellung als Direktor könne er sich das nicht leisten. Wie das halt so gewesen ist. Dann bin ich halt daheim geblieben (lacht)." Dass sie nicht mehr berufstätig sein durfte, hat sie lange traurig gemacht. Aber sie hat es akzeptiert – „dazumal ist man halt noch so gewesen" – und hat die Rolle der Hausfrau, der Gastgeberin und der Ehefrau übernommen: „(Seufzt) Ja, man hat dann auch viele Gäste gehabt. Das hat mir auch noch Spaß gemacht. Ich habe gern gekocht. Ich koche immer noch gern. Und habe so auch ein bisschen teilgenommen an dem. Hin und wieder konnte ich auch mitgehen, wenn sie irgendwo Konferenzen gehabt haben und so. Aber das ist ja eigentlich langweilig."

Mit der Pensionierung des Mannes verändert sich das eheliche Machtverhältnis: während er – auch durch sein Scheitern im Studium, das er noch zu absolvieren versucht – schwächer wird, wird sie stärker. Sie beginnt wieder vermehrt ihr eigenes Leben zu leben, das sie für ihn hintangestellt hat, und holt Dinge nach, die vorher nicht möglich waren. Sie ist künstlerisch tätig, gibt Kurse und geht in die Gymnastik sowie ins „Tai Chi Qigong", wo Körpertechniken zur Stärkung des „Ich" vermittelt werden, um seiner Umwelt gelassener, ausgeglichener und souveräner begegnen zu können.

Durch die Erkrankung ihres Mannes muss sie sich zwar erneut einschränken, trotzdem bleiben ihr aber immer noch mehr Freiräume, ihr eigenes Leben zu leben als zu der Zeit, wo sie Hausfrau und er Direktor war. Möglich ist das allerdings nur, weil sie über viel professionelle Hilfe verfügt, was, wie wir im nächsten Abschnitt sehen werden, in privilegierten Milieus deutlich häufiger der Fall ist als im unteren Bereich des sozialen Raumes.

6.1.6 Pflegearrangements

Unten im sozialen Raum neigt man eher dazu, seine Ansprüche, die ohnehin vergleichsweise gering sind, der neuen Situation anzupassen, die durch die Demenz des Partners entstanden ist.[16] Und häufiger als in andern Milieus hält man es für seine Aufgabe, sich selbst um den Kranken zu kümmern. Allein für den Partner sorgen zu können, so lange es geht, scheint vor allem für Frauen ein selbstver-

---

[16] In diesem Sinne könnte man ihren Copingstil im Anschluss an Morano (2003) als „emotion-focused" beschreiben, wobei allerdings das Merkmal eines „umfassenderen Sinns", den man der Pflege verleiht, gänzlich fehlt. Für unsere Analyse hat sich die Unterscheidung von Morano als zu wenig differenziert erwiesen.

ständlicher Bestandteil ihrer Geschlechterrolle und ein wesentliches Moment ihrer Identität zu bilden.

Frau Hefti (77 J.) hat niemanden, der ihr hilft und meint, das brauche und möchte sie auch nicht. „Ich bin selber die Krankenschwester." Sie hat den Anspruch, alles selber zu machen und allein mit der Situation zurechtzukommen, was ihr nach eigenem Bekunden nicht allzu schwer fällt, weil sie die Situation als nicht so schlimm empfindet. Zu ihrem Mann zu schauen, bis es nicht mehr geht, sieht sie als ihre Aufgabe als Frau, was ihr nicht nur Identität, sondern auch Status verleiht. Das „Dasein für ihn" ist ihr so sehr Bedürfnis geworden[17], dass es für sie auch außerhalb des Denk- und Wünschbaren liegt, eine gewisse Zeit ohne ihren Mann zu verbringen, um sich regenerieren zu können. „Also die Tochter hat mal gemeint, ja, wir sollten mal schauen, wegen einem Plätzchen für den Papi, dass er eine Woche vielleicht mal irgendwohin in die Ferien könnte, dass ich mich erholen könnte. Hat sie gemeint. Da habe ich gemeint: Nein, das will ich nicht! So lange der Papi laufen kann, so lange tu ich zu ihm schauen. Wenn er mal nicht mehr laufen kann, dann ist der Fall klar, dann kann auch ich nichts mehr machen. Und am anderen Tag hat er gesagt: ‚Uh, ich bin dann schon noch froh, dass du gesagt hast, ich müsse nicht eine Woche fort. Bin ich froh'. Er ginge nicht gern. F: Nicht dass ich finde, Sie müssten das machen: Wieso möchten Sie das nicht? A: Ja, was soll ich jetzt alleine machen. Alleine, ist das lustig? F: Das haben Sie früher auch nie gemacht? A: (Lacht schallend) Alleine? Nein."

Das Hauptproblem ist für sie denn auch nicht ihr Mann, sondern die Angst, nicht lange genug für ihn da sein zu können: „Das größte Problem ist für mich nach wie vor: hoffentlich werde ich nicht krank, dass ich ihm schauen kann. Da studiere ich viel darüber nach. (…) Das ist meine größte Sorge. Alles andere ist weniger wichtig. Ich komme gut zugange mit ihm."

Man möchte den Kranken so lange wie möglich daheim behalten, nicht so sehr aus finanziellen Überlegungen (vgl. jedoch „Sie kann mich eine halbe Million kosten"), sondern weil man das irgendwie für selbstverständlich und normal hält, oder wie Herr Kuhn der Meinung ist, dass die Frau das verdient hat. „Ich habe schon manchmal gesagt zu den Söhnen, ich gebe Mami nie in ein Pflegeheim, außer es geht nicht mehr anders. Und sonst schaue ich zu ihr. (…) Ich habe einfach das Gefühl, bei allem, was sie gemacht hat im Leben, der Familie geschaut hat, verdient sie auch nichts anderes. Und dann muss man sich halt noch ein bisschen mehr einschränken. Aber wenn es immer gut geht, und gleich gut geht, dann soll man es doch machen, oder."

---

[17] Sofern es früher Ansätze eines Anspruchs auf ein eigenes Leben gegeben haben mag, wurden sie von ihrem Mann unterbunden. So wollte er nicht, dass sie den Führerschein macht.

„**Sie kann mich eine halbe Million kosten, bis sie stirbt**" Die finanziellen Kosten stehen einzig bei Herrn Weber im Vordergrund, der seine Frau wohl lieber heute als morgen in ein Heim bringen würde, wenn es ihn nicht so teuer zu stehen käme. Er hat Angst, sein ganzes Geld zu verlieren und später selbst einmal mit leeren Händen dazustehen. „Ehrlich gesagt stinkt mir das. (…) Ich muss dann irgendwo in ein Altersheim mit ein wenig ‚Sackgeld' [Taschengeld] und warten, bis ich sterbe. (…) Ich sage ja, sie kann mich eine halbe Million kosten, bis sie stirbt, ich weiß es nicht." Für eine Scheidung „wie bei Fritz Künzli und Monika Kälin"[18], wo man weiter zusammenlebt, aber getrennte Vermögen hat, ist es zu spät. Deshalb bleibt ihm nur noch die Hoffnung, dass die Frau stirbt, bevor das ganze Geld aufgebraucht ist.

Man erwartet vom Partner auch keine Gegenleistungen. „Das ist mir gleich, wenn ich nichts zurückbekomme. Wichtig ist, dass es ihr gut geht. Also das stelle ich jetzt in den Vordergrund", sagt Herr Kuhn. Und auch für Frau Geering ist es selbstverständlich, dass sie für ihren Mann da ist und schaut, obwohl sie aktuell nichts von ihm bekommt. Auf die diesbezügliche Frage meint sie empört: „Man bekommt doch von einem Kranken nie etwas zurück. Jetzt muss ich Ihnen sagen: Mein Mann hat mich geheiratet, mit drei Kindern. Also hat er mir ja damals auch etwas gegeben. Also. Und ich gebe ihm jetzt einfach zurück, was er mir gegeben hat. Aber ich würde es auch geben, wenn wir jetzt ohne Kinder geheiratet und gelebt hätten miteinander. Ich finde einfach, wenn ein Mensch krank ist, ist es doch selbstverständlich."

Vorherrschendes Pflegearrangement ist hier „Caregiving". Man macht so weit als möglich alles selbst und greift praktisch nicht auf professionelle Hilfe zurück. Wenn man unterstützt wird, dann vor allem von Personen aus der Familie, der Verwandtschaft und der Nachbarschaft, was als Ausdruck einer Struktur sozialer Netzwerke gesehen werden kann, die stark auf Verwandtschaft und Nachbarschaft fokussiert ist (vgl. Karrer 2002).

Es gibt jedoch auch Befragte, die selbst aus ihrem familiären Umfeld nur mit wenig Unterstützung rechnen können, wie Frau Steiner oder Frau Geering. Enttäuscht von den Menschen in ihrer Umgebung, findet Frau Geering vor allem Kraft in ihren Tieren, die ihr „am allermeisten" helfen. „Ich habe einen Garten, mit Meerschweinchen und Hasen. Das sind Tiere, die auch niemand mehr haben wollte. Und die in der Memoryklinik und der Herr Doktor haben gesagt, ich solle die nicht aufgeben. Weil: das gibt mir Kraft. (…) F. Das sind so wie Bezugspersonen? A: Das ist es eben". Auch für Frau Steiner waren Tiere immer die „verlässlicheren Menschen". Schon als Kind sei sie jeweils zu ihrem Hund ins Hundehüttchen gekrochen „und habe ihm alles erzählt." Und noch heute könne sie es besser mit den Tieren als mit den Menschen.

---

[18] Zwei Vertreter der Zürcher Lokalprominenz, der „Cervelatprominenz", wie das in der Schweiz spöttisch genannt wird.

Beim Pflegearrangement des „Caregiving" besteht die Gefahr, wie auch die Untersuchung von Wettstein et al. (2005) vermuten lässt, dass die Betreuungspersonen mit dem Fortschreiten der Krankheit zunehmend überfordert sind, das häusliche Pflegesystem zusammenbricht und man am Schluss keine andere Lösung mehr sieht, als den Dementen in ein Heim einzuweisen. Genau das ist bei Frau Steiner geschehen. Auch sie hat ihrem Mann zugesichert, dass sie sich bis zuletzt um ihn kümmern und ihn nie „in ein Heim abschieben" werde. Als sich die Krankheit jedoch drastisch verschlechtert, ist sie mit der Situation dermaßen überfordert, dass sie ihm schließlich sagen muss: „Hör, ich kann nicht mehr. (…) Und dann hat er gesagt: ‚Du hast mir immer versprochen, dass ich nie ins Heim gehen muss'. Dann habe ich gesagt: ‚Ja, aber was willst du lieber, bei mir gibt es nur drei Möglichkeiten: entweder Spital, Gefängnis, oder in die Spinnwinde [Psychiatrie] (…) Willst du, dass ich dich umbringe, oder was willst du machen? Ich kann nicht mehr. Und du siehst ja selber wie es zu- und hergeht, ich kann einfach nicht mehr. Und willst du, dass ich dich noch mehr schlage und noch mehr mache und schreie den ganzen Tag. Merkst du denn nicht, wie du bist?'" Sie habe auch Angst bekommen, „dass ich einfach überreagiere (…) Ich habe schon manchmal gedacht, wenn mir jetzt jemand wirklich…, also eben, ich habe gemerkt, ich kann wirklich nicht mehr." Am Schluss habe sie nur noch geflennt, obwohl sie kein Typ sei, der schnell weine. „Ich habe früher ins Kino gehen müssen, um heulen zu können. So verhärtet und so bin ich immer gewesen." Auch ihr Hausarzt habe gemerkt, dass es so nicht mehr weitergehen könne und habe ihren Mann in ein Heim überwiesen, ganz in der Nähe ihrer Wohnung. „Und dann habe ich gesagt: Schau, du hast hier ein eigenes Zimmer, es ist nah. Und wenn etwas ist: Ich bin immer da. (…) Es ist der letzte Moment gewesen, für ihn und für mich. Also ich hätte keine paar Wochen mehr durchgehalten. (…) Ich hätte meinen Mann auch nie in das Heim gegeben, wenn ich jetzt wirklich nicht hätte müssen. Diese zweieinhalb Jahre, die haben mich geschafft." Dass sie ihr Versprechen nicht halten konnte, mache ihr manchmal noch immer ein schlechtes Gewissen. „Aber ich sehe heute, dass es nicht mehr gegangen wäre. Also ich wäre ganz sicher irgendwo anders. Ganz sicher. Das habe ich gemerkt. Ich bin wirklich am Limit gewesen. Sie sehen ja, ich habe jetzt noch Tabletten."

In den unteren Regionen des sozialen Raums scheint auch der Druck der Umgebung am größten zu sein, den Kranken nicht in „ein Heim abzuschieben." Das hat auch Frau Steiner zu spüren bekommen. „Natürlich, wie er die ersten Monate im Heim gewesen ist und ich gesagt habe, er ist im Heim, da hat man den Leuten schon angemerkt: aha, jetzt hat sie ihn entsorgt. Das hat man den Leuten schon angemerkt. (…) Wissen Sie, ich habe einen Draht, auch wenn ich noch so hart und alles bin. Das merkst du. Sogar bei der Schwiegertochter. (…) Und wenn ich natürlich dann ein paar Sachen erzählt habe, dann hat sie jeweils gesagt: Jesses, das haben wir ja gar nicht gewusst. Weißt du, er sitzt immer so nett da und sagt zwischendurch: ja, ja, lächelt und alles ist wunderbar. Sie hat immer gedacht: Die spinnt ja die Steiner, oder?" Ist es allgemein so, dass Leute, die einen Demenzkranken nur sporadisch sehen, seine Krankheit unterschätzen, scheint das im unteren Bereich des sozialen Raumes besonders stark zu sein, weil man sich hier vor allem an seinem körperlichen Zustand orientiert, was das Gefühl verstärken kann, dass eine Heimeinweisung doch gar nicht nötig gewesen wäre.

Caremanaging Oben im sozialen Raum sind die Ansprüche auf ein eigenes Leben nicht nur größer, man passt seine Ansprüche auch weniger der Situation an, sondern versucht aufgrund seiner materiellen und informationellen Möglichkeiten den Alltag so zu organisieren, dass man möglichst viel an eigenem Leben behaupten kann. Deshalb nimmt man nicht nur deutlich mehr professionelle Hilfe in Anspruch als unten im sozialen Raum, sondern scheint auch früher auf diese zurückzugreifen.[19]

Das vorherrschende Pflegearrangement ist hier weniger „Caregiving" als „Caremanaging". So meint Frau Dormann, die über mannigfache professionelle Hilfen verfügt: „Ich tu natürlich fürs Leben gern solche Sachen organisieren. Das mache ich mit dem kleinen Finger (lacht). Irgendwie, das liegt mir sehr, Leute um mich herum zu haben, dass etwas läuft. Ich habe jetzt zum Beispiel auch die Putzfrau bedeutend mehr, ich habe den Gärtner mehr usw." Drei halbe Tage kommt eine Frau vom Besuchsdienst, die dann auch gleich das Mittag- und Abendessen kocht. An den zwei andern Tagen ist ihr Mann im Tagesheim. Und dreimal pro Woche ist der Pflegedienst da. „Er hat sich nicht mehr duschen wollen. Und dann habe ich gefunden, ich will nicht noch mehr kämpfen mit ihm und habe die Spitex organisiert. (…) Bei mir gibt es nur Widerstand und ich sehe gar nicht ein, warum ich das selber machen muss. (…) Und es geht wunderbar. Die waschen ihm die Haare, sie schneiden ihm die Nägel. Dann habe ich gefunden, sie könnten ihn auch eincremen, berühren ist ja etwas ganz Wichtiges." Es gibt jedoch so etwas wie einen Grenznutzen der professionellen Unterstützung. Mehr Hilfe möchte Frau Dormann nicht, weil das ihre Dispositionsmöglichkeiten einschränken würde. „Dann fängt man an, den Tag total organisieren zu müssen: wer kommt jetzt wieder, das muss ich. Und Sie müssen ja immer die Zeit mit diesen Leuten verbringen. (…) Ich weiß nicht, ob das dann wirklich eine Entlastung im wahrsten Sinne ist."

---

[19] Dass man oben Entlastungsangebote eher nutzt als unten, entspricht den Ergebnissen von Holley (2000) und Toseland et al. (2002).

Prof. Peter, der ebenfalls über verschiedene Hilfen verfügt, hat es vorgezogen, statt der Spitex eine private Pflegefachfrau zu engagieren, die dreimal pro Woche vorbeikommt. „Spitex habe ich gemerkt, das ist ungünstig, das macht mich bloß nervös, wenn ich auf die Uhr schauen muss, kommt jetzt jemand oder kommt er nicht. Oder wer kommt jetzt heute? F: Also der Wechsel. A: Ja. Zu viele verschiedene Leute, die kommen. Ich habe es ja auch erlebt bei meinen Eltern, dass minutenweise abgerechnet wird und die Leute ja einen guten Willen haben, aber ziemlich gehetzt sind."

Selbst in der Beanspruchung von Unterstützung bleibt man der souveräne, der bestimmende Part. Auf die Frage, wo seine Frau überall auf Hilfe angewiesen ist, meint Herr Bauer: „Angewiesen nicht. Sie nimmt sie in Anspruch."

Das bedeutet allerdings nicht, dass diese Befragten die professionelle Hilfe lediglich organisieren und koordinieren. Sie sind auch selbst an der Betreuung ihres Partners beteiligt, wenn auch in weit geringerem Maße als das im unteren Bereich des sozialen Raumes der Fall ist. Und wenn frühere Professoren und Manager punktuell Aufgaben im Haushalt übernehmen, dann tun sie es auf ihre ganz spezifische Art und Weise. Der 69-jährige Herr Berger zum Beispiel, der früher alles seiner Frau überlassen hat, macht nun einiges im Haushalt selbst, aber mit dem Modus operandi eines Managers. Er hat die Abläufe rationeller gestaltet, von Überflüssigem befreit und die Aufgaben auf das funktional Notwendige reduziert, wobei er Tätigkeiten, die ihm nicht liegen, wie das Bügeln und die Gartenarbeit, oder sich der Zeitökonomie nur schwer unterwerfen lassen, wie das Putzen, entweder nicht macht oder an spezielle Fachkräfte delegiert.

Im Vergleich zu dem, was man früher gemacht hat, empfindet man diese Tätigkeiten als wenig anspruchsvoll und „ein bisschen langweilig", was man durch verschiedene Aufwertungsversuche ausgleichen kann. So meint Prof. Peter, Kochen sei ja nichts anderes als „angewandte Chemie". Womit diese Tätigkeit gleich eine andere Bedeutung erhält. Und wenn sich Herr Berger lange über den Wert der Hausarbeit auslässt und meint, „wenn man sieht, was eine Hausfrau und Mutter alles macht, da kann sich mancher Manager verstecken", wertet er damit indirekt auch seine eigene Leistung auf. Herr Bauer (78 J.) wiederum, ein ehemaliger Manager, der trotz einer Haushaltshilfe hin und wieder auch selbst einkauft und kocht, meint: „Ich schaue, ja. Ich bin der Patron".

Wenn wir gesagt haben, dass man oben im sozialen Raum am meisten professionelle Hilfe hat, heißt das auch nicht, dass das bei allen der Fall ist. Man kann die Krankheit gegenüber seinem Umfeld und gegenüber dem Kranken auch so stark tabuisieren, dass man – wie im Fall der Mutter von Frau Sand – „niemanden über die Schwelle lässt" und versucht, ohne Hilfe von außen auszukommen. Das spielt auch bei Herrn Schnell eine Rolle, der auch deshalb noch keine Hilfe gesucht hat, weil er seine Frau, deren dementielle Veränderungen noch vergleichsweise wenig ausgeprägt sind, so lange wie möglich im Glauben lassen möchte, sie sei gesund. Weshalb er auch das Interview nicht bei sich zu Hause machen wollte.

Dass er (noch) keine Hilfe in Anspruch nimmt, begründet er selbst mit seinem Ethos der Unabhängigkeit und der Selbstverantwortung: Er, der vom unteren in den oberen Bereich des sozialen Raumes aufgestiegen ist, habe sich in seinem Leben alles selbst erarbeiten müssen. Das habe ihn geprägt. „Ich habe immer versucht, meine Probleme selber zu lösen." Wenn er schon jetzt Hilfe holen würde, wäre ihm das peinlich, weil er das als Verlust seiner eigenen Souveränität empfinden würde.

Zudem scheint Herr Schnell auch nicht für etwas bezahlen zu wollen, was man auch selbst und erst noch besser kann. Deshalb hätten sie sich wieder von ihrer Putzfrau getrennt, die ihren Ansprüchen nicht genügt habe. Zwar könnte er sich ohne weiteres eine Putzfrau leisten, „aber für das Geld machen wir es glaub lieber selber. (…) Eben, da kommt wieder das von meiner Erziehung, es stört mich dann, wenn ich irgendeinen Betrag bezahlen muss und keine Gegenleistung bekomme. Ähnlich wie wenn man in ein Restaurant geht und dann sagt, da koche ich vielleicht lieber selber (lacht)."

Wenn einem der soziale Aufstieg alles abverlangt, weil man eine große Steigung überwinden muss, schlägt sich das oftmals in einem sparsamen (und asketischen) Habitus nieder, der auch dann noch wirksam bleiben kann, wenn man sich längst etabliert hat und ein Modus operandi dieser Art gar nicht mehr nötig wäre. Obwohl Herr Schnell das Geld hätte und sich vieles leisten könnte, ist er dazu nicht in der Lage, weil seine lebensgeschichtlichen Erfahrungen bis zu einem gewissen Grad zu „Grenzen seines Hirns" geworden sind (vgl. Bourdieu 1992, S. 33), die er nur schwer überschreiten kann.

6.1.7 Die Erfahrungen mit den Ärzten

Während man mit den Pflegefachkräften meistens positive Erfahrungen macht, äußert man sich über die Ärzte deutlich kritischer. Vor allem die Befragten aus dem unteren Bereich des sozialen Raumes berichten von negativen Erfahrungen, die sie im Zusammenhang mit der Demenz des Partners mit Ärzten gemacht haben:

- Als Frau Hefti wegen ihrem Blutdruck zum Hausarzt geht, fragt sie ihn, was die Veränderungen, die sie bei ihrem Mann beobachtet, bedeuten könnten. Aufgrund ihrer Schilderung meint er: „Tendenz Alzheimer", ohne den Patienten auch nur gesehen oder geschweige denn untersucht zu haben. Auch weitere Abklärungen schlägt er keine vor. Als Frau Hefti darauf in der Zeitung einen Aufruf zur Teilnahme an einer Alzheimerstudie sieht und ihren Mann an einer

Informationsveranstaltung testen lässt, kommt der untersuchende Arzt ebenfalls zum Schluss „Tendenz Alzheimer" und rät ihnen, der Hausarzt solle sie für die Studie anmelden. „Da habe ich gesagt, ja gut, ich sage das mal dem Doktor. Und der hat gesagt, es gibt sowieso kein Medikament und hat uns nicht angemeldet." Den Entscheid des Hausarztes akzeptiert sie zunächst ohne Widerrede. Erst als die Tochter, eine gelernte Drogistin, interveniert, können sie die Anmeldung durchsetzen. Interessant ist, dass diese Erfahrung das Bild, das Frau Hefti von ihrem Arzt hat, nicht weiter tangiert: „Das ist ein guter. Er ist recht. Er ist mehr als recht. Aber er wollte uns nicht anmelden." Das entspricht den Ergebnissen einer früheren Studie (Buchmann et al. 1985, S. 163), in der wir festgestellt haben, dass im unteren Bereich des sozialen Raumes die Zufriedenheit mit dem Arzt relativ unabhängig ist von den Erfahrungen, die man mit ihm macht, sondern eher einen zugeschriebenen Charakter hat.

• Auch der Arzt von Herrn Steiner möchte ihn nicht zur Abklärung in die Memoryklinik schicken. „Was bringt Ihnen das, wenn Sie wissen, was er hat?", meint er zu seiner Frau. Darauf rät ihr eine „studierte" Freundin: „Du, wechsle doch den Arzt. Sage ich: Du, nach siebzehn Jahren, das kann ich doch nicht machen. Dann sagt sie: Wieso nicht? Das gibt es doch nicht, dass ein Arzt einem so eine Antwort gibt." Weil dann „noch ein bisschen eines zum andern gekommen" ist, überredet sie ihren Mann schließlich doch, zu ihrem Hausarzt zu wechseln, worauf sein bisheriger Arzt sie empört anruft und meint: „Was mir eigentlich einfalle, nach siebzehn Jahren, er hätte den Mann gerne gehabt. Dann sage ich: Ja, Sie konnten auch machen mit ihm, was Sie wollten. Dann hat er gesagt: Nehmen Sie das sofort zurück. Dann sage ich: Nein Herr Doktor, das nehme ich nicht zurück. Und der hat mir gedroht. (...) Ich werde noch von ihm hören und alles Mögliche. Und hat mir das Telefon aufgehängt."

• Als Frau Geering ihrem Hausarzt von den Veränderungen ihres Mannes erzählt, verschreibt er zunächst ein homöopathisches Mittel, was sie nicht weiter hinterfragt. Erst als das nicht wirkt, überweist er ihn ein halbes Jahr später zur Abklärung in die Memoryklinik.

• Wegen ihrer Vergesslichkeit geht die Frau von Herrn Kuhn zu ihrem Hausarzt und nimmt auch gleich ein Anmeldeformular für die Memoryklinik mit, das ihr die Schwester der Schwiegertochter, eine Pflegefachfrau, besorgt hat. Offenbar hatte der Sohn schon da die Vermutung, dass die Mutter an Alzheimer leidet. Ihr Hausarzt nimmt die Symptome jedoch nicht ernst. „Der hat es nur so angeschaut und gelächelt und hat es ihr wieder mitgegeben. Nicht ausgefüllt, nichts. Ich habe noch etwa zwei, drei Monate zugeschaut und dann habe ich gesagt: so jetzt gehst du, jetzt melde ich dich an beim Dr. C. (...) Du gehst mir nicht mehr zum Dr. S. Das ist doch keine Art und Weise, einfach über das hinwegzugehen, wenn man ihm schon sagt, Vergesslichkeit sei da." Herr Kuhn ist der Einzige

in der Familie, der nicht zum Doktor S. geht, weshalb er möglicherweise auch
eher in der Lage ist, ihn zu kritisieren: „Ich kann nichts anfangen mit ihm. (…)
Ich habe einfach das Gefühl gehabt, auch bei der Frau, er nimmt alles nicht so
tragisch." Bei Dr. C., seinem Hausarzt, sei das anders: „Er nimmt sich der Sache
an, wenn man kommt und sagt, das und das könnte nicht stimmen. Er gibt sich
Mühe. Oder gibt einen weiter."

• Herr Häusler begleitet seine Frau zum Arzt, hat aber das Gefühl, dass der überhaupt nicht zur Kenntnis nimmt, was er ihm über ihren Zustand erzählt. „Absolut nicht". Da habe er sich gesagt, wenn der mir nicht zuhört, „dann kann ich
auch daheim bleiben. Und dann ist das für mich eigentlich negativ gewesen,
der Doktor, total." Er sagt das dem Arzt aber nicht direkt, sondern beschließt,
einfach nicht mehr mitzugehen. „Und dann ist es mal dazu gekommen, dass
der Arzt einen Besuch gewünscht hat, der Sohn mit mir oder ich mit dem Sohn
vielmehr. Und dann hat er, als wir dort gewesen sind, sich geäußert, er könne
meiner Frau nicht mehr helfen im jetzigen Zustand. (…) Und dann (weinerliche
Stimme) musste ich mir nur noch überlegen, wie kann ich es dem Arzt sagen,
dass ich ihn nicht verletze. Aber ich bin dann quasi ‚grad usetätscht' [raus-
geplatzt] und habe gesagt: Gibt es denn keine Spezialisten?" Erst dann habe
er mal etwas unternommen. „Vorher hat er keine Anstalten gemacht. Er hat ja
nicht mehr über diese Krankheit verfügen können. Gut. Und dann ist es so weit
gekommen, dass er die Frau ins Hegibach [Gerontopsychiatrisches Zentrum]
überwiesen hat zu einer Untersuchung." Herr Häusler fühlt sich von diesem
Arzt überhaupt nicht ernst genommen, was auch in dem kleinen Versprecher
zum Ausdruck kommt, dass er mit seinem Sohn und ihm sprechen wollte, eine
Reihenfolge, die er umgehend korrigiert. Es fällt ihm auch spürbar schwer, dem
Arzt zu sagen, dass er seine Frau zu einem Spezialisten schicken soll. Und als
ob er seine Intervention rechtfertigen müsste, meint er: „Das ist ja das Nächst-
liegende. Gibt es keine Spezialisten, oder? Dann muss man ja so kommen." In
seiner Kritik des Arztes sieht er sich auch durch die Angehörigengruppe bestätigt: „Was Sie da hören in der Angehörigengruppe, fast durchwegs sind sie
nicht zufrieden mit den Hausärzten. (…) Da habe ich die Frage gestellt: Kann
man nicht über den Stadtarzt mal etwas unternehmen, dass die Hausärzte mal
orientiert werden, wie sie sich verhalten sollten?"

In den Erfahrungsberichten zeigt sich ein ärztlicher Habitus, der die nähere Abklärung einer Krankheit nur dann für sinnvoll erachtet, wenn medizinisch auch
etwas dagegen getan werden kann. Und nicht ausgeschlossen ist, dass die Reaktion
der Ärzte (unbewusst) auch dadurch beeinflusst ist, dass es sich um Patienten aus
dem unteren Bereich des sozialen Raumes handelt, zu denen ein steiles soziales
Machtgefälle besteht, weshalb man glaubt, sich erlauben zu können, was man sich

gegenüber jemandem von oben weniger getrauen würde: nicht auf den Wunsch des Patienten einzugehen. Dieses soziale Gefälle erklärt auch mit, warum es den meisten Betroffenen von unten so schwer fällt, den Arzt von Angesicht zu Angesicht zu kritisieren, den Arzt zu wechseln (vgl. Buchmann et al. 1985, S. 168) oder seine Ansprüche auch gegen dessen Meinung durchzusetzen. Und falls das doch der Fall ist, spielt häufig eine Drittperson, die über mehr Bildung verfügt, eine unterstützende Rolle (eine Kollegin, die studiert hat; die Tochter, die Drogistin ist; eine Pflegefachfrau).

Obwohl es auch Befragte von oben gibt, die von negativen Erfahrungen berichten, ist ihre Beziehung zu den Ärzten eine ganz andere. Man konsultiert häufiger Professoren, die man nicht selten duzt, weil man sich persönlich kennt. Und man pflegt auch deshalb ein eher partnerschaftliches und kooperatives Verhältnis zum Arzt, weil das soziale Gefälle in der Beziehung viel weniger ausgeprägt ist, vor allem dann, wenn man die gleiche Sprache spricht (vgl. Boltanski 1976, S. 149).

Prof. Peter zum Beispiel unterhält einen intensiven Kontakt zu den Ärzten, mit denen er die medikamentöse Therapie diskutiert, abspricht und sie gegebenenfalls auch kritisiert. „Das letzte Deroxat ist abgesetzt worden zugunsten des neuen Mittels, das auch die Funktionsstörungen beim Alzheimerprozess beheben sollte. Es ist auch ein Neuroleptikum abgesetzt worden. Ja, das ist ja keine exakte Versuchsanordnung, wenn man ein Medikament absetzt und eines zusätzlich verschreibt. Es geht mir etwas gegen den Strich. F: Dann haben Sie reklamiert? A: Ja, dann habe ich gesagt, was soll man machen? Ist das Medikament nötig? Bringt das etwas? Aber jetzt sehe ich, dass diese Medikamente, die Neuroleptika und Antiepileptika, dass die einen Einfluss haben, psychisch. Bremsend. Und jetzt muss man wieder schauen, was man findet, dass es nicht zur Apathie wird."

Ist man mit der Behandlung unzufrieden, ist man auch eher in der Lage, den Arzt zu kritisieren und kann wohl auch eher damit rechnen, gehört zu werden als jemand aus dem unteren Bereich des sozialen Raumes. Als Herr Peter festgestellt hat, dass die Tests seine Frau immer mehr stressen, hat er sofort beim behandelnden Arzt interveniert: „Muss es so sein, dass meine Frau so völlig verzweifelt weggeht? Und dann ist sofort der Chef zusammengetrommelt worden. Und alle, zwei oder drei Ärzte, haben sich tröstend um meine Frau gekümmert."

Die Ansprüche sind abhängig von der sozialen Position. Und man reagiert besonders sensibel, wenn man das Gefühl hat, nicht seinem Status entsprechend behandelt zu werden. Frau Feldmann zum Beispiel beklagt sich über das „unmögliche Verhalten" von Dr. X. bei der Abklärung in der Memoryklinik. „Er hat die Geduld verloren, weil mein Mann etwas nicht beantwortet hat. (…) Er hat meinen Mann nicht gekannt – er hat ihn nicht gekannt! – und er hat ihn behandelt: so (wegwerfende Geste). Ich kann nicht sagen wie einen Schuljungen, das stimmt nicht, weil die Krankheit so ernst ist. Er hat es vielleicht gut gemeint: ‚Sie haben

Alzheimer, Sie können in sechs Monaten nicht mehr fahren, sie können nicht mehr Skifahren, Sie können nicht mehr...' – so. Und mein Mann ist sowieso kaputt gewesen. Er hat ja auch gesehen, was mit ihm passiert. Und auch was mit mir passiert." Ihr Mann habe danach gesagt, „er möchte nie mehr in seinem Leben diesen Menschen sehen."

Die soziale Nähe zu den Ärzten bringt viele Vorteile. Sie kann jedoch auch mit Nachteilen verbunden sein, wie im Fall von Herrn Feldmann, bei dem ein bekannter Professor nicht wahrhaben wollte, dass sein langjähriger Freund an Demenz erkrankt ist.

Als Frau Feldmann zu Beginn der Krankheit ihren Mann darauf aufmerksam macht, dass mit seinem Gedächtnis etwas nicht stimmt, sagt er: „Mit meinem Gedächtnis ist gar nichts los. Fertig Schluss." Seine schroffe Reaktion erklärt sie damit, dass ihr Mann kein einfacher Mensch sei: „Er ist sehr dominant, sehr! In der Armee ist er ein hoher Offizier gewesen, also nur dass Sie eine Idee haben. Ich habe keinen Einfluss auf meinen Mann. Vielleicht jetzt, aber nicht einmal das ist sicher." Auch als ein bekannter Sportarzt, mit dem sie per du sind, mit ihm darüber redet, meint er: „Nein, nein, nein, mein Gedächtnis ist okay. Capitolo chiuso." Da sei ihr nichts anderes übrig geblieben als abzuwarten. „Und dann habe ich gewartet, gewartet, gewartet, bis ich unangemeldet zum Professor Dr. Dr. X. gegangen bin, diesem Neurologen, diesem berühmten", mit dem ihr Mann schon lange befreundet ist, weil sie sich von der Hochschule und von der Armee her kennen. „Sie haben die gleiche Wellenlänge, sind beide Draufgänger, sie kennen sich." Doch auch Prof. X. will von einer Demenz ihres Mannes nichts wissen. „Da bin ich wirklich an eine Wand gestoßen. Eine richtige Wand. Also dieser Professor Doktor X. hat gemeint: ,Ja, das ist völlig normal, was Ihr Mann hat'. Und dann habe ich gesagt, Herr Professor, wenn ich nicht mehr da bin, dann ist mein Mann verloren. Wissen Sie, was er geantwortet hat? ,Das glauben Sie! Das glauben Sie'. Und dann ist er aufgestanden. Ich habe gesagt, ich brauche sieben Minuten. Und nach vier, fünf Minuten ist er aufgestanden und musste arbeiten. Dann bin ich raus gelaufen. Und als ich im Flur gewesen bin, ich bin so frustriert gewesen, da habe ich gemerkt, dass ich ihm nicht danke gesagt habe. Danke für was? Und dann habe ich gerufen: danke. Und dann hat er so gemacht mit der Hand. Ich habe ihm am nächsten Tag eine Flasche Wein gebracht, weil ich gewusst habe, er schickt keine Rechnung, nichts. Aber bei der Sekretärin, nicht bei ihm. Ich habe ihn nie mehr gesehen." Als etwas später auch der beste Freund ihres Mannes bei Prof. X. interveniert, bleibt auch das ohne Erfolg.

Sie habe sich völlig frustriert und „mausalleine" gefühlt, erzählt Frau Feldmann. Und sie habe hilflos zusehen müssen, wie es mit ihrem Mann Tag für Tag schlimmer geworden sei. „Ich habe Nächte lang nicht geschlafen."

Dazu bewegen, zum Arzt zu gehen, kann sie ihren Mann erst, als er einen Unfall hat und vom Dach fällt. „Dann hat er zum ersten Mal – ich bin nicht dabei gewesen

– mit dem Hausarzt geredet. Und er hat ihm gesagt: Ich habe das, ich habe kein Gedächtnis, ich weiß meine eigene Telefonnummer nicht mehr – ich weiß nicht was alles. Mein Mann hat seine Adresse nicht mehr gewusst." Darauf habe ihn dieser Arzt sofort zur Abklärung in die Memoryklinik geschickt. „Ein Feld- und Wiesen-Arzt."

Später geht ihr Mann noch einmal zu Prof. X., weil er hofft, dass er ihn einem andern Professor vorstellt, der als Kapazität auf dem Gebiet gilt und „gewisse Patienten" behandelt. Und da habe ihm dieser Prof. X. erneut gesagt, „er sei völlig in Ordnung. Entsprechend seinem Alter. Und hat einen langen Rapport geschrieben: er sei ein bisschen vergesslich und so. Aber nicht speziell, seinem Alter entsprechend. (…) ‚Seine Frau hat ihn gezwungen in die Memoryklinik zu gehen', irgend so etwas hat er in diesem Rapport geschrieben. (…) Ich bin die Böse gewesen. Als ob ich Einfluss hätte auf meinen Mann! Wenn ich meinem Mann gesagt hätte, du musst in die Memoryklinik gehen, hätte er mich ins ‚Carajo' [zum Teufel] geschickt. Ich habe das nie gemacht. (…) Das ist der große Neurologe, der hätte helfen sollen, habe ich zu mir gesagt. Aber sehen Sie, es gibt Ärzte und Ärzte."

Offenbar konnte sich Prof. X. aufgrund seines „sense of one's place" nicht vorstellen, dass sein Kollege, der im ökonomischen und militärischen Feld eine führende Position innehatte, an Demenz erkrankt. „Das ist meine einzige Entschuldigung. Ich gehe so weit, dass ich sage, er hat es nicht wahrhaben wollen." Er sei zwar ein phantastischer Neurologe, aber in sein Gegenüber hineinversetzen könne er sich überhaupt nicht. „Einfühlung: null. Wegen ihm haben wir ein Jahr verloren. (…) Die hören nicht zu. Ärzte hören nicht zu."

6.2 Spezifische Merkmale von mittleren Gruppen

Die Befragten aus den mittleren Regionen des sozialen Raumes nehmen bei vielen Unterschieden, die wir beschrieben haben, eine Zwischenposition ein. Um Wiederholungen zu vermeiden, werden wir im Folgenden nicht noch einmal darauf eingehen, sondern uns darauf beschränken, spezifische Besonderheiten dieser Gruppen darzustellen.

Unterschieden wird zwischen Befragten aus dem sozio-kulturellen Bereich des sozialen Raums, die auf der linken Seite[20] positioniert sind, und Befragten, die sich *auf der horizontalen Achse* des Raumes in der „Mitte" befinden.

---

[20] Bezeichnungen wie „links" und „rechts" sind stark politisch konnotiert. Sie beziehen sich hier aber nicht auf politische Standpunkte, sondern lediglich auf die Stellung im sozialen Raum, obwohl es einen Zusammenhang von sozialer Position und politischer Positionierung gibt.

6.2.1   Die Befragten von „Mitte links"

Die Befragten aus dem mittleren, kulturellen Bereich des sozialen Raumes scheinen sich am häufigsten bereits vor der Erkrankung ihres Partners eingehender mit Alzheimer beschäftigt zu haben. Und sie geben auch mit am häufigsten an, sich davor zu fürchten, selbst an Alzheimer zu erkranken, was dem oben erwähnten Ergebnis entspricht, dass sich Menschen aus sozio-kulturellen Berufsfeldern am frühesten auf eine Demenz untersuchen lassen.

Weil man die Krankheit vorher gekannt hat, rechnet man bereits vor der ärztlichen Diagnose damit, dass der Partner an einer Demenz leidet. Schon sehr früh, meint Herr Festinger (75 J.), habe er an Alzheimer gedacht, als seine Frau zunehmend vergesslich geworden sei: „Und zwar, weil ich vor Jahren einmal eine Sendung gesehen habe im Fernsehen, über diesen ehemaligen Nationalrat, dessen Frau an Alzheimer erkrankt ist. (…) Ich habe also bereits da schon gesehen, wie die Krankheit fortschreitet und so bin ich schon ein bisschen vorbereitet gewesen, als ich vor fünf Jahren die ersten Merkmale festgestellt habe."

Auch Herr Zurgilgen (77 J.) hat früh „an eine Demenz gedacht", weil er sich im Rahmen einer ehrenamtlichen Tätigkeit im Sozialbereich mit der Krankheit beschäftigt und auch viel darüber gelesen hatte. Ihm sei aufgefallen, dass sie angefangen habe, im Französischen Fehler zu machen, obwohl sie die Sprache sehr gut beherrscht hat. „Sie hat den ‚accord de l'adjectif' falsch gemacht. Und sie hat den präzisen Wortschatz nicht mehr gewusst." Als Lehrer unterzieht er seine Frau zunächst selbst verschiedenen Tests, bevor er mit ihr zur Abklärung geht. Er bittet sie, ihm bei der Korrektur einer Französischprüfung zu helfen, was ihm nachträglich etwas peinlich ist. „Es ist nicht bösartig gewesen, aber ich wollte einfach mal Sicherheit. Und hätte das nicht bekommen, wenn ich gesagt hätte: du, ich will mal schauen, ob du das noch kannst. Dann hätte sie natürlich so gemacht (ablehnende Geste). Das ist für mich ein Test gewesen. Ja, ich bin dann traurig gewesen. Sie hätte diese Aufnahmeprüfung, das erste Mal, als ich es gemacht habe, also nur noch knapp bestanden. Und ein Jahr später hätte sie es nicht mehr bestanden. ‚Ce sont des jalons', Meilensteine, wie wir auch sagen. Die Franzosen haben das beweglicher: jalons."

Habitus und Umgang mit der Demenz des Partners
Der Habitus dieser Befragten, bei denen es sich mehrheitlich um Lehrer handelt, ist geprägt durch sogenannte „Pflicht- und Akzeptanzwerte" wie Ordnung, Zuverlässigkeit und Ehrlichkeit. Der 81-jährige Herr Mahrer meint von sich, er sei „ziemlich gewissenhaft". Und auch der vier Jahre jüngere Herr Zurgilgen ist sehr um Korrektheit bemüht. Als er etwas zu spät zum Interview erscheint, ärgert er sich sehr über seine Unpünktlichkeit und meint etwas zerknirscht, gerade ihm müsse

das passieren, er, der als Lehrer immer so auf Pünktlichkeit bestanden habe. Und als ich ihn am Schluss des Interviews frage, ob wir noch einen wichtigen Punkt vergessen hätten, meint er: Nein, es ärgere ihn lediglich, dass er bei einem Thema „ein bisschen zu wenig der Reihe nach erzählt" habe. Es fällt auch auf, wie sehr er bei der kurzen Schilderung seines Lebenslaufs betont, an zwei Unfällen, die er gehabt hat, nicht selbst schuld gewesen zu sein.

Die Merkmale dieses Habitus prägen auch den Umgang mit der Demenz des Angehörigen: Nirgendwo im sozialen Raum informiert man seine Umgebung offener über die Krankheit des Partners. Zum einen, weil man hofft, dass ihm die Umgebung dann rücksichtsvoller und angemessener begegnet. Zum anderen, weil man einfach ehrlich sein möchte. Herr Festinger hat allen, die ihn gefragt haben, „offen geantwortet. (…) Ich habe also nie etwas verstecken wollen. Ich weiß, es gibt Leute, die sich genieren, die wollen es verstecken. Aber ich finde, dass es nichts zu verstecken gibt. Es ist viel einfacher so. (…) Es belastet einen dann psychisch nicht. Ich muss nicht etwas verstecken, das eigentlich offensichtlich ist. Und wenn ich mich bemühe, das zuzudecken, dann merke ich, dass ich nicht ehrlich bin: mir gegenüber und der Umwelt gegenüber nicht ehrlich. Das bringt mir nichts."

Ehrlichkeit ist auch für Herrn Zurgilgen ein zentraler Wert, wobei er präzisiert: „Alles was man sagt, muss wahr sein, aber nicht alles, was wahr ist, muss man erzählen." Wenn im Kontakt mit fremden Leuten die Defizite seiner Frau allzu sichtbar zu werden drohen, müsse er „auch ab und zu vor sie hin stehen" und für sie sprechen. „Und dann probiere ich das ein bisschen zu überspielen. Und dann sagt mir aber meine Frau: hör, ich muss auch etwas sagen können, du darfst nicht immer nur reden." Indem er sich schützend vor seine Frau stellt, möchte er ihr einerseits helfen. Andererseits scheint er jedoch auch bemüht zu sein, sie möglichst wenig Fehler machen zu lassen. Weil ihm alles zuwider ist, was nicht korrekt ist. Diese Vermutung wird von Herrn Mahrer indirekt bestätigt, wenn er sagt, dass er immer kontrollieren müsse, ob seine Frau einen Termin vergessen habe. „Gerade weil ich so pflichtbewusst bin, möchte ich nicht, dass sie etwas falsch macht". Auch er scheint bei den Testfragen des Arztes verschiedentlich für seine Frau geantwortet zu haben, weshalb er das letzte Mal draußen bleiben musste.

Mit der Krankheit verbunden ist für diese Befragten auch eine Gefährdung der Ordnung, die tief in ihrem Habitus verankert ist. Herr Zurgilgen meint, seine Frau mache alle Briefe auf und bringe ihm die ganze Post durcheinander, weil sie alles in der Wohnung verstreue. „Dann habe ich überhaupt keine Übersicht mehr, wo meine Sachen sind. Und ich habe letzthin eine Faktur verlegt, und jetzt ist sie hervorgekommen. Das heißt, ich habe sie nicht verlegt, meine Frau hat sie mir einfach versorgt. Und zwar zu den bezahlten Fakturen statt zu den unbezahlten. Und das sind jetzt schon viele Sachen, wo ich mich halten [beherrschen] muss."

Herr Festinger beklagt, dass er, der früher sehr gastfreundlich gewesen sei, wegen der Unordnung niemanden mehr einladen könne: „Ich kann doch niemanden mehr einladen, Sie! Nicht weil ich nicht kochen könnte, sondern es liegt vor allem daran, dass wir keine richtige Stube mehr haben. Wissen Sie, meine Frau hat Papier auf dem Klavier, auf dem Stubentisch (...) Zeitschriften, Zeitungen, Papier. Das ganze Klavier ist belegt. Und ich, der so einen ausgesprochenen Ordnungssinn habe, ich finde das schmerzlich, dass wir nicht mehr..., dass ich niemanden mehr einladen kann." Und wenn doch mal jemand zu ihnen komme, bereite er die Leute „moralisch darauf vor" und sage: „Weißt du, ich habe eine Frau, die krank ist, bei mir sieht es nicht mehr so picobello aus."

„Nicht nur eine Frau, sondern auch verschiedene Verpflichtungen"
Der Alltag dieser Befragten, vor allem der Männer, ist gekennzeichnet durch viele Interessen und Aktivitäten, denen man nachgeht: im religiösen Feld, in Vereinen oder in der Politik zum Beispiel. Herr Mahrer, der über viele Jahre ein politisches Amt innehatte, zeigt mir seinen vollen Terminkalender und meint nicht ohne Stolz: „Das ist die Agenda von einem Rentner." Und auch Herr Zurgilgen ist nach seiner Pensionierung weiterhin als „Berater" im pädagogischen Feld tätig geblieben, nicht primär wegen dem Geld, sondern weil er gehofft hat, dass ihn das „noch irgendwie auf der Höhe hält". Die Pensionierung war für ihn kein biographischer Bruch: Bis vor kurzem war er auch noch in sozialen und religiösen Organisationen aktiv. Und als er an einem Ort von seiner Präsidentschaft zurückgetreten ist, ist er aktives Mitglied geblieben, „damit es nicht heißt, der Zurgilgen hat jetzt einfach Krach gehabt, darum ist er zurückgetreten."

Diese Aktivitäten geraten zunehmend in Widerspruch zu den Anforderungen und Beschränkungen, mit denen man durch die Krankheit der Partnerin konfrontiert ist. Deshalb sind es diese Befragten aus dem mittleren, linken Bereich des sozialen Raumes, die am häufigsten angeben, die Einschränkung des eigenen Lebens sei für sie das größte Problem, das mit der Demenz des Partners verbunden ist. Und sie sagen auch am häufigsten, dass sie Aktivitäten und Pläne aufgeben mussten und nicht mehr genügend Zeit für sich selbst haben.

„Ich habe eben nicht nur eine Frau, Herr Karrer. Ich habe eben noch verschiedene Verpflichtungen", meint Herr Festinger. „Ich bin zum Beispiel gesetzliche Kontrollstelle einer Aktiengesellschaft, die ich betreue. (...) Ich mache zum Teil noch Steuerberatungen. Ich mache Testamentsberatungen. (...) Ich habe manchmal noch einen Schüler, dem ich Privatunterricht gebe. Ich habe einfach noch ein Pensum, oder. Und das kann ich jetzt nur am Nachmittag machen. (...) Am Morgen liegt das nicht mehr drin. (...) Der Morgen geht ganz drauf für Haushalt und Pflege. Und einkaufen muss ich auch, oder. Das muss ich auch machen. (...) Ich spüre es schmerzlich, wie ich die Zeit nicht mehr habe, wissen Sie." Wenn er „wie eine

Kammerzofe" neben seiner Frau stehen und ihr sagen muss, was sie tun soll und dann noch Widerstand kommt, nervt ihn das vor allem deshalb, weil er dadurch Zeit verliert: „Ich sage es jetzt einmal ganz wüst und ordinär: (flüsternd) Es scheißt mich manchmal an, verstehen Sie?"

Herr Zurgilgen erinnert sich, man habe ihm am Anfang in der Memoryklinik die Frage gestellt: "Haben Sie das Gefühl, Sie kommen nicht mehr zu Ihrer eigenen Arbeit, Sie werden zu viel absorbiert? Und dort habe ich mit viel Freude und Gewissheit gesagt: nein, nein, es geht alles bestens. (…) Und jetzt sehe ich, dass diese Frage sehr, sehr berechtigt ist, oder." Wenn er am Arbeiten sei und zum Beispiel einen Brief übersetze, passiere es häufig, dass seine Frau reinkomme und sage, „ich sollte unbedingt noch das machen. ,Ja, aber das pressiert ja nicht'. ,Ja, aber weißt und so'. Dann sage ich: ,Du, ich bin da aber mitten in einem Brief'. ,Du kannst ja später weiter machen'. Und dann ist das Ende des Satzes weg. (…) Dann muss man gehen. Dann gehe ich. Mache ich weiter, kommt das nächste." Sie komme mit irgendwelchen „Sachen, die plötzlich sein müssen", obwohl sie gar nicht so dringend wären. „Dann sollte ich möglichst gleich kommen. Ich habe mal gesagt: Du, hör, ich habe auch eine Seele. So Sachen sind doch nicht so wichtig. Dann sagt sie: doch!" In solchen Situationen versucht er mit seiner Frau zu reden und ihr zu erklären, warum so etwas auch warten kann – mit geringem Erfolg allerdings. „Was ich lernen musste, ich muss sehr einfach erklären. Ich bin mich eigentlich eher gewohnt, schnell zu reden. Wenn ich ihr rasch etwas sage, dann sagt sie: wie? Dann muss ich es ihr immer nochmals wiederholen. Und dann nachher sage ich so und so. Und leider muss ich dann immer eher ein wenig Hauptsätze machen."

Auch Herr Zurgilgen fühlt sich stark in seinen eigenen Aktivitäten eingeschränkt und hat manchmal das Gefühl, dass seine Frau so sehr auf sich bezogen ist, dass sie gar nicht merkt, dass auch er „eine Seele hat", wie er sich ausdrückt. Eine Problematik, die er schon früher in der Beziehung empfunden hat. „Ich will ja jetzt nicht schimpfen über meine Frau, aber sie ist manchmal schon etwas egoistisch gewesen. Ich habe manchmal spaßhaft gesagt, das ist wie bei einer Dezimalwaage, ich muss zehnmal mehr machen, dass es im Gleichgewicht ist mit dem, was du machst. Und manchmal ist es eine Zentesimalwaage – da hat sie nicht gewusst, was es ist –, wo man hundertmal mehr drauf tun muss als du machst (Lachen)." Seine schwächere Position innerhalb der ehelichen „Tauschbeziehung", die er mit dem Bild der Waage zum Ausdruck bringt, kompensiert er (unbewusst) mit seiner intellektuellen Überlegenheit: „da hat sie nicht gewusst, was es ist".

Um den Zeitverlust möglichst gering zu halten, versucht man den Alltag „generalstabsmäßig" (Festinger) zu planen. Herr Mahrer macht „jede Woche ein Wochenprogramm: Wann hat sie Gedächtnistraining, wann muss sie zum Doktor und so, und wann habe ich frei, das wird für die ganze Woche festgelegt. Und dann hat es noch einen Zettel, wo drauf steht, was man alles noch erledigen muss und so."

Trotzdem, meint Herr Festinger, gebe es manchmal auch „Betriebsunfälle".
„Zum Beispiel heute Morgen hat es einen Betriebsunfall gegeben. Das macht dann
die Situation schwierig. Sachen die ich nicht voraussehen kann, die ich nicht planen kann." Er habe ihr geholfen, „sich anzuziehen, ihre Wäsche, ihre drei Paar
Unterhosen und die drei Hemdchen drüber usw." Dann sei er schnell auf den Balkon raus und als er zurückgekommen sei, habe sie die Unterhosen schon wieder
ausgezogen gehabt. „Dann habe ich sie mit Mühe und Not noch bewegen können,
dass sie die Unterwäsche wieder anzieht." Etwas später habe er jedoch gemerkt,
dass sie die Unterhosen erneut ausgezogen habe, „wissen Sie, über die Schuhe
gezogen." Er habe ihr dann „mit viel Mühe und Not" beibringen können, „dass
sie jetzt diese Unterhosen wieder anziehen muss, dass sie zuerst die Schuhe ausziehen muss und dann die Unterwäsche wieder anziehen kann. Und das ist etwas
vom Mühsamsten, wenn man ihr beibringen muss, dass sie etwas zuerst ausziehen
muss, damit sie sich nachher richtig anziehen kann. Und darum bin ich auch dabei:
ein Stück nach dem andern, schön der Reihenfolge nach. Wenn ich nämlich nicht
dabei bin, wenn ich in der Küche bin und mich auf das Kochen konzentriere, dann
zieht sie die Sachen verkehrt an. Und dann kann man sie kaum mehr dazu bewegen, dass das jetzt wieder korrigiert werden soll. Dann kann sie sich verhalten wie
ein störrischer Wildesel."

Herr Festinger, der gewohnt war, sein Leben organisatorisch im Griff zu haben
und sich auf die Kraft der Worte verlassen konnte, ist nun mit einer Situation konfrontiert, die sich nur schwer beherrschen lässt und in der Argumente nur wenig
zählen. „Sie nimmt es kaum an. Ja, das macht es sehr schwierig. Eine Frau, die
früher sehr friedfertig gewesen ist, sehr geduldig, einfach sehr lieb und jetzt im
Alter so störrisch ist, das macht mir manchmal zu schaffen, Herr Karrer. Aber ich
führe es natürlich auf die Krankheit zurück, das ist klar." Obwohl er sie als Kranke
sieht, gerät er in solchen Situationen „nervlich" an seine Grenzen. Dann kann es
passieren, „dass ich manchmal dann ausrufe, oder. (…) Dass ich manchmal dann
sehr laut werden kann. (…) Dass ich dann ganz laut rede, dass ich es dann im
militärischen Kommandoton befehle: So, jetzt ziehst du das ab! Und dann reagiert
sie. (…) Das wirkt dann, aber ich mache es nicht gerne, Herr Karrer. Ich mache es
nicht gerne. Ich habe meinen Schülern schon nicht gerne befohlen. Ich habe lieber
gehabt, wenn sie etwas von sich aus gemerkt haben, oder. Und dann der eigenen
Frau gegenüber – ich habe also schon Hemmungen das zu machen. Aber die Nerven gehen mir dann durch und dann reagiere ich so." Reagiert er zum Teil autoritär, lässt er es manchmal aber auch ganz einfach schleifen und resigniert, weil alle
Bemühungen vergebens sind.

„Das Schlimmste ist, dass er alles mitbekommt"
Während bei den männlichen Befragten eher die Beschränkungen des eigenen
Lebens im Vordergrund stehen, sind die Belastungen der Frauen stärker partner-
bezogen. Frau Stamm (71 J.) ist von den Befragten aus dieser Region des sozialen
Raumes wahrscheinlich am meisten betroffen, weil die Krankheit ihres Mannes
schon weit fortgeschritten ist. Jetzt sei sie „voll dran" und es gebe „schreckliche
Situationen, gerade so mit der Körperpflege oder wenn mal alles in die Hosen
geht." Vor einem Monat sei er zu schnell von der Toilette aufgestanden und gestürzt. Und da sei er „da draußen gelegen und alles hat zur Nase raus geblutet."
Das sei jedoch nicht das, was sie am meisten stresse. „Das ist Krankheit, das gehört
dazu." Das Schlimmste sei für sie „das Wissen, dass er im Grunde genommen alles
mitbekommt. Nicht immer, nicht permanent, aber sehr viel." Und er, der vorher im
Ort „der Lehrer" gewesen sei und alles gekonnt habe, könne sich heute nicht einmal mehr artikulieren: „Es ist ihm wirklich alles genommen". Während er immer
mehr abbaut, muss sie immer mehr dazu lernen, was das Kräfteverhältnis in ihrer
Beziehung „gewaltig" verändert hat. „Und ich tue mich auch schwer damit. (…)
Ich muss so viele Entscheidungen über ihn treffen, ohne ihn fragen zu können, was
für ihn gut ist. Ich muss es einfach machen. Und das ist nicht so einfach." Sein
Abbau konfrontiert sie mit einer Situation, für die sie aufgrund ihres herkömmlichen Habitus nur schlecht gerüstet ist. Sie ist nun die Stärkere in der Beziehung,
muss alles allein (und über seinen Kopf hinweg) entscheiden und Aufgaben übernehmen, die vorher ihrem Mann vorbehalten waren. „Das Verrückte ist eben, für
alles Technische ist er zuständig gewesen. Ich habe andere Ressorts gehabt. Ich
musste nie einen Nagel einschlagen oder irgendetwas. Er hat es ohnehin besser
gekonnt. Und das muss man einfach alles lernen und übernehmen. Sonst geht es
nicht." Durch diese Lernprozesse ist sie ein anderer Mensch geworden: „Ja, ich bin
wirklich anders."

Obwohl auch ihr Leben durch die Krankheit des Mannes stark eingeschränkt
ist, ist das im Unterschied zu den befragten Männern nicht ihr Hauptproblem. „Das
größte Problem ist für mich wirklich, dass ich nichts mehr eins zu eins mit meinem
Mann besprechen kann. Natürlich kann ich es mit den Kindern." Trotzdem fehle
ihr der Austausch, den sie gehabt hätten. „Manchmal sehe ich irgendetwas und
denke, oh, das muss ich ihm jetzt erzählen. Und dann kommt gleich, nein, das geht
ja nicht mehr. (…) Irgendetwas, was einen umtreibt, das einem erst klar wird, wenn
man es mal formuliert hat. Ich glaube, das ist schon das Schwierigste."

Das soziale Kapital der Unterstützung
Ähnlich wie im oberen Bereich des sozialen Raumes hat man einen ausgeprägten
Anspruch auf ein eigenes Leben. Man kann sich jedoch deutlich weniger profes-
sionelle Hilfe leisten, um diesen Anspruch in gleichem Maße realisieren zu kön-

nen. „Am schönsten wäre es", meint Frau Stamm, „wenn man jemanden hätte, der im Haushalt helfen würde. Der einfach da wäre, das wäre das Einfachste. Aber das lässt sich nicht realisieren. (…) Ja, rein schon finanziell. Ich glaube nicht, dass ich jemanden zahlen könnte, der einfach da wäre. Der mir die Hälfte abnehmen würde, wo ich weg könnte und jemand wäre da und würde im Garten helfen. Das wäre für mich das Ideale."

Andererseits besitzt man vergleichsweise viel soziales Kapital, das man zur Unterstützung mobilisieren kann. Das hängt zum einen damit zusammen, dass man aufgrund seiner vielen Aktivitäten einen großen Bekanntenkreis hat und zum andern damit, dass man Mitte links seine Umgebung am offensten von allen Befragten über die Krankheit informiert – eine notwendige Voraussetzung, um soziales Kapital auch als Copingressource nutzen zu können.

Als die Frau von Herrn Mahrer vorübergehend im Heim war, hat er nicht nur Hilfe von seinen Kindern, sondern auch aus seinem sozialen Umfeld erhalten. „Es hat im Bekanntenkreis Leute gehabt, die mir die Wäsche gebügelt haben. Und ich habe eine neue Waschmaschine bekommen in dieser Zeit. Die alte ist sehr schlecht gewesen und die Schulpflege hat gesagt: Du komm, eine neue Waschmaschine." Eine Nachbarsfrau ist manchmal für ihn einkaufen gegangen und eine Freundin seiner Frau hat ihn zum Essen eingeladen.

Bei Festingers kommt die Schwägerin jeden Nachmittag. „Sonst könnte ich es gar nicht bewältigen. (…) Sie isst mit uns, dann wäscht sie ab mit der Frau zusammen. Dann gehen sie entweder spazieren oder sie machen auch viele Besuche, Verwandtenbesuche, Bekannte. (…) Einfach an verschiedene Orte, wir haben ein großes Bekanntennetz." Auch Frau Stamm bekommt neben den Töchtern „Hilfsangebote, noch und noch", von Bekannten, „die mir auch zu merken geben, sie tragen mit."

Stärker als die Befragten von oben ist man selbst in die Betreuung und Pflege des demenzkranken Partners involviert – auch die Männer, die das allerdings als eine „nicht so interessante Aufgabe" empfinden, wie Herr Mahrer sich vorsichtig ausdrückt. Sie, die relativ viel kulturelles Kapital besitzen und als Lehrer einen relativ hohen Status hatten, müssen nun Aufgaben übernehmen, die – aus ihrer Sicht – nicht nur vergleichsweise anspruchslos sind, sondern in unserer Gesellschaft auch als weiblich klassifiziert werden, was Herr Festinger dadurch zum Ausdruck bringt, dass er automatisch die weibliche Form benutzt, wenn er von seiner neuen Aufgabe spricht. „Also quasi bin ich einfach Allroundmädchen für alles. Vom Kochen, vom Frühstück angefangen, anziehen, ich bin die Kammerzofe, ich bin Pfleger, ich bin einfach ‚tutti quanti'."

Religiöser Sinn als Bewältigungsressource
Während die Männer aus dem oberen, kulturellen Bereich des sozialen Raumes stark durch ihre wissenschaftliche Tätigkeit geprägt sind und sich die Frage nach

den (medizinisch feststellbaren) Ursachen der Demenz stellen, ist der Habitus der männlichen Befragten aus dem mittleren, linken Bereich des sozialen Raumes *stärker* religiös gefärbt. Statt nach den Ursachen fragen sie eher nach dem Sinn und der Bedeutung, welche die Krankheit für sie und ihr Leben hat, und beziehen sich dabei auf christliche Interpretationsmuster, die ihnen helfen, die Krankheit zu bewältigen.

Dieser Unterschied des Habitus ist auch relationsbedingt: Religion kann die Funktion eines (Ersatz-)Kapitals haben, mit dem man fehlendes wissenschaftliches Kapital substituieren kann.

Die Krankheit als Prüfung Als die Frau von Herrn Mahrer in einer schwierigen Phase der Krankheit davon spricht, sich umbringen zu wollen, sagt er zu ihr: „Bist du sicher, dass der Herrgott dich schon will? Bist du sicher? Vielleicht will er schauen, wie wir jetzt mit dieser Situation zusammen noch auskommen. Es ist auch für mich eine Aufgabe, nicht gerade eine so interessante, aber doch: vielleicht hat der Herrgott mich damit beauftragen wollen um zu schauen, ob ich dir helfen kann. F: Also wie eine Prüfung? A: Ja."

„Der Herr hilft tragen" Herr Zurgilgen erzählt, er habe sich schon in jungen Jahren entschlossen, Jesus nachzuleben, ohne dass er deswegen bigott geworden sei. „Das ist mein persönlicher Glaube. Ich habe mein Leben dem Herrn Jesus übergeben. Ich habe seither auch keine Angst wegen der Ewigkeit. Ob ich dann weiterlebe oder nicht weiterlebe, das ist dem Herrn Jesus, das ist Gottes Sache. (…) Sehr oft habe ich erlebt, ja ich stehe dazu, ich habe einfach auch Gebetserhörungen erlebt. Und das hilft, das hilft schon weiter."

Weil sie ihr Leben Jesus gewidmet haben, war es für Herrn Zurgilgen und seine Frau am Anfang nur schwer verständlich, warum Gott gerade ihnen so eine Krankheit schickt. Da sei es „besonders schlimm, wenn so etwas ist." Und da komme schon die Frage: „Warum passiert das uns?" Bei der Suche nach einer Antwort habe ihm ein Buch geholfen: „Ich habe Heilung gesucht und habe Gnade gefunden." Darin wird beschrieben, wie „ausgerechnet eine Predigerfrau" an Parkinson erkrankt ist und wie sie unter den Reaktionen der Leute gelitten hat, die sie gefragt haben: „Ja, aber Sie als Predigerfrau, warum werden Sie krank? Sie müssen doch irgendwie nur glauben, dann werden Sie gesund. Und solches Zeug." Weil sie das belastet habe, habe sie in der Bibel nach Stellen gesucht, wo auch Gläubige krank geworden seien und habe „ganz fest" mit ihrem Mann für eine Lösung gebetet. Die Lösung habe dann aber ganz anders ausgesehen, als sie gedacht hätten. Es sei eine dringende Anfrage gekommen, als Prediger nach Afrika zu gehen, „wo sich die Leute überhaupt nicht darum gekümmert haben, ob sie jetzt Parkinson hat oder nicht. Wo das ganz anders…. Insofern hat sie dort die Gnade gefunden. Und hat dann einfach gemerkt, doch, diese Leute nehmen das an und werfen mir keine ‚Bengel‘ [Knüppel] mehr zwischen die Beine."

„Zum Glück", meint Herr Zurgilgen, „haben wir beide Gottvertrauen. Es heißt: ‚Der Herr legt eine Last auf, aber er hilft tragen‘. Und dann ist unser Gebet: Der Herr hilft tragen. Aber (atmet tief) es ist eben viel leichter den anderen zu sagen, nimm es nicht so ernst und es kommt schon recht, als wenn man selber mit etwas…, wenn man selber der Leidtragende ist."

„Hohe Schule" Herr Festinger ist, wie er nicht ohne Koketterie feststellt, „in punkto Religion auf zwei Beinen zu Hause. Mit dem einen Bein bin ich in der katholischen Kirche, mit einem Bein in der reformierten Kirche. Zu beiden Kirchen habe ich eine positive Beziehung." Das hänge damit zusammen, dass er in einer „Mischehe" aufgewachsen sei. „Mein Vater ist katholisch gewesen und meine Mutter reformiert." Er ist zwar in beiden Gemeinden aktiv, formell aber in keiner Mitglied, weil er wegen einem konservativen Bischof aus der katholischen Kirche ausgetreten ist: „Wenn Sie jetzt in das Bürgerrechtsregister schauen gehen, dann steht dort ‚konfessionslos‘. (…) Dabei bin ich in den beiden Konfessionen tätig, das ist das Lustige. Aber auf dem Papier bin ich gar nichts. Ja, so eine Konstellation ist Ihnen wahrscheinlich noch nie begegnet (lacht)."

In einer katholischen Pfarrei leitet er jede Woche „eine Kreuzwegandacht", liest und interpretiert in Gruppen die Bibel, zum Beispiel „das Buch der Offenbarung von Johannes, weil das ein sehr schweres Buch ist". Aktiv ist er auch im Vorstand einer reformierten Gemeinde, was jedoch nicht bedeute, dass er ein „Ökumeniker" sei, der alles mixe. Ein Kirchenvertreter habe ihm mal gesagt, „ich sei ein Pontifex minimus. Der Pontifex maximus ist in Rom und der Pontifex minimus ist in Zürich. Sie wissen, was er damit gemeint hat."

Auch ihm hilft sein Glaube, die schwierige Situation mit seiner Frau zu akzeptieren und zu bewältigen, indem er dem scheinbar Sinnlosen einen Sinn verleiht. „Ich will mich jetzt nicht mit einem Muslim vergleichen, aber der Muslim hat manchem Christen gegenüber den Vorteil, dass er vieles von Allah annimmt, auch wenn es schwer ist. Der Wille Allahs soll geschehen. (…) Ich weiß nicht, ob das in Gottes Plan gelegen hat, dass meine Frau so eine schwere, heimtückische Krankheit hat. Aber ich muss schauen, dass ich damit fertig werde." Dabei hilft ihm ein Erlebnis, das er vor vielen Jahren gehabt hat. Auf einer Reise habe er mit seiner Frau eine große „heilpädagogische Anstalt" besucht. „Und dann sind wir in einen Saal gekommen, wo etwa sechzig bis achtzig Patientinnen gelegen haben. (…) Dann hat die Schwester gesagt: Das sind jetzt also hochgradig Geistesschwache. Und die können gar nichts mehr machen. Die können nicht einmal mehr selber essen, nicht einmal mehr selber auf den Hafen gehen – sie können gar nichts mehr machen. (…) Was haben die noch vom Leben? Worin besteht für diese Leute der Sinn des Lebens? (…) Und jetzt will ich Ihnen sagen, wo ich den Sinn, den Lebenssinn von diesen Leuten, von den Patienten sehe. Nicht für diese Leute selber, sondern für die Umgebung. Also für uns, für diejenigen, die um diese Leute herum sind. Dass wir barmherzig werden müssen. Dass wir barmherzig sein müssen mit diesen Leuten, barmherzig mit ihnen umgehen müssen, das ist, glaube ich, diese Barmherzigkeit wie jene vom barmherzigen Samariter. Das ist doch unser Vorbild, was Jesus uns zeigen will mit diesem Gleichnis vom barmherzigen Samariter. Der Priester ist vorbeigegangen, der Levit ist vorbeigegangen, aber der von Samaria, der hat diesen Überfallenen gepflegt und betreut. Also dort liegt der Sinn des Lebens, nach meiner Erkenntnis. (…) Wenn ich das jetzt auf meine Frau übertrage: Ich habe meine Frau gekannt, wie sie noch gut dran gewesen ist und jetzt ist sie halt in einer Lebensphase, in der sie nicht mehr gut beieinander ist, in der sie schwach ist. Jetzt muss ich das, was ich meinen Schülern damals gepredigt habe, oder gepredigt, einfach versucht habe beizubringen: man sollte der Umgebung gegenüber barmherzig sein, schwachen Leuten gegenüber, das darf ich jetzt an meiner eigenen Frau ausleben oder – ich will nicht sagen vordemonstrieren, aber es versuchen auszuleben. (…) Das ist für mich eine hohe Schule. Und drum will ich das machen, so lange ich kann."

Sein Glaube gibt ihm Kraft, die Krankheit seiner Frau als Schicksal anzunehmen. Und er lässt ihn die Krankheit als Botschaft verstehen, sich um die Schwachen zu kümmern, was seinen Anstrengungen nicht nur einen (höheren) Sinn verleiht, sondern auch eine Statusressource darstellt: er ist nicht nur der „Pontifex minimus", sondern auch der „barmherzige Samariter", womit er nicht weniger als das Wort Jesu in die Tat umsetzt.

Mischt sich bei Festinger der religiöse Habitus mit dem Habitus eines Lehrers („Hohe Schule"), verbindet er sich bei Herrn Oswald (80 J.) mit seinem Habitus als Sozialarbeiter. Sein religiöser Habitus lässt ihn Hilfeleistungen und Bewältigungsressourcen als Geschenke Gottes begreifen, für die er betet. „Ich kann es noch, so lange mir die Kraft geschenkt ist." Und in seiner Tätigkeit als Sozialarbeiter hat er vieles gelernt, was ihm nun auch im Umgang mit seiner Frau von Nutzen ist. „Also der Alkoholiker, den hat man auch grundsätzlich annehmen müssen, so wie er ist. Man hat immer versucht, eine Basis zu schaffen, eine Vertrauensbasis, damit man miteinander hat arbeiten können."

Wie die anderen Befragten mit religiöser Ausrichtung stellt auch Herr Oswald hohe moralische Ansprüche an sich und seinen Umgang mit der an Demenz erkrankten Ehefrau. Während jedoch Festinger, Zurgilgen und Mahrer etwas zerknirscht zugeben, dass sie sich manchmal – in Widerspruch zu ihren moralischen Prinzipien – auch aufregen („es scheißt mich an") und laut werden, scheint Herr

Oswald stets darum bemüht, seiner Frau mit „Liebe und Geduld" zu begegnen: „Immer lieb und ohne Stress. Stress, das ist auch ganz wichtig: Stress ist verboten um einen Dementen. Ich sehe nicht alles negativ, ich mache auch eine Art Lebensschulung durch. Ich muss tolerant sein können, ich muss annehmen können und dabei ruhig bleiben können. (…) Wissen Sie, ich bin auch manchmal traurig, aber ich will darin nicht verharren. Dann ist mir noch ein bisschen Humor geschenkt und dies kommt bei meiner Frau gut an."

Schwierige Situationen begreift er als „Prüfungen", die man meistert, indem man Ruhe bewahrt und nicht die Kontrolle über sich selbst verliert. Was nicht nur seiner Frau etwas bringt, sondern für ihn auch eine Genugtuung darstellt, weil er sich seinen moralischen Standards gewachsen erweist und auch Wertschätzung von seiner Frau erfährt.

Herr Oswald ist sehr darauf bedacht, seine Frau nicht zu überfordern: „Ich lasse sie so viel wie möglich machen. Ich korrigiere sie so selten wie nur möglich. Das wäre für das Selbstwertgefühl schlecht, wenn ich nörgeln würde, weil ich meine, man müsse es so machen. Es spielt ja gar keine Rolle, wenn einmal eine Tasse im Kühlschrank ist, dann nehme ich diese einfach wieder raus. (…) Es sind ja immer nur Kleinigkeiten, auch ohne Demenz sind es ja nur Kleinigkeiten, die uns gegenseitig stören. Und ich glaube, dass es gut ist, wenn man großzügig sein kann."

Die Trennung zwischen der Krankheit und dem Menschen ist für ihn eine wichtige Voraussetzung, um seiner Frau mit Geduld und Akzeptanz begegnen zu können. „Bei meiner Frau gibt es auch manchmal so aggressive Situationen und dann muss ich denken, dass das die Krankheit ist und nicht meine Frau. Und dann geht es darum, dass ich mir das schenken lasse, ich kann gar kein Rezept sagen, vielleicht mit Humor oder einfach gar nicht reagiere. Nur nichts daraus machen. Recht haben wollen oder etwas durchsetzen wollen, ist ganz falsch. Loslassen ist wichtig. Loslassen." Eine andere Grundlage sieht er in der Technik der „Validation", die er sich in seiner Tätigkeit im Sozialbereich angeeignet hat: „Validation heißt eigentlich: in den Schuhen des Andern gehen. Einfach gesagt. Man sagt ja, dass der Demente in einer verrückten Welt ist und es geht dann darum, dass ich auch in diese Welt gehe, in der er jetzt ist. Falsch wäre, wenn ich meinen würde, ihn in die Realität zurückholen zu müssen. Ich bin einmal an einem Vortrag gewesen, da hat eine Frau erzählt über ihren an Alzheimer erkrankten Mann, der sich nicht mehr selbständig anziehen kann. Dieser würde morgens manchmal sagen: ‚So, jetzt muss ich zur Arbeit'. Und dann hat diese Frau die Größe gehabt und hat zu ihm gesagt: ‚Ja, ist gut, ich begleite dich noch auf den Bahnhof'. Und dann würden sie zusammen losgehen und dann würde er es wieder vergessen und sie würden wieder nach Hause gehen."

Einmal, erzählt Herr Oswald weiter, sei dann auch seine Frau gekommen und habe gesagt: „Du, wo ist auch meine Mutter. Und ich habe dann gedacht, so, jetzt kommt es darauf an, ob ich etwas gelernt habe. Und dann habe ich keine Antwort gegeben, sondern wir haben begonnen unsere Erinnerungen an sie gemeinsam hervorzuholen. Und dann habe ich so nebenbei gesagt: Weißt du, die Mutter ist schon seit 28 Jahren verstorben. Aber ich bin überzeugt, dass wir uns in der Ewigkeit wieder begegnen. Dann hat sie zu mir gesagt: ‚Ja, aber dann muss ich ja zuerst auch noch sterben'. Ist doch schön, dass sie es so hat sehen können." Wichtig ist ihm, sich in ihre Welt hineinzuversetzen und sie ernst zu nehmen. Und weil sie ihre Gedanken oftmals nicht mehr verbalisieren kann, „geht es darum, dass ich spüre, wo meine Frau ist".

Das Negative positiv wenden

Herr Oswald scheint eine ausgeprägte Tendenz zur Harmonisierung zu haben, was sich auch in seiner Beschreibung der Beziehung zu seiner Frau zeigt, etwa wenn er erwähnt, dass sie in der Ehe nie gestritten hätten. Als Beleg zitiert er seine Töchter: ‚Also streiten habt ihr uns nicht gelehrt'. Womit er einen Satz, den man auch als leisen Vorwurf verstehen könnte, gleich wieder positiv wendet. Diese Tendenz, das Negative, soweit er Negatives überhaupt erwähnt, positiv zu wenden, zeigt sich auch an anderen Stellen des Interviews. So transformiert er zum Beispiel die Aggressivität und die Stimmungsschwankungen seiner Frau zur Ehrlichkeit: „Wir haben ja auch gute und schlechte Tage. Und wir können das nicht so raus lassen, wenn wir schlecht gelaunt sind. Und der Demente kann das nicht so gut kaschieren. Manchmal finde ich das noch ehrlich." Der gleiche Mechanismus zeigt sich auch, wenn er erwähnt, dass es wichtig sei, die Erinnerungen an früher nicht mit Trauer, sondern mit Dankbarkeit zu füllen oder wenn er betont, dass er „nicht in der Trauer verharrt", sondern sie gewissermaßen in Humor verwandelt.

Dass er nun in der Partnerschaft alles übernehmen muss, ist nicht etwas, womit er hadert. „Ich darf und muss alles machen. Alles, was dazugehört, das Kochen und alles und auch noch Zeit haben für meine Frau. Ja, aber es ist eine Sache der Einstellung, grundsätzlich muss man dazu ja sagen können und nicht mit dem Schicksal hadern, dass es jetzt uns damit getroffen hat. Also wenn ich das annehmen kann, dann werden die Tage eigentlich einfacher. Sonst ist es schwierig, wenn ich ständig rebelliere und mit dem Schicksal hadere."

Seine „Amor fati" (Nietzsche 1991 [1887]) ermöglicht ihm, gegenüber dem Drückenden und Unabänderlichen souverän zu bleiben, womit er sich das Leben nicht nur einfacher macht, er gewinnt auch an Status, weil er den Kopf oben behält und die Situation beherrscht, statt von ihr beherrscht zu werden.

Der philanthropische Habitus ist sehr moralistisch (Bourdieu 2014, S. 627). Er setzt moralische Maßstäbe, die allen, die ihnen gerecht werden, moralische Gewinne verschaffen, während jene, die ihnen nicht genügen, persönlich abgewertet werden, auch wenn man sie (aus philanthropischen Gründen) selbst nicht disqualifizieren mag. Was wohl mit ein Grund ist, warum eine solche Haltung bei andern Betroffenen auch Aggressionen erzeugen kann.

Der Bezug auf professionelle Handlungskonzepte

Während zum Beispiel die Befragten aus den unteren Regionen des sozialen Raumes einfach handeln, „eins zu eins" gewissermaßen, beziehen sich Befragte aus Sozialberufen stärker auf professionelle Handlungskonzepte, mit denen sie ihr Handeln begründen. Herr Oswald hat die Technik der Validation erwähnt. Und auch der Umgang von Frau Stamm ist geprägt durch Kompetenzen, die sie in ihrem Beruf erworben hat. „Das habe ich in der Legasthenie gelernt, dass man warten können muss. Also Geduld habe ich dort gelernt. (…) Es nützt nichts, wenn man drückt und drückt und fordert. Sondern dass man gescheiter weggeht und wartet. Und fünf Minuten später geht es. Das kann ich bis jetzt. Das, würde ich meinen, kommt vom Beruf her. Das ist kein Problem gewesen, das zu übertragen." Diese Kompetenzen ermöglichen ihr auch, zwischen ihrem Mann und der Krankheit zu trennen, was ihr eine Art professionelle Distanz erlaubt und ihr hilft, ihn aus seiner spezifischen Situation zu verstehen. Deshalb mache es ihr nicht so viel aus, wenn er sie manchmal nicht mehr kenne. „Ich kann es einfach verstehen. Er kann es ja nicht mehr. Was soll ich dann beleidigt sein oder traurig oder weiß nicht was. Es ist einfach so. (…) Es zeigt mir einfach, wie hilflos er ist in dieser Welt drin. Und es ist aber trotzdem so, dass ich der Mensch bin, der mit ihm am besten umgehen kann. Bei mir geht es ‚am ringsten' [am leichtesten]. Manchmal, wenn er bei der Spitex blöd tut und sich wehrt und sich nicht anziehen lässt, dann kann ich nur nach oben und kann das Hemd nehmen, anziehen und er lässt es sofort machen. Also bin ich doch der Mensch, der ihm am vertrautesten ist. Auch wenn er nicht mehr genau weiß, was das für einer ist. Und dann denke ich manchmal, das ist auch etwas wert."

Das Verhältnis zu den Ärzten

Auch hier gibt es einige Befragte, die im Zusammenhang mit der Demenz des Partners von negativen Erfahrungen mit Ärzten berichten. Aufgrund der ausgeprägten Orientierung an Pflicht- und Akzeptanzwerten hält man sich jedoch mit Kritik eher zurück und stellt die Autorität des Arztes nicht in Frage – ganz im Gegensatz zu den jüngeren Frauen aus dieser Region des sozialen Raumes, wie wir in Kap. 8 sehen werden.

Herr Festinger zum Beispiel hat den Arzt, der die Empfehlungen der Memoryklinik nicht genau gelesen und in der Folge einen Fehler bei der Dosierung eines Medikaments gemacht hat, nicht kritisiert, weil er ihn „nicht demütigen" wollte. Und Herr Zurgilgen meint: „Ich bin im Militärdienst in einer Spitalkompanie gewesen und habe gewusst, wenn der Arzt etwas sagt, dann ist es einfach so (lacht)." Deshalb habe er nicht nachgefragt, warum ihn der Arzt bei der Abklärung seiner Frau nicht dabeihaben wollte. „Was will ich? Wenn ich frage warum, dann zwinge ich ihn eventuell zu einer Aussage, die er mir zuliebe, aber nicht aus Überzeugung macht.

Und ich will ja niemanden zu einer Halbwahrheit oder so zwingen. Das ist einfach in meiner Art und Weise. Ich habe es gern fröhlich und so." Er hat dem Arzt auch nicht gesagt, dass sich seine Frau nach den Tests bitter darüber beklagt hat, dass er nur ihre Defizite betont habe, aus Angst, seine Kritik könnte sich nachteilig auf die Behandlung auswirken.

6.2.2 Die Befragten aus der „Mitte"

Die Auswertung der Interviewtranskripte und die Darstellung der Ergebnisse gestalteten sich bei den Befragten aus der „Mitte" am schwierigsten, weil sie soziologisch am heterogensten sind. Neben Unterschieden des Geschlechts und der Laufbahn spielen auch Unterschiede in der Beziehung eine wichtige Rolle.

Es handelt sich vermutlich um mehr als einen bloßen Zufallseffekt der Auswahl. Denn wie wir gesehen haben, sind es die sogenannten „Mittelschichten", die durch eine vergleichsweise große soziale Vielfalt gekennzeichnet sind (vgl. dazu auch Beck 1997).

Kleinbürgerliche Position und Habitus

Ein belasteter Begriff Wenn man den Begriff des „Klein-bürgerlichen" verwendet, läuft man Gefahr, dass die Leserinnen und Leser all die abwertenden Bedeutungen damit assoziieren, die ihm in der Alltagssprache anhaften. Die „Kleinbürger", das sind immer die andern, wie Enzensberger (1976, S. 4) treffend bemerkt hat. Wenn wir in der Soziologie auf den analytisch und nicht wertend gemeinten Begriff trotzdem nicht verzichten, dann deshalb, weil die Wortkombination so treffend zum Ausdruck bringt, was gemeint ist (vgl. Karrer 1998, S. 211 f.). Im Klein-Bürgerlichen verbindet sich das „Große" mit dem „Kleinen". Man orientiert sich stark an der Kultur von oben, verfügt aber nur über vergleichsweise geringe (finanzielle und kulturelle) Mittel, sich diese anzueignen. Anerkennung und Kenntnis der legitimen Kultur klaffen häufig auseinander. Das kann sich zum Beispiel in Formen einer „geborgten Sprache" zeigen, die durch ihre Bemühtheit und ihre Künstlichkeit charakterisiert ist und den Sprecher aus einer Sicht von oben als jemanden entlarvt, der nicht wirklich dazugehört (vgl. Bourdieu 1988).

Die befragten Männer hatten in ihrem Erwerbsleben mittlere Positionen, die zwischen „Unten" und „Oben", zwischen dem „Kleinen" und dem „Großen" angesiedelt waren. Herr Meier (85 J.) zum Beispiel meint: „Gut, ich bin nicht der Chef gewesen von der Firma. Aber immerhin habe ich doch einen Vorgesetztenposten gehabt. Ein kleiner Leutnant war ich mindestens." Und Herr Baumann (83 J.) arbeitete als gelernter Zeichner mit einem Professor zusammen: „Der hat mich sogar noch mitgenommen, ohne Matura. Ich bin etwa 25 Jahre Vorlesungsknecht an der ETH gewesen. (…) Ich habe eine Sammlung zusammengestellt gehabt von Material und Lichtbildern und ich habe Nachhilfestunden gegeben, wenn jemand durchgefallen ist. Ja, man hat es gelernt. Wenn man zehnmal an die gleiche Vorlesung geht, die ist zwar nie gleich gewesen, er hat sie immer wieder neu gemacht. (…) Ich habe ein seltenes Glück gehabt, der Chef hat mir einfach Vertrauen geschenkt." Ähnlich wie bei Herrn Meier kombiniert sich auch in seiner Stellung das „Kleine" mit dem „Großen": Er konnte *ohne Matura* an der *ETH* als *Vorlesungs-Knecht* arbeiten, wo er auch einer später berühmt gewordenen Persönlichkeit begegnet ist, was er nicht ohne Stolz erwähnt.

Der mittleren Position entsprechen auch Formen der mittleren Kultur, repräsentiert etwa durch das Fotografieren, gemäß Bourdieu (1988) „der Inbegriff mittlerer Kunst" (vgl. auch Bourdieu et al. 1981). „Ich habe jetzt eine Digitalkamera gekauft auf die Reise hin dort, die wir gemacht haben und bin jetzt daran, einen neuen Computer zu kaufen, dass ich dort ein bisschen dann kleinere Reisebeschreibungen mache, einfach dort meine Talente auslebe", meint Herr Lang. Und Herr Baumann verfasst jedes Jahr einen Jahresrückblick, den er an Freunde und Bekannte verschickt. Jener von 2004 ist mit einem Satz von Zwingli überschrieben: „Du bisch Gottes Wärchzüg. Er will dinen Dienscht, nit dine Ruo." [Du bist Gottes Werkzeug. Er will deinen Dienst, nicht deine Ruhe].

Anders als im erwähnten Rundbrief des Akademikers, der wissenschaftlicher daherkommt, werden hier ausschließlich persönliche Ereignisse angesprochen. So heißt es zum Beispiel: „Ein weiterer Höhepunkt des Jahres bildete für mich die Einladung von X. (…) an seine Diplomfeier in der ETH. Mit ihm und seinen Eltern durfte ich mich mitfreuen am erreichten Ziel. Sogar beim abschließenden Apéro im Dozentenfoyer zuoberst in der ETH durfte ich mit dabei sein."

Der Habitus dieser Befragten ist geprägt durch die Anerkennung sozialer und kultureller Hierarchien und durch das Bemühen um Status, was auch in kleinen Aufwertungsversuchen zum Ausdruck kommen kann. Etwa wenn Herr Meier sagt, der Beruf, den er gelernt habe, habe damals noch „Radiomonteur" geheißen, eigentlich sei er aber „Elektroniker" gewesen. „Nur habe ich es nicht gewusst, weil der Name noch nicht erfunden war."

Man hat eine Vorliebe für das, was sich gehört, ist bemüht, den Erwartungen, die an einen gestellt werden, gerecht zu werden und orientiert sich stark an einem Ethos der Konformität. In der Mitte passt man sich den Maßstäben an, oben setzt man sie (Schulze 1992, S. 304). Ordnung und Berechenbarkeit sind wichtige Werte, weil sie dem Leben jenen sicheren Rahmen verleihen, ohne den man sich orientierungslos und etwas verloren vorkäme.[21]

---

[21] Der Habitus dieser Befragten erinnert stark an das, was Schulze (1992, S. 301 ff.) unter dem Begriff des „Integrationsmilieus" zusammengefasst hat.

Merkmale dieses Habitus zeigen sich auch im Umgang mit der Demenz der Partnerin. Die befragten Männer informieren ihre Umgebung über die Krankheit der Frau, um Auffälligkeiten, die auch auf einen selbst zurückfallen könnten, zu erklären und zu entschuldigen – damit sie nicht vor den Kopf gestoßen werden, wie Herr Meier sagt. „Es sollte eigentlich so sein, dass die, die etwas Kontakt haben mit ihr, dass die wissen, was mit der Frau los ist, dass sie krank ist. Dass sie sich daran nicht genieren sollen." Einen Grund, die Krankheit zu verschweigen, habe er nach der Diagnose nicht gehabt. „Es ist keine ansteckende Sache gewesen, es ist nicht ehrenrührig. Es sind ungefähr achtzig-, neunzigtausend in der Schweiz. Also... kann man das bekannt geben. Und Berühmtheiten wie der Reagan und der Helmut Zacharias haben das auch gehabt. (...) Das weiß ich, weil wir an seiner Villa vorbeispaziert sind in Ischia. Der ist ja bekannt geworden, weil er in der Schweiz in einem Sanatorium gewesen ist, mit Alzheimer. Die haben das bekannt gegeben. Und haben gesagt, du bist da besser aufgehoben in diesem Sanatorium, wobei das natürlich ein First-Class-Sanatorium gewesen ist." Eine Krankheit, die im Unterschied zu AIDS nichts Ehrenrühriges hat, von der Tausende und selbst berühmte Leute betroffen sind, braucht man nicht zu verstecken.

Trotzdem schämt er sich, mit seiner Frau in die Öffentlichkeit zu gehen, weil sie sich äußerlich etwas gehen lässt und sich weigert, neue Kleider zu kaufen. Denn im öffentlichen Raum wissen die Leute ja nicht, dass sie krank ist und messen sie an den Maßstäben einer gesunden Person, was auch den Status all jener tangiert, die sie begleiten. „Jetzt habe ich direkt ein Problem. Ich würde zum Beispiel gern mal ausgehen mit ihr. Meine Schwester zum Beispiel sagt, ich würde euch gerne mal einladen, dass wir wieder mal miteinander in einem besseren Restaurant zu Mittag essen könnten. Aber wenn deine Frau so daherkommt, in diesen alten Lumpen, dann getraue ich mich fast nicht mehr. Jetzt lädt sie uns ab und zu sich ein, wo es niemand mehr sieht."

Auch Herr Caprez (65 J.) geht mit seiner Frau nur noch selten in eine Gaststätte. Wenn sie sich auffällig benehme und wegen allem und jedem reklamiere, sei das für ihn nicht sehr angenehm. Da bleibe er lieber zu Hause. Solche Situationen vermeidet er nicht nur deshalb, weil sie per se unangenehm sind, sondern weil die „soziale Identität" einer Person, mit der ein Individuum zusammen ist, auch „als eine Informationsquelle über seine eigene Person benutzt werden kann", wie es bei Goffman (1975, S. 63) heißt. Wenn sich also seine Frau daneben benimmt, bleibt immer auch etwas an ihm hängen.

Unsicherheit und Ordnung
Die Befragten aus der „Mitte" scheinen vorgängig weniger über Alzheimer informiert gewesen zu sein als jene von „Mitte links", die über mehr kulturelles Kapital

verfügen. Von daher weiß man weniger, was auf einen zukommt, was am Anfang zu einem eigentlichen Zustand der Desorientierung führen kann.

Durch die Diagnose droht die gewohnte Lebensordnung von Herrn Meier völlig aus den Fugen zu geraten. Er reagiert panisch, weil er glaubt, „es könnte relativ schnell runter gehen" und weil er plötzlich Aufgaben im Haushalt auf sich zukommen sieht, bei denen er sich rundweg überfordert fühlt. „Weil ich, was Haushalt usw. anbetrifft, geboren hilflos bin (lacht). Weil ich mich auch nie darum gekümmert habe. Ich bin als Ältester aufgewachsen. Ich habe noch zwei Schwestern und noch einen Bruder. Eine Schwester war anderthalb Jahre jünger als ich. Und selbstverständlich hat sie die Hausarbeiten gemacht. Die Buben haben im Garten geholfen oder irgend so etwas. Aber irgendwie ein Spiegelei kochen oder eine Suppe machen, das hat uns fern gelegen, schon dort. Und das habe ich gesehen, dass ich da ziemlich unbeholfen bin. (…) Das ist mir schwer auf dem Magen gelegen, dass ich überhaupt nicht kochen kann."

Die Verunsicherung zu Beginn der Krankheit führt bei Herrn Meier zu Formen der Überreaktion. So alarmiert er in der ersten Angst die Spitex, zu einem Zeitpunkt, als das noch überhaupt nicht nötig ist. Etwas gelassener macht ihn erst die Teilnahme an einer Schulungs- und Angehörigengruppe. Hier erhält er Informationen, die ihm einen Teil seiner Unsicherheit nehmen, und sieht, dass auch andere Männer Aufgaben übernehmen, „die ich mir im Moment noch nicht vorstellen kann. Vielleicht lerne ich es ja dann auch. Es gibt Männer, die sich vor Jahren auch nicht haben sagen lassen, du bist bald Krankenpfleger im Hauptberuf. Und nebenbei kannst du dann vielleicht mal Radio hören (Lachen)."

Durch die Erkrankung der Partnerin verliert auch die Zukunft an Berechenbarkeit. Während man sich im unteren Bereich des sozialen Raumes wenig Gedanken über eine Zukunft macht, die man ohnehin nicht glaubt beeinflussen zu können, haben diese Befragten aus der Mitte stärker auf die Zukunft hin gelebt und Pläne geschmiedet, die sie nun größtenteils aufgeben müssen. Und auch die materielle Vorsorge, die man zusammengespart hat, um einen gesicherten Lebensabend zu haben, ist nun in Frage gestellt. So meint Herr Meier, eines seiner größten Probleme sei die Angst, dass es finanziell nicht reichen könnte: „wenn sich das lange genug hinzieht, dass meine ganzen Kalkulationen von einem gesicherten Leben einfach weg sind." Der Gedanke, später mal auf die Gemeinde gehen und um Unterstützung bitten zu müssen, ist ihm ein Graus. Aber wenn man sehe, was ein Heimaufenthalt koste, sei das eine Gefahr, die durchaus real sei. „Und mehr kann man fast nicht verlangen, sonst geht die Prämie nochmals um zwanzig Prozent rauf."

Der Situation der Anomie begegnet man, indem man versucht, wieder Ordnung in sein Leben zu bringen. „Ich hoffe, dass ich die Probleme dann nach und nach lösen kann", meint Herr Lang. „Eben, mit meinem jetzigen Engagement, das ich jetzt schon an den Tag lege, dass ich gewisse Sachen zum Voraus schon weiß, bevor es an mich herantritt. Ich gehe lieber in die Offensive diesbezüglich dort, so dass ich immer einen Schritt voraus bin. Und nicht, dass ich von den Ereignissen überholt bin und dann irgendwie nicht weiß, was machen. (…) Ich bin ein bisschen ein *Buchhaltertyp* [Hervorhebung D. K.], ich muss es ein bisschen geordnet halten dort. Es kann auch eine Strategie sein, um gewisse Sachen zu übertünchen, das ist ohne weiteres möglich. (…) Dass man drüber hinweggeht, fast. Dass es nur bis dahin geht, nicht so tief rein." Für ihn sei das eine Art Selbstschutz: „Das betreibe ich bewusst, soweit ich das beurteilen kann, aber ohne Vernachlässigung der andern Dinge, die dann doch notwendig sind. (…) Auch da im Zusammenhang mit der Alzheimerkrankheit, dass man nicht wirklich ins Hinterste und Letzte beurteilen tut, was könnte passieren und so. Sondern dass man es Schritt um Schritt nimmt. Einfach, dass man vorwärts läuft, in kleinen Schritten."

Als „Buchhaltertyp" versucht er „in kleinen Schritten" Ordnung zu schaffen, was nicht nur Unsicherheit reduziert, sondern für ihn auch ein Mittel darstellt, etwas nicht zu nah an sich herankommen zu lassen. Damit bestätigt er den Eindruck, den ich während des Gesprächs hatte, wo er ziemlich distanziert und manchmal in einer fast bürokratischen Sprache über die Krankheit seiner Frau gesprochen hat. Allerdings hängt das auch damit zusammen, dass er sichtlich bemüht ist, dem „befragenden Akademiker" gegenüber eine Art formelle Sprache zu sprechen, die der quasi offiziellen Situation des Interviews gerecht werden soll.

Das beschriebene Muster von „Unsicherheit und Ordnung" zeigt sich vor allem bei den befragten Männern, ist jedoch auch bei Frauen zu finden. So meint die 50-jährige Frau Zürcher, sie sei ein Typ, „der einfach organisieren muss und dann weiß man es." Bei Alzheimer sei das jedoch nicht so. Es ist unklar, was die Krankheit bringt. „Man weiß nicht A und B und C." Und wenn sie Dinge nicht „einordnen" könne, dann habe sie einfach Mühe.

In dieser Situation sucht man auch nach professionellen Ratschlägen, an denen man sich orientieren kann. So meint zum Beispiel Herr Baumann: „Ich weiß, ich kann bei Frau Hanhart [in der Memoryklinik] anrufen und sagen: wie schauen Sie das an?" Es sind diese Befragten aus der Mitte des sozialen Raumes, die ihr Verhalten am häufigsten damit begründen, dass man ihnen das so gesagt habe. Und es sind diese Befragten, die am meisten an die Wirksamkeit der Medizin und der verfügbaren Medikamente glauben. Herr Meier bedauert, dass seine Frau ein [ziemlich umstrittenes D. K.] Medikament nicht schon früher genommen habe. „Dann wäre sie heute wahrscheinlich noch bedeutend besser instand. Weil man ja so sagt, dass das ARICEPT so wirkt." Und Herr Lang meint: „Wir arbeiten einfach drauf hin, dass es eine Verzögerung vom Krankheitsverlauf gibt. (…) Eben mit Hilfe von den Ärzten dort. Irgend mit Hilfe von der Pille, die wir haben dort, mit der medizinischen Hilfe, die wir ausschöpfen können."

„Familistisches Partnerschaftskonzept"
Während die befragten Männer vor allem über sich und ihre Probleme erzählen, sind die Frauen mehr auf den Partner ausgerichtet, was sich zum Beispiel darin zeigt, dass sie ausführlicher und mit mehr Empathie über ihn erzählen. Oder anders ausgedrückt: Während Männer praktisch ausschließlich aus der Ich-Perspektive sprechen, beziehen Frauen neben der Ich- auch die Er-Perspektive ein (vgl. Elias 1970, 132 ff.), was Ausdruck eines geschlechtsspezifischen Habitus und eines „familistischen" Partnerschaftskonzeptes ist, wo der emotionalen Verbundenheit eine zentrale Bedeutung zukommt (Koppetsch und Burkart 1999). Damit verknüpft sind verschiedene weitere Unterschiede:

Bei den Frauen ist die Begründung, warum man seine Umgebung über die Krankheit des Partners informiert hat, stärker patientenzentriert: „damit sie wissen, wie sie mit ihm umgehen sollen", meint Frau Roder. Und damit man ihn vor negativen Reaktionen schützen kann. „Ich denke, Offenheit ist doch einfach das Beste, oder nicht. (…) Es ist eine Krankheit, die jeden treffen kann. Und man weiß dann auch, wie man ihm begegnen muss. Ich habe dann nichts zu befürchten. Also wenn er rausgeht, habe ich nicht zu befürchten, dass er angerempelt wird oder dass man ihm blöd kommt oder so. Ich möchte ihn schützen."

Frauen sehen die Betreuung ihres Partners zum Teil auch als „neue Lebensaufgabe", was, wie Frau Roder (63-jährig) meint, nur möglich sei, weil sie keine beruflichen Ambitionen habe: „Wenn ich jetzt eine ambitiöse Frau wäre und beruflich noch irgendwelche Ziele verfolgen wollte, dann müsste ich mich entscheiden. Ich könnte nicht beides machen. Aber weil ich das nicht bin, sehe ich da für mich auch eine schöne Aufgabe." Nicht zuletzt wegen der Krankheit ihres Partners hat sie sich frühpensionieren lassen und seine Demenz ganz zu ihrer eigenen Angelegenheit gemacht. Hat sie schon früher in der Beziehung vieles übernommen, nimmt sie ihm nun alles ab und hält alles von ihm fern, was ihn irgendwie belasten könnte. „Und drum merkt er vielleicht auch gar nicht so sehr, wie schlimm es ist." Obwohl vierzehn Jahre jünger als ihr Partner, hat sie ihre Ansprüche völlig an seinen Lebenshorizont angepasst. „Also ich habe auch nicht mehr so viele Erwartungen an das Leben. Vielleicht ist das der Partner…. F: Aber Sie sind ja erst 63. A: Ja, eben, das ist eben irgendwo schon noch verrückt. Ich denke, dass das mit der Partnerschaft etwas zu tun hat." Einen weiteren Grund sieht sie darin, dass man ihr – ohne ihr Wissen – die Eierstöcke entfernt hat, wodurch sie um einiges „ruhiger" geworden sei, wie sie sich ausdrückt.

Während Befragte wie Frau Roder oder die sieben Jahre ältere Frau Ruh im Dasein für ihren Partner auch Erfüllung finden, ist es für die befragten Männer eher ein Zwang. So meint der 85-jährige Herr Meier, sein größtes Problem sei, „in meinem würdigen Alter noch komplett einen neuen Beruf lernen zu müssen. Und das peinliche Gefühl zu haben, dass es nicht ein gewählter Beruf ist, sondern einer, den ich verpasst bekomme. Und dass ich dem eventuell nicht gewachsen sein werde." Ein peinliches Gefühl hat er auch deshalb, weil er mit Aufgaben konfrontiert ist, für die eigentlich Frauen vorgesehen sind und für die er aufgrund sener männlichen Sozialisation und seines männlichen Habitus nicht gerüstet ist. Und während die Frauen ihre Ansprüche an den Partner anpassen, fürchtet er um den Verlust seiner (männlichen) Privilegien: „Auf der einen Seite würde ich es mir auch noch zutrauen. Aber auf der andern Seite kommt eben das: ich habe einen Haufen andere Interessen, dann kann ich nicht mehr lesen, ich kann nicht mehr am Computer spielen, ich kann nicht fernsehen, ich kann nicht wandern, ich kann nicht turnen, ich kann nicht – das alles zusammen kann ich nicht."

Sind die Probleme der Männer stärker ich-bezogen (Einschränkungen des eigenen Lebens, Sorgen um die finanzielle Zukunft, Angst, der Aufgabe nicht gewachsen zu sein usw.), steht für die erwähnten Frauen aus der Mitte eher im Vordergrund, dass der Partner seinen Abbau bewusst miterlebt und die gewohnte Beziehung sich verändert. Ein Unterschied, den wir ähnlich auch bei den Befragten gefunden haben, die stärker auf der kulturellen Seite des sozialen Raumes positioniert sind.

Für Frau Roder ist das Furchtbarste, wenn der Demenzkranke seinen Abbau selbst mitbekommt. Deshalb ist sie froh, dass sich ihr Partner der Tragweite seiner Krankheit nicht so bewusst ist. „Das macht mich eigentlich ein bisschen glücklich. Ich habe das Gefühl, ich sei stärker, um das zu tragen. Also der Partner ist wahrscheinlich der, der mehr leidet. Das sagt man ja auch."

Der Mann von Frau Ruh, der früher eine leitende Position hatte, ist heute „ein bisschen nichts mehr" und im Kopf sogar schlechter beieinander als ihr hochbetagter Vater, was für ihn manchmal schwer zu ertragen sei. „Er merkt es. Er sagt, dass er ja blöd sei, er könne ja nicht einmal mehr dies oder das. Das beschäftigt ihn grauenhaft." Sie muss nun Aufgaben übernehmen, die vorher ihrem Mann vorbehalten waren: „Ich mache alles von dem ich früher nie eine Ahnung hatte von Tuten und Blasen: die Buchhaltung, die Zahlungen, einfach alles, die Steuern, all das, was er immer gemacht hat." Das hat sie anfänglich ebenso belastet wie es ihr Mühe macht, „dass alles immer von mir aus kommt, man hätte ja auch gerne, dass etwas vom Partner aus kommt. Gewisse Sachen kommen einfach nicht mehr und ich kann sie auch nicht erwarten."

Durch den Statusverlust des Partners verlieren auch diese Frauen an abgeleitetem Status. Anders als bei den befragten Frauen von oben scheint es jedoch *weniger* der Statusverlust zu sein, der sie drückt, sondern der Umstand, dass der Partner seinen sozialen Abstieg selbst mitbekommt. Und dass man selbst in der Beziehung stärker wird, scheint man vor allem als Verlust zu empfinden und nicht so sehr als Gewinn.

Im Unterschied zu den befragten Männern aus der Mitte ist bei den Frauen weniger ein Bemühen um eigenen Status zu finden. Statusträger ist der Partner. So meint Frau Roder, ihr Lebensgefährte sei ein interessanter Mensch mit einer spannenden Biographie, während sie ihren eigenen Lebenslauf als eher uninteressant empfinde. Und im Unterschied zu befragten Frauen von oben redet man sich selbst und seine Statusgewinne, die man durch den Abbau des Mannes macht, eher klein.

Sie sei vielleicht etwas forscher und selbständiger geworden, meint Frau Ruh. Dass sie viele Aufgaben übernimmt, die vorher ihr Mann gemacht hat, will sie nicht überbewerten: „Ich kann ihn immer noch gewisse Sachen fragen und manche weiß er immer noch besser als ich." Auf die Feststellung der Ärzte, dass ihr Mann eine „lange Leitung" habe, sagt sie: „Obwohl ich manchmal auch eine furchtbar lange Leitung habe oder kompliziert tue."

Das beschriebene Dasein für den Mann und die ausgeprägte Partnerzentrierung ist jedoch abhängig von der Qualität der Beziehung. Die Beziehungen der erwähnten Frauen sind sehr eng. „Wir haben eine sehr schöne Partnerschaft, also wir gehen sehr liebenswürdig miteinander um", erzählt Frau Roder. Und Frau Ruh, die seit 48 Jahren mit ihrem Mann verheiratet ist, betont: „Wir sind immer sehr miteinander verbunden gewesen". Eine Verbundenheit, die sich auch darin zeigt, dass sie häufig in der Wir-Form spricht.

Bei Frauen, die schon vor der Krankheit ein schwieriges Verhältnis zu ihrem Partner hatten, ist das hingegen anders. Zwar orientieren auch sie sich an der Vorstellung eines familiären Miteinanders, im Vordergrund steht jedoch nicht der Mann, sondern die Sorge um die Kinder. Und das zentrale Thema des Interviews sind die Beziehungskonflikte (vgl. unten).

Privatismus – „Wir sind gerne zu Hause"
Anders als im sozio-kulturellen Bereich des sozialen Raumes konzentriert sich das Leben in der „Mitte" stärker auf den privaten Bereich. Man geht weniger Aktivitäten nach, weshalb man sich durch die Krankheit des Partners weniger in seinem Freiraum eingeschränkt fühlt und auch seltener das Gefühl hat, nicht genügend Zeit für sich zu haben.

Führt man ein eher zurückgezogenes Leben, kennt man auch weniger Leute, die man um Hilfe bitten könnte. Was dann besonders einschneidend ist, wenn man – wie bei einigen Befragten der Fall – keine Kinder hat oder es sich bei diesen ausschließlich um Söhne handelt.

Auch Lebensgeschichten können Möglichkeiten zerstören (vgl. Bourdieu 2014, S. 211), die in Situationen der Krise dann schmerzlich fehlen. Herr Meier vermisst neben der Hilfe des Sohnes auch die Hilfe der Nachbarn, was er darauf zurückführt, dass sie früher den Kontakt nie gesucht hätten: „Wenn ich so höre, wie andere, so Kollegen quasi, wenn ich höre, wie die in der Nachbarschaft Hilfe bekommen usw.

Wir haben das eigentlich nie ausgebaut. Wir haben uns eher eigentlich ein bisschen zurückgezogen. F: Also früher schon. A: Ja ja, das ist eigentlich immer schon so gewesen. Man hat natürlich Freunde gehabt. Und wenn man Kontakt gehabt hat, sich irgendwo mal getroffen an einem Abend. Oder ein Schwätzchen gehabt. Aber so ständigen Verkehr, so freundschaftlichen Verkehr, so ein und aus gehen quasi, wie es an anderen Orten teilweise vorkommt bis zu einem gewissen Grad, bis dann der große Krach kommt… Eben schon wegen dem, wir sind immer ein bisschen zurückhaltend geblieben, um dann nicht mit jemandem richtig Todfeind zu werden im Haus drin. Aber wenn ich jetzt jemanden hätte, den ich rufen könnte… Das ist jetzt an und für sich schwierig."

Im Unterschied zu den Befragten von „Mitte links" ist man vor allem auf sich allein gestellt.[22] Auf die Frage, was ihm helfe, die Situation zu bewältigen, sagt Herr Caprez: „Ich muss mir selber helfen." Und während Frau Ruh zurückfragt: „ja, wer wäre denn da?", meint Frau Roder: „Ich weiß ja auch, dass eigentlich eine große Gleichgültigkeit herrscht. Und jeder ist mit sich selber beschäftigt."

Während vor allem die Männer diesen Zustand beklagen, ist er bei jenen beiden Frauen, die in einer sehr engen Partnerbeziehung leben, stärker zu einer Art Ethos der Selbständigkeit gewendet: als ob sie den eigenen Zuständigkeitsbereich gegen Einflussnahmen von außen verteidigen und ihren kranken Partner ganz für sich haben wollten.

Angehörigengruppe als Coping- und Statusressource
Im Vergleich zu den Befragten von „Mitte links" spielt Religion für den Bewältigungsprozess eine geringere Rolle. Die meisten Befragten aus der „Mitte" gehören zwar einer Kirche an, im Vordergrund steht jedoch eher die rituelle Praxis als ein elaborierter und intellektualisierter Sinnbezug, wie das bei jenen der Fall ist, die über mehr kulturelles Kapital verfügen.

Aufgrund unserer Befragung lässt sich jedoch vermuten, dass man in der „Mitte" am stärksten dazu neigt, in eine Angehörigengruppe zu gehen, um die Situation bewältigen zu können – und zwar aus folgenden Gründen:

• Durch die Teilnahme an einer Angehörigengruppe kann man die geringe soziale Unterstützung aus dem Umfeld zum Teil kompensieren.
• In Angehörigengruppen sucht und bekommt man Informationen und Ratschläge, wie man sich verhalten soll.
• Und in der „Mitte" ist besonders wichtig, was andere tun und was sie sagen.

---

[22] Diese Befragten geben auch deutlich häufiger als jene von „Mitte links" an, dass sie niemanden hätten, der sich um sie kümmern würde, wenn sie selbst krank würden.

Demgegenüber sind Betroffene aus unteren und oberen Regionen des sozialen Raumes weniger in solchen Gruppen zu finden: unten weniger, weil die Zugangsbarrieren aufgrund des relativ geringen kulturellen Kapitals relativ hoch sind und ein bestimmtes Maß an sprachlichem Kapital notwendig ist, damit man sich zutraut, in einer quasi öffentlichen Situation zu sprechen. Und oben weniger, weil die Krankheit stark tabuisiert wird und kollektive Formen der Bewältigung generell Mühe bereiten.[23] Das zeigt sich auch bei Demenzkranken aus diesem Bereich des sozialen Raumes. Während das Gedächtnistraining in der Regel in Gruppen stattfindet, macht man es hier lieber individuell und privat. Nach der Diagnose habe man ihrer Mutter eine Einzeltherapie vorgeschlagen, erzählt eine Tochter: „Gedächtnistraining – nicht etwa mit jemand anderem, sondern Einzeltherapie. Und sie hat dann das Gefühl gehabt, das sei so, weil sie eben eine Persönlichkeit ist".

Statusgewinne Die Teilnahme an einer Angehörigengruppe kann vor allem für Männer auch als Statusressource fungieren, was nicht heißt, dass sie aus diesem Grunde erfolgt ist.

Vor ein paar Wochen, erzählt Herr Lang, „ist im Fernsehen in der ‚Sprechstunde Gesundheit' eine Sendung gekommen, wo man die Spritze [gegen Alzheimer] propagiert hat. Ich habe dann das Thema mit Frau Dr. X. [Leiterin der Angehörigengruppe] aufgenommen und sie hat uns dann auch Hilfe versprochen, dass wir Zugang finden dort zu den Universitäten. (…) Und heute vor einer Woche ist es gerade gewesen, dass wir dort haben vorbeigehen können, an der Universität, ja, auf dieser Forschungsstelle dort. Und wir sind so verblieben, momentan läuft kein Forschungsprogramm, aber wenn dann irgendeinmal wieder irgendetwas kommt so im Laufe des nächsten Jahres, wenn es dann geeignet ist, dass wir allenfalls einsteigen könnten, dass wir allenfalls könnten ein bisschen Versuchskaninchen spielen einerseits, andererseits, dass wir auch unseren Beitrag irgendwie für die Forschung, für die Zukunft dort leisten könnten. Das ist irgendwie ein bisschen zweigleisig dann, ein Geben und ein Nehmen."

Man ist nicht nur Mitglied einer Angehörigengruppe, sondern leistet auch einen Beitrag zur medizinischen Forschung, deren Ergebnisse man mit den Ärzten be-

---

[23] Auch die Befragten von „Mitte links", die über relativ viel kulturelles Kapital verfügen, scheinen solchen Gruppen distanzierter gegenüberzustehen. Herr Oswald war zwar vorübergehend in einer Selbsthilfegruppe, ist später aber wieder ausgestiegen, weil es ihn „nie so ganz befriedigt" hat. „Also eine Angehörigengruppe müsste für mich auch ein Stück Ausbildung beinhalten. Und da ist es so gelaufen, dass jedes über seine aktuellen Probleme oder Situationen hat sprechen können. Und dann gibt es eben Leute, die sich so ausdehnen, dass für die andern die Stunde einfach so vorbeigegangen ist. Und meistens ist es ein Klagelied gewesen: ‚jetzt hat sie wieder' und ‚jetzt macht er wieder' usw. Und dann habe ich damit aufgehört."

spricht. Kürzlich habe er wieder von „zwei neuen Pillen" gelesen. „Das werde ich mit Frau Dr. X. auch wieder thematisieren" – außerhalb der Angehörigengruppe: „Das mache ich persönlich dann."

Statusgewinne durch die Nähe zur Medizin und zur Forschung können auch mit Abgrenzungen nach unten verbunden sein. Etwa wenn man sich über die grobe und ungeschliffene Sprache von Herrn Weber (vgl. Kap. 6.1.5.1) irritiert und erschüttert zeigt und damit den eigenen Status durch den Unterschied bekräftigt.

„Keine Elite, aber nicht gerade die Allerdümmsten" Herr Baumann und Herr Meier „durften" beide an der Studie von Dr. Wettstein mitmachen, „die Ausbildung im Rahmen des Nationalfonds", wie sie das nennen. Neben einer Gruppe, die geschult wurde, gab es eine Kontrollgruppe, die keine Schulung erhielt. Beide wurden der „Schulungsgruppe" zugeteilt, was Herr Meier nicht als Zufallsauswahl, sondern als bewusste Wahl der „Lernfähigen" verstanden hat. „Ich habe den Eindruck gehabt, ehrlich gestanden, dass da etwas eine Auswahl getroffen worden ist. Dass eben Leute…, sagen wir, wo man von Anfang an das Gefühl hatte, es hat keinen großen Sinn, dass er überhaupt so eine Schulung durchmacht, weil er zu wenig aufnahmefähig ist oder nicht mehr so lernfähig ist. Ich habe das Gefühl, es sei ein bisschen….., nicht eine Elite, aber nicht gerade die Aller…..dümmsten."

In diesen Kursen sind sie zu „kleinen Spezialisten" der Alzheimerkrankheit geworden, was ihnen erlaubt, während des Interviews die Hausärzte zu kritisieren, die sich bei Demenz nur schlecht auskennen würden. So meint Herr Meier über den Hausarzt seiner Frau: „Und dann war er aber nicht so im Bild, wie der weitere Ablauf geht." Er schüttelt auch darüber den Kopf, dass er zu Beginn der Krankheit vorgeschlagen hat, ein MRI zu machen. „Was ja gar nichts nützt, in diesem Stadium sieht man ja nichts." Grenzt man sich einerseits von den „gewöhnlichen" Ärzten ab, ist die Bewunderung für die spezialisierten Ärzte und vor allem für Dr. Wettstein umso größer. „Für mich ist das ganz gewaltig gewesen", lobt Herr Baumann, „dass sich der Chefarzt für acht Leute hingesetzt und referiert hat. Wenn ich mir vorstelle, dass sich der Direktionspräsident einer Firma für acht Kunden hinsetzen würde für drei Stunden, dann würde ich sagen: spinnst du oder bist du verrückt? Nein, er will an der Front sein." Am Schluss des Kurses habe er ihm mit einem Vers gedankt. „„Ich wett mim Dank jetz Usdruck geh für das, was i ha dörfe neh [nehmen durfte], ich find es einfach unerhört, dass so acht Lüüt Ihne so viel Wert, dass Sie von Ihrer Ziit abzwacket, eus au emal am Tschöpli [Kittel] packet, vo eus so gschpässigs Züg verlanget, doch hämmer nie ufs Ändi planget [gehofft]'. Das ist der Anfang."

Auch befragte Frauen nehmen an solchen Gruppen teil oder informieren sich eigenständig über die neuesten Entwicklungen, so dass Frau Roder zum Beispiel meint: „Ich bin recht auf dem Laufenden". Weniger als für die befragten Männer scheint das für sie aber eine Statusressource darzustellen, sondern vor allem Teil ihres Daseins für den Partner zu sein.

Laufbahneffekte

Die Befragten aus der Mitte des sozialen Raumes sind soziologisch gesehen auch deshalb heterogen, weil sie zum Teil ganz unterschiedliche Laufbahnen hinter sich haben, die neben der Position und dem Geschlecht ebenfalls prägend wirken und das Verhältnis zur Demenz des Partners mit beeinflussen können. Das soll im Folgenden an einem Beispiel erläutert werden.

Die 67-jährige Frau Laudrup stammt aus einer Arztfamilie, die lange Jahre im Ausland gelebt hat. Sie hat eine Ausbildung als Arzthelferin gemacht und war bis zu ihrer Pensionierung berufstätig. Zwar sei sie mit sechzig „zwischendurch" noch arbeitslos geworden, habe jedoch das Glück gehabt, dass sie von einem Arzt, der sie „mit Namen" gekannt habe, noch für ein Jahr angestellt worden sei. Sie erhält nicht die volle Rente und hat praktisch auch kein Vermögen.

Gemessen an ihrer sozialen Herkunft hat Frau Laudrup einen beruflichen Abstieg gemacht, den sie mit dem Mitgliedschaftsstatus im medizinischen Feld zum Teil kompensieren konnte, wobei ihr als Arzthelferin das „ererbte" kulturelle Kapital (vgl. Bourdieu 1988) zugutegekommen ist: „Es ist ein interessantes Gebiet und ich habe sehr viele Leute kennengelernt. Ich konnte meine Sprachen brauchen. Das ist eigentlich meine Hauptmotivation gewesen. Also da bin ich sehr froh gewesen darum." Ihr intergenerationeller Abstieg wurde zum Teil auch dadurch wettgemacht, dass sie mit einem Mann zusammenlebt, der studiert und promoviert hat, ökonomisch allerdings nicht in vergleichbarem Maße reüssieren konnte. Sie wohnen in einer Mietwohnung an privilegierter Lage, sind nicht verheiratet und haben keine Kinder.

Geprägt durch ihre soziale Herkunft orientiert sich Frau Laudrup sehr stark an Formen der „legitimen Kultur" (Bourdieu 1988): Sie tanzt fürs Leben gerne an Bällen, für die sie die Kleider selber macht, „weil das ein teurer Spaß ist." Ihr „geheimster Wunsch" sei immer gewesen, „einmal im Schloss Schönbrunn zu tanzen, unter diesem schönen Himmel mit Engeln bemalt und allem, mit einem guten Tänzer." Sie hat lange in einem Chor gesungen, liebt Musik, „also klassische Musik", und besucht gerne Ausstellungen. „Also Kunst, Reisen… Kultur, ja. Und eben auch Freundschaften pflegen, das ist für mich wichtig." Sie sei jemand „sehr Gesellschaftliches" und treffe sich auch regelmäßig „mit ein paar Damen zur ‚Conversation française', um französisch zu sprechen".

„In Gesellschaft" hält man sich an Formen, die auch beinhalten, dass man eine gewisse Distanz hält. So spricht sie von „Damen", mit denen man zwar befreundet, aber nicht so vertraut ist, dass man sich „zu nahe" kommt. Die legitime Kultur „zeichnet sich immer durch einen Abstand aus" (Bourdieu 1992, S. 39), was sich auch in einer Sprache zeigt, die Heikles anspricht, ohne es auszusprechen. Etwa wenn sie von den „privaten Bedürfnissen" ihres Partners spricht.[24]

---

[24] Man vergleiche dazu die Ausdrucksweise von Herrn Weber.

Obwohl Frau Laudrup in der Mitte des sozialen Raumes positioniert ist und selbst nur über ein relativ geringes ökonomisches Kapital verfügt, ist ihr Habitus und ihr Verhalten stark durch die Kultur von oben geprägt, was auch in ihrer Wahrnehmung der Demenz zum Ausdruck kommt.

Am schlimmsten findet Frau Laudrup den geistigen Verfall und den Verlust der Kommunikationsfähigkeit, den die Krankheit mit sich bringt. „Ich meine, es dünkt mich einfach, die Seele, das ist das, was den Menschen ausmacht. Die Seele, der Geist, die Kommunikation. Eben, das aufeinander Eingehen und alles. Das ist doch so etwas Schönes, was man als Menschen hat. Und wenn da wie der Vorhang zu ist, und nichts mehr, gar nichts mehr, aber gar nichts mehr da ist, das finde ich also etwas Grauenhaftes." Mit dem Verlust der geistigen Fähigkeiten verliert ein Mensch das, was ihn zum Menschen macht und versetzt ihn in einen „unwürdigen" und erniedrigenden Zustand, der auch ihrem ästhetischen Empfinden widerspricht: „Ich bin selber auch ein Ästhet irgendwo, meine Mutter ist eine sehr große Ästhetin gewesen, schon vom Künstlerischen her und so. Und ich sage, wenn man so zerfällt, auf diese.... Ich kenne viele alte Leute, die noch wunderschön gepflegt sind und so. Wo einfach schon das Gesicht das Leben ausstrahlt. Aber wenn der Ausdruck so abgelöscht ist, das ist einfach ein trauriger Anblick. Es ist unwürdig irgendwie, ich finde das so traurig." Die Demenz macht die Menschen auch hilflos, womit sie große Mühe hat, weil es ihrem Ethos der Souveränität und der Unabhängigkeit diametral entgegensteht. Deshalb hofft sie, dass ihr Partner – und sie – das nicht erleben müssen: „Dass er irgendwie einschlafen darf oder weiß ich was."

In einer solchen Situation ist auch ein begleiteter Suizid eine Option: als ein Akt der Selbstbestimmung, der es einem erlaubt, selbst dem Tod gegenüber souverän zu bleiben: „Ich habe eine entfernte Verwandte, die ist fast blind geworden. (…) Und sie hat ihrem Leben mit ‚Exit' ein Ende gesetzt. Sie hat selber ihre Todesanzeige verschickt. Sie hat gesagt, sie will nicht abhängig werden."

6.2.3   Positionsheterogamie und Beziehungskonflikte

Die Unterschiede im sozialen Raum zeigen sich nicht nur zwischen den Befragten, die sich um ihren dementen Partner kümmern, sondern können auch innerhalb der Beziehung wirksam sein und hier zu spezifischen Konflikten führen, die den Umgang mit dem kranken Partner ebenfalls beeinflussen.

Vor allem Befragte aus den mittleren Regionen des sozialen Raumes geben an, dass ihre Ehe vor der Krankheit nicht so gut gewesen sei, was aus soziologischer Sicht auffallend häufig damit zusammenhängt, dass die betreffenden Partner unterschiedliche Positionen im sozialen Raum haben und über diese unterschiedlichen

Positionen verschieden geprägt sind. Was nicht heißt, dass nicht auch noch weitere Unterschiede mit hineinspielen. Und was auch nicht heißt, dass Beziehungskonflikte nicht auch andere Ursachen haben können.

Sie hätten, meint eine Pflegefachfrau, die mit einem Landwirt verheiratet ist, halt einfach einen anderen Horizont und nicht nur verschiedene Interessen, sondern auch andere Beziehungsvorstellungen, was schon vor der Krankheit ihres Mannes immer wieder zu Konflikten geführt habe.

- Ihm sind andere Dinge wichtig als ihr. Er interessiert sich zum Beispiel für Autos, womit sie nichts anfangen kann.
- Er hält sich an das Gewohnte und geht neuen Herausforderungen eher aus dem Weg: „Er hat sich nie irgendwie gefordert, dass er noch etwas hätte denken müssen oder etwas Neues lernen. Schon lange bevor wir gewusst haben, dass er krank ist, hat er immer nur das gemacht, was… einfach den ‚ringsten' [leichtesten] Weg, der geradeaus geht. Und das will ich nicht."
- Er bewegt sich nur in seiner näheren, gewohnten Umgebung, während sie auch gerne mal etwas mehr von der Welt gesehen hätte. „Wir haben auch noch nie Ferien gemacht miteinander. Noch gar nie." Das Leben ihres Mannes bestehe nur aus Arbeit: „Wenn er nicht etwas gearbeitet hat, dann hat er auch nicht gelebt."
- Sie hätten auch nicht das gleiche Niveau, meint Frau Klein unumwunden. „Ich habe mich ja arrangiert, aber ich habe es vermisst, dass ich nicht auf derselben Ebene habe reden können mit dem Partner. Und das merke ich jetzt manchmal, habe ich das Gefühl. Ich habe ein Defizit, ein Sprachdefizit. Ich habe Wortfindungsstörungen. (…) Mir fallen manchmal die Wörter nicht mehr ein. Weil zu Hause tauschen wir uns nicht mehr aus. Oder noch weniger als vorher."
- Sie kann mit ihrem Mann auch nicht über Probleme oder Konflikte reden, weil er sich zurückzieht. „Er kann es nicht verbalisieren".
- Sie ist religiös und in der Kirchgemeinde aktiv, er nicht. Wenn sie etwas unternimmt, muss sie das immer alleine tun. „Er hat immer gefunden, ich könne machen, was ich will. Wenn nur nicht er etwas dazu beitragen muss." Ihre Lebensbereiche sind stark getrennt: Er habe sein Leben und sie das ihre gehabt. An Anlässe der Kirchenpflege zum Beispiel, zu denen auch die Partner eingeladen waren, wäre er nie mitgekommen. „Er hat einfach seinen Kreis gepflegt."
- Sie habe in der Familie immer für alles die Verantwortung übernehmen müssen, meint Frau Klein bitter, während sich ihr Mann um nichts gekümmert habe. Wenn er krank gewesen sei, sei es für ihn klar gewesen, dass seine Frau für ihn sorge. So habe er zum Beispiel nach einer Operation gesagt: „Meine Frau ist Krankenschwester, die schaut mir schon."
- Sie ist pingelig und sehr ordnungsliebend: „Also ich vertrage es einfach nicht, wenn ich etwas nehmen will und es ist nicht dort", während er – zumindest im Haus – eher nachlässig ist.

- Ihr Mann scheint einen patriarchalen Habitus zu haben, der es ihm nicht erlaubt, im Haushalt mitzuhelfen, ohne sein Gesicht zu verlieren: „Wenn ich manchmal etwas gesagt habe, ob er das oder das, oder ob er einmal abtrocknen würde, dann hat er gefunden, er habe ja drei Töchter. (…) Und das hat er natürlich nur einmal sagen müssen und genau gleich macht es der Jüngste, der Bub, auch. (…) Aber wenn er natürlich so ein Vorbild hat als Vater…" Im Haushalt zu helfen, scheint er als unmännlich zu empfinden, was durch das soziale Milieu, in dem er sich bewegt, gestützt wird.

- Sie hat das Gefühl, alles machen zu müssen, von ihm aber wenig zurückzubekommen: „Dass er von den andern Leuten alles erwartet und selber eben eigentlich nicht viel macht, oder nicht viel gemacht hat." Nach einer Knieoperation sei es für ihn „die größte Selbstverständlichkeit gewesen, dass ich dann alles alleine gemacht habe. (…) Aber für ihn ist es einfach… [selbstverständlich]. Er weiß schon nicht, was das heißt, wirklich nicht."

Herr und Frau Klein orientieren sich an unterschiedlichen Partnerschaftskonzepten, die mit der Position im sozialen Raum zusammenhängen und die man mit Koppetsch und Burkart (1999) als Gegensatz zwischen einem „patriarchalischen" und einem „familistischen" Modell beschreiben könnte. [25] Sie habe am Anfang immer gehofft, meint Frau Klein, dass er mit der Zeit merke, „wie schön das ist, das Miteinander". Das sei jedoch nicht der Fall gewesen.

Die Beziehung ist zudem geprägt durch ein (partielles) Statusdefizit des Mannes: Herr Klein verfügt über eine geringere Bildung als seine Frau und erfüllt auch die eheliche Reziprozitätsnorm (vgl. Held 1978) nicht. Diese Defizite werden jedoch kompensiert und entschärft durch

- seinen „Machismo" und die milieugestützte Vorstellung von der Überlegenheit des Mannes
- und durch eine weitgehende Trennung des männlichen und weiblichen Lebensbereichs, die dadurch nur schwer miteinander vergleichbar sind.

Das erklärt wohl mit, warum Frau Klein meint, das „unterschiedliche Niveau" sei für sie ein größeres Problem als für ihn.

Die partnerschaftlichen Beziehungsansprüche von Frau Klein und die Beziehungsrealität widersprechen sich, was mit starken „anomischen Spannungen" verbunden ist. Gleichzeitig hindert sie ihr Familiensinn daran, die Beziehung aufzugeben. Obwohl in der Beziehung unzufrieden, sei sie nicht der Typ, der weglaufe. Sie

---

[25] Laut dieser Untersuchung findet sich das „familistische" Modell besonders häufig bei Pflegenden.

ziehe durch, was sie einmal angefangen habe, schon wegen der Kinder. Bei ihrem Mann geblieben ist sie vermutlich auch deshalb, weil sie gehofft hat, dass nach seiner Pensionierung alles anders wird. Eine Hoffnung, die sich nicht erfüllt hat. Durch seine Krankheit hat sich die Situation noch verschärft. Und der moralische Druck zu bleiben ist ebenfalls größer geworden. Was zu einer „inneren Emigration" aus der Beziehung geführt hat.

In einer solchen Beziehung ist es schwieriger, den Partner als Kranken zu akzeptieren, „weil gewisse Äußerungen hat er schon früher gebracht, wie er noch gesund gewesen ist. Und das ist so ein Schwanken, das man so einem Patienten gegenüber hat. Man weiß manchmal nicht, meint er jetzt das so oder so. Ist das jetzt sein Charakter, weil er das früher auch schon gesagt hat, oder ist das Ausdruck seiner Krankheit". Tatsächlich ist es häufig so, dass sich frühere Charakterzüge des Dementen oftmals ausgeprägter zeigen, auch weil sie weniger der Kontrolle unterliegen (Meyer 2014, S. 98). Das kann bestehende Frustrationen und Aggressionen verstärken: „Also manchmal ‚verjagt' [explodieren] es mich einfach. Weil ich gehe ihn wecken, sage ihm, dass er aufstehen müsse und er muss nichts anderes machen, als sich anziehen und das Frühstück essen und er bringt es trotzdem fertig, dass er mit allem zu spät ist. Am Schluss muss man immer pressieren [sich beeilen]. Schon vorher hat er nie, nie schon heute etwas bereit gemacht, damit es morgen parat ist, einfach so als ein Beispiel." Wenn er sich gehen lasse und gar nichts mehr mache, sei sie hin- und hergerissen zwischen Wut und Verständnis. Auf der einen Seite habe sie ihn „ja immer so erlebt, dass er nicht viel Initiative gehabt hat." Und auf der andern Seite wisse sie, dass er krank ist. Was auch ihr Mann betont, wenn sie ihn zu mehr Aktivitäten motivieren will. „Dann sagt er immer: Du musst mir jetzt noch so etwas sagen, ich bin schließlich krank. Er rechtfertigt jetzt alles so mit dem." Er nutzt seine Krankheit als Ressource in ehelichen Auseinandersetzungen, was Frau Klein völlig hilflos macht.

Die Uneindeutigkeit des Verhaltens ist besonders ausgeprägt in den Anfängen der Krankheit, wo es dem Partner in vielen Belangen noch gut geht. Deshalb meint Frau Klein, dass sie vielleicht mehr Geduld aufbringen werde, wenn er dann einmal „wirklich dement" sei.

Auch das Verhalten von Herrn Meier, von dem bereits die Rede war, ist nicht nur geprägt durch seine Position im sozialen Raum, sondern auch durch seine Position im Feld der Familie, die eine eigene Ordnung des Unterschieds bildet. Die Beziehung zu seiner Frau ist gekennzeichnet durch ein Statusdefizit: während er das Gymnasium abgebrochen und eine Lehre gemacht hat, hat sie die Mittelschule absolviert, was er durch den Ausdruck „eine Art Mittelschule" etwas abzuschwächen versucht, als er das erzählt. Sie hatte nicht nur mehr Bildung, sondern gab ihm auch immer wieder zu verstehen, dass er ihr zu wenig war. So jemand wie du, der fährt nicht Auto, der fährt Tram, habe sie ihm gesagt. „So quasi Hilfsarbeiter sei ich, nicht mehr. Gut, ich bin nicht der Chef gewesen von der Firma. Aber immerhin habe ich doch einen Vorgesetztenposten gehabt. Ein kleiner Leutnant war ich mindestens." Die kleinen Aufwertungen von Herrn Meier, die wir oben beschrieben haben, können also auch als Reaktion auf sein eheliches Statusdefizit verstanden werden.

Offenbar hatte seine Frau auch Ansprüche, denen er nicht genügen konnte. Dauernd habe sie an ihm herumgenörgelt: „Wenn wir miteinander in eine Gaststätte gegangen sind, ist es meistens nicht recht gewesen. Dann ist es zu billig gewesen oder es musste mehr kosten. Dann sind wir ein ‚Backhähndl' kaufen gegangen, das hat dreißig Franken gekostet, es ist wirklich gut gewesen, nach meiner Meinung. Meine Frau: ‚Für das viele Geld! Das ist verbrannt gewesen, trocken gewesen.' Hingegen, wenn wir irgendwo in Gesellschaft gewesen sind, dann ist es gut gewesen, dann ist es recht gewesen. Nur wenn ich mit ihr alleine war [war nichts recht]. Deshalb habe ich meistens geschaut, dass ich jemanden dabei haben kann."

Zu diesem ehelichen Statusdefizit kommt hinzu, dass sie ihn – wie er vermutet – nur geheiratet hat, um als „Geschiedene mit Kind" versorgt zu sein, ihre eigentliche Zuneigung aber ihrem Sohn gegolten hat. Herr Meier fühlte sich ihrem Sohn gegenüber zurückgesetzt und als eine Art fünftes Rad am Wagen: „Schon unsere Heirat ist ziemlich schief gelaufen. Wir sind also nicht das ideale Ehepaar, vielleicht gegen außen schon, aber ich habe schon bald das Gefühl bekommen, dass der Sohn irgendwie im Vordergrund gewesen ist. Dass sie einen Versorger gesucht hat. Und das hat sie konsequent durchgezogen: er geht an die Mittelschule, er geht an die Hochschule, er macht das. Als er zwanzig gewesen ist, musste er ein Auto haben. Das habe ich dann erst gewusst, als das Auto da gewesen ist."

Auch Herr Meier nimmt die Krankheit seiner Frau sehr stark auf dem Hintergrund der früheren Beziehung wahr. So beschreibt er ihr Verhalten ziemlich vorwurfsvoll, als ob er vermuten würde, dass sie ihm etwas zu Leide tun möchte. Etwa wenn er sagt, dass sie bei anderen Leuten durchaus „normal" sein könne, sobald sie aber zu Hause sei, sich das wieder ändere. „Die einzigen gemütlichen Essen habe ich auch jetzt nur, wenn sie in Gesellschaft ist. Dann macht sie mit Vergnügen mit. Aber wenn wir zwei allein sind, dann bin ich das Opfer, dann ist irgendetwas nicht gut." Wenn sie sich weigert, die Medikamente zu nehmen – „wenn es fürs Hirn ist, dann ist es eventuell für mich, aber ganz sicher nicht für sie" – und sie sich von ihm „rein gar nichts sagen lässt", sieht er darin jene Form von Missachtung, die sie ihm schon früher entgegengebracht hat. Das alles erlebt er als eine Art Fortsetzung ihrer früheren Beziehung, in der er sich als Opfer empfunden hat und als Mann nicht ernst genommen. Das erklärt auch mit, warum er an verschiedenen Stellen betont, ein Mann zu sein („habe meinen Mann gestanden") und warum ihm so sehr davor graut, die traditionell den Frauen zugeschriebene Hausarbeit, v. a. das Kochen, übernehmen zu müssen. Schon als kleiner Junge habe er gelernt, dass ein richtiger Mann nicht im Haushalt helfe. „Der raucht eine Zigarette, wenn er sechzehn ist."

Es ist aber nicht nur die frühere Beziehung, welche die Wahrnehmung der heutigen Situation prägt. Seine jetzigen Erfahrungen lassen frühere Erlebnisse auch in einem anderen Licht erscheinen. So ist er heute zum Beispiel überzeugt, dass seine Frau ihn früher mit dem Haushaltungsgeld betrogen hat. Sie habe immer behauptet, es reiche nicht, sie müsse mehr Geld haben. „Und als ich es dann übernommen habe, habe ich meine Einkaufszettel behalten und am Ende des Monats habe ich die Addition gemacht und festgestellt, dass ich in Gottes Namen mit zwanzig Franken am Tag im Durchschnitt durchkomme. Also etwa 600 Franken. Und bei ihr hat es geheißen: 900 Franken reichen nicht. Was sie mit diesem Geld gemacht hat, das weiß ich nicht. F: So Fragen kommen dann. A: Solche Gedanken müssen einem kommen."

Solche Beziehungskonflikte können auch die Bereitschaft herabsetzen, möglichst lange für den Partner zu sorgen. So meint Frau Zürcher, deren Ehekonstellation und Beziehungsproblematik jener von Frau Klein sehr ähnlich ist[26]: „Das sind so viele Begebenheiten eigentlich gewesen im Laufe der Ehe, wo ich immer mehr von ihm weggekommen bin eigentlich. Und das ist wohl auch dafür verantwortlich, dass ich jetzt ein klares Ziel sehe: Er geht in ein Heim. Ich habe nicht die gleiche Bindung wie ein Ehepaar, das immer zusammen in die Ferien ist und so."

Trotzdem bleibt ihr Verhältnis zum Heim ambivalent. Einerseits hat sie so viel Distanz, dass sie ihn „einfach so weggeben kann". Andererseits hat sie aber „schon auch ein schlechtes Gewissen, weil ich denke: He, ich will auch nicht, dass man so mit mir umgeht. Aber manchmal ist dann einfach, dass ich sagen muss: Ja, ich schaffe das und dieses und jenes, aber ich mag ihm einfach nicht immer so gegenübertreten wie wenn nichts wäre."

Während im unteren Bereich des sozialen Raumes die Bereitwilligkeit, seinen Partner zu pflegen, relativ unabhängig von der Qualität der Beziehung besteht, scheint in der Mitte, wo Beziehungen stärker als Gefühlsgemeinschaften gesehen werden, das Verhältnis, das man zum Partner hat(te), deutlich wichtiger zu sein. Was auch Herr Meier bestätigt, wenn er meint, dass es auf dem Hintergrund ihrer früheren Beziehungssituation schwieriger sei, sich um seine Frau zu kümmern. Man kann nicht einfach so tun, als ob nichts wäre.

Ungleicher Tausch

Wenn es in der Beziehung schon vor der Erkrankung schwierig gewesen ist und mit der Liebe nicht mehr weit her, sagt man auch eher, dass man viel gibt, aber nur wenig dafür bekommt. Wobei es vor allem auch Männer sind, welche einen Mangel an Reziprozität beklagen. Auf die Frage, ob er von seiner Frau auch etwas

---

[26] Sie arbeitet als Sekretärin im Spital und ist ebenfalls mit einem Landwirt verheiratet.

zurückbekomme, meint Herr Meier: mit seiner Frau sei das eine etwas undankbare Sache. Herr Zurgilgen verzieht das Gesicht und sagt: „Ein bisschen weniger als ich erwarte. Ich wäre schon froh um ein bisschen mehr." Und Herr Caprez findet meine Frage zunächst schwierig, um dann nach kurzem Zögern einzugestehen: „Ich habe schon Zeiten gehabt, als ich es am besten gefunden hätte, einfach davonzulaufen. Alles was du so machst da, da bekommst du sowieso nichts dafür. Jetzt noch mit dem ganzen Zeug, wo das Geld vielleicht auch noch weg ist."

Als seine (zweite) Frau krank geworden ist, waren sie erst relativ kurze Zeit verheiratet. Zudem hatte sie aus erster Ehe zwei Söhne, denen sie – so Herr Caprez – „immer alles" gegeben hat, weshalb es in der Beziehung immer wieder zu Streitereien gekommen ist. Obwohl er von der Ehe noch gar nicht viel gehabt hat, muss er sich nun praktisch alleine um seine kranke Frau kümmern und hat auch Angst, die finanziellen Kosten eines Heimübertritts allein übernehmen zu müssen. Das hat bei ihm das Gefühl verstärkt, ausgenutzt zu werden. „Denn schließlich und endlich, so lange waren wir ja jetzt auch nicht verheiratet. Ich übernehme gerne Verantwortung, wo ich kann, aber irgendwo hat alles seine Grenzen."

Herr Caprez würde seine Frau vermutlich lieber heute als morgen in ein Heim bringen, wenn das mit den Finanzen geregelt wäre und er sicher wäre, dass sich die Söhne beteiligen. Dann würde er, wie er selbst vermutet, wieder mehr sein eigenes Leben führen und sich nicht mehr so stark um sie kümmern: „Ich weiß nicht, ob ich dann bereit wäre, jeden zweiten Tag oder jeden Tag bei ihr vorbeizugehen, um zu schauen, wie es ihr geht. Da bin ich nicht so ganz sicher. Da ist man zuerst einmal alleine Zuhause und nachher muss man schauen, wie das geht. Ich kann nicht sagen, was passiert, aber ich glaube, dass dann eine starke Änderung mit mir passiert. Dass ich mich dann zu wenig um sie kümmern würde."

6.3 Wer mehr hat, vermisst auch mehr

Die Befragten aus dem oberen Bereich des sozialen Raumes vermissen deutlich mehr Unterstützungsmaßnahmen als die Befragten von unten. Und die Anliegen sind auch konkreter und präziser gefasst als unten, wo sie eher in allgemeiner Form vorgebracht werden.

In den andern Regionen des sozialen Raumes sind es vor allem die Befragten aus der „Mitte", die gern mehr Unterstützung hätten. Weil man nur über ein relativ geringes soziales Kapital verfügt, wünscht man sich vor allem mehr Hilfe aus seinem sozialen Umfeld, während die Anliegen oben stärker institutionenorientiert sind. Auffallend ist, dass die meisten Anliegen von Frauen geäußert werden.

Die Anliegen der befragten Partnerinnen und Partner Eine *Betreuung des kranken Partners über Nacht* vermissen drei Befragte aus dem oberen Bereich des sozialen Raumes „Das ist etwas, was eigentlich fehlt, dünkt es mich: irgendeine Institution, wo man die Leute mal über Nacht geben kann", meint Frau Blume (74 J.). Man habe ihr zwar gesagt, dass es das mal gegeben habe und es nur wenig genutzt worden sei. Sie habe jedoch auch schon mit andern Leuten darüber gesprochen. „Und die würden das auch gut finden." Den gleichen Wunsch hat auch Frau Dormann (75 J.): „Das ist eines der Probleme, dass man am Abend nicht fort kann. Alle Hilfen, die sie haben, sind Tageshilfen. Und am Abend und in der Nacht, ich meine, mein Mann steht fünf- bis zehnmal auf in der Nacht. Und das ist eine mühselige Sache. Und es wäre schön, ab und zu am Abend etwas machen zu können. (…) Warum findet man am Abend niemanden? Außer einen privaten Dienst, wo Sie fünfhundert Franken zahlen, ich weiß nicht, ich habe es noch nie probiert. Wieso findet man da niemanden? Es hat ganz sicher Leute."

Frau Dormann vermisst auch ein *kleines Entgelt für die Betreuungsarbeit.* Das Tagesheim verrechne vierzig Franken pro Tag für Betreuung. „Dass mein Mann am Tisch sitzt und isst und dass er sich hinlegen kann. Vierzig Franken bekommen die für das. Warum bekomme ich nicht vierzig Franken für eine 24 h-Betreuung? Da gibt es enorme Diskrepanzen. Das steht in gar keinem Verhältnis."

Quartiertreffs für Betroffene: „Dass es vielleicht in den Quartieren Anlässe gäbe für so Leute. Dass man sich treffen könnte in einem Zentrum oder irgendetwas." Es habe solche Versuche gegeben. „Aber wenn dann die Leute nicht kommen, begreife ich, dass sie das wieder abblasen." (Frau Blume)

Bessere Informationen über Hilfsangebote: „Aber was ich eigentlich möchte ist, dass man einen viel früher informieren würde, es gibt hier eine Hilfe und da eine Hilfe." Zum Beispiel habe sie erst spät erfahren, was es alles für Transportmöglichkeiten gebe, um in die Tagesklinik zu gelangen, meint Frau Konrad (82 J.).

Integration des Demenzkranken in „normale Familien": Weil viele Leute nicht wüssten, wie das ist, wenn man mit einem Demenzkranken lebt, findet Frau Laudrup (67 J.), „es wäre gut, wenn diese Menschen integriert würden in normale Familien vielleicht. (…) Wie wenn man ein Pflegekind aufnimmt: einmal in der Woche, da kommt der Herr Sowieso und der ist da und spielt mit den Kindern. Sie lernen, wie man mit so einem Patienten umgeht. Kinder haben sowieso den Zugang. Irgendwie so. (…) Ja, vielleicht Freiwillige, die Zeit haben, oder Senioren, die gut beieinander sind und die so eine Aufgabe übernehmen möchten zum Beispiel. Gern auch gegen Entgelt. Es ist nicht so, dass ich nichts zahlen würde. Ich finde, mit einer Gegenleistung oder so, ja."

Eine Ansprechperson für die Kinder von Demenzkranken vermisst Frau Zürcher (50 J.), die mit ihrer Familie auf einem Bauernhof wohnt. Das sollte eine Person mit konkreter Erfahrung sein, und keine Theoretikerin. „Das hilft dann gar nicht. Es braucht wirklich konkret: es ist so oder es ist nicht so, oder doch, das könnte vorkommen. Aber nicht: Ich weiß es nicht. Weil die Bandbreite, was vorkommt bei dieser Krankheit, ist einfach groß."

Information der Öffentlichkeit, um vorhandene Ängste abzubauen: Frau Maurer (55 J.) fände gut, „wenn man viel mehr über die ganze Krankheit reden würde, wenn man viel mehr informiert sein würde, wenn die Leute nicht so Angst hätten. Aber die Leute haben ja Angst, ich ja auch, oder auch gehabt. Dass das Furchtbare ein bisschen wegfallen würde."

Eine *größere finanzielle Beteiligung der Krankenkassen* wünscht sich Herr Häusler (81 J.). „Warum beteiligt sich die Krankenkasse nicht mehr bei solchen Partnern, die

die Krankheit haben? In den Heimen. Sie zahlen also sehr, sehr wenig. (…) Bei anderen Krankheiten, die sie heute auch akzeptieren müssen, AIDS etc., da wird geholfen, da wird gezahlt. Aber bei so einer Krankheit, wo eigentlich der Patient auch nichts dafür kann, das finde ich nicht in der Ordnung."

Literatur

Beck, U. (1997). Die uneindeutige Sozialstruktur: Was heißt Armut, was Reichtum in der „Selbst-Kultur"? In U. Beck & P. Sopp (Hrsg.), *Individualisierung und Integration: Neue Konfliktlinien und neuer Integrationsmodus* (S. 183–199). Opladen: Leske und Budrich.

Boltanski, L. (1976). Die soziale Verwendung des Körpers. In D. Kamper & D. Rittner (Hrsg.), *Zur Geschichte des Körpers. Perspektiven der Anthropologie* (S. 138–183). München-Wien: Hanser Verlag.

Bourdieu, P. (1987). *Sozialer Sinn. Kritik der theoretischen Vernunft.* Frankfurt a. M.: Suhrkamp.

Bourdieu, P. (1988) [1979]. *Die feinen Unterschiede.* Frankfurt a. M.: Suhrkamp.

Bourdieu, P. (1992). *Die verborgenen Mechanismen der Macht.* Hamburg: VSA-Verlag.

Bourdieu, P. (2005). *Die männliche Herrschaft.* Frankfurt a. M.: Suhrkamp.

Bourdieu, P. (2014). *Über den Staat. Vorlesungen am Collège de France 1989–1992.* Berlin: Suhrkamp.

Bourdieu, P., Boltanski, L., Castel, R., Chamboredon, J. C., Lagneau, G., & Schnapper, D. (1981). *Eine illegitime Kunst. Die sozialen Gebrauchsweisen der Photographie.* Frankfurt a. M.: Europäische Verlagsanstalt.

Buchmann, M., Karrer, D., & Meier, R. (1985). *Der Umgang mit Gesundheit und Krankheit im Alltag.* Bern: Haupt.

Elias, N. (1970). *Was ist Soziologie?* München: Juventa Verlag.

Enzensberger, H. M. (1976). Von der Unaufhaltsamkeit des Kleinbürgertums. Eine soziologische Grille. *Kursbuch, 45,* 1–8.

Goffman, E. (1975) [1963]. *Stigma. Über Techniken der Bewältigung beschädigter Identität.* Frankfurt a. M.: Suhrkamp.

Held, T. (1978). *Soziologie der ehelichen Machtverhältnisse.* Darmstadt: Luchterhand.

Holley, M. T. S. (2000). *The relationship between caregiver stress, social support and well-being.* PhD. Thesis, University of Maryland College Park.

Karrer, D. (1998). *Die Last des Unterschieds. Biographie, Lebensführung und Habitus von Arbeitern und Angestellten im Vergleich.* (2. Aufl. 2000). Opladen: Westdeutscher Verlag.

Karrer, D. (2002). *Der Kampf um Integration. Zur Logik ethnischer Beziehungen in einem sozial benachteiligten Stadtteil.* Wiesbaden: Westdeutscher Verlag.

Koppetsch, C., & Burkart, G. (1999). *Die Illusion der Emanzipation. Zur Wirksamkeit latenter Geschlechtsnormen im Milieuvergleich.* Konstanz: UVK.

Meyer, C. (2014). Menschen mit Demenz als Interaktionspartner. Eine Auswertung empirischer Studien vor dem Hintergrund eines dimensionalisierten Interaktionsbegriffs. *Zeitschrift für Soziologie, 2,* 95–112.

Morano, C. L. (2003). Appraisal and coping: Moderators or mediators of stress in Alzheimer's disease caregivers? *Social Work Research, 27,* 116–128.

Nietzsche, F. (1991) [1887]. *Jenseits von Gut und Böse. Zur Genealogie der Moral.* Stuttgart: Kröner.

Schulze, G. (1992). *Die Erlebnisgesellschaft. Kultursoziologie der Gegenwart.* Frankfurt a. M.: Campus.

Toseland, R. W., McCallion, P., Gerber, T., & Banks, S. (2002). Predictors of health and human services use by persons with dementia and their caregivers. *Social Science and Medicine, 55,* 1255–1266.

Wettstein, A., et al. (2005). *Belastung und Wohlbefinden bei Angehörigen von Menschen mit Demenz.* Zürich: Rüegger.

Partnerinnen und Töchter im Vergleich 7

In diesem Kapitel werden einige Unterschiede dargestellt, die zwischen den befragten Partnerinnen und Töchtern unabhängig von ihrer Position im sozialen Raum bestehen. Dabei beziehen wir uns auf quantitative Auswertungen, die wir mit SPSS vorgenommen haben. Um den Einfluss des Geschlechts auszuschalten, werden die Töchter vor allem mit den Partnerinnen von Demenzkranken verglichen, während die Partner lediglich punktuell erwähnt werden.

Wahrnehmung erster Symptome Die befragten Partnerinnen haben die Anfangssymptome der Krankheit häufiger als die Töchter als Erste wahrgenommen (Sig: .008; Cramers V: .42), was wenig überraschend ist, weil sie im Unterschied zu den Töchtern mit dem Demenzkranken zusammenleben und von daher seine Veränderungen auch direkter mitbekommen. Interessant ist jedoch, dass die untersuchten (männlichen) Partner die ersten Krankheitsanzeichen nicht häufiger als die Töchter selbst bemerkt haben, sondern ebenso oft wie diese von Dritten darauf aufmerksam gemacht worden sind.[1]

Inanspruchnahme professioneller Unterstützung Partnerinnen nehmen seltener als Töchter professionelle Hilfe in Anspruch (Tab. 7.1), obwohl die Demenz des Angehörigen in der Regel weiter fortgeschritten ist:[2]

Und können Töchter zum Teil auf die Unterstützung von Geschwistern zählen, haben Partnerinnen häufiger überhaupt keine Hilfe.

---

[1] Diese geringere Symptomaufmerksamkeit ist Ausdruck des erwähnten Mechanismus, dass Männer ihre Partnerin weniger genau beobachten und weniger differenziert wahrnehmen als Frauen ihren Partner (Bourdieu 2005, S. 61).

[2] Das legt die Vermutung nahe, dass Töchter in einem früheren Stadium der Krankheit auf professionelle Hilfe zurückgreifen als Partnerinnen.

© Springer Fachmedien Wiesbaden 2016
D. Karrer, *Der Umgang mit dementen Angehörigen,*
DOI 10.1007/978-3-658-11082-6_7

Tab. 7.1 Partnerinnen und Töchter, die professionelle Hilfe in Anspruch nehmen

	Haben prof. Hilfe	Haben keine prof. Hilfe	Total
Partnerinnen	8	12	20
	40 %	60 %	100 %
Töchter	15	5	20
	75 %	25 %	100 %

Sig: .025; Cramers V: .35

Sorgemöglichkeiten und Belastungen Töchter überweisen den Demenzkranken auch früher in ein Heim bzw. bereiten eine Heimüberweisung vor (Sig: .006; Cramers V: .52), während die befragten Partnerinnen ihren Mann gewöhnlich so lange wie möglich daheim behalten möchten. Dahinter steht eine Grundproblematik, die sich bei den Töchtern viel stärker stellt als bei den Partnerinnen: Während Paare im gleichen Haushalt wohnen und ein gemeinsames Leben führen, leben Tochter und Elternteil in der Regel räumlich getrennt. Beide haben ihr eigenes Leben, das aber der Elternteil aufgrund seiner Krankheit immer weniger selbständig zu führen imstande ist. Deshalb kann man die Mutter oder den Vater immer weniger alleine lassen und gerät dadurch immer stärker in Konflikt mit seinem eigenen Leben: sei es im Beruf[3] oder in der eigenen Familie.

Töchter geraten jedoch nicht nur in Konflikt mit den Anforderungen ihres eigenen Lebens. Geprägt durch den gesellschaftlichen Individualisierungsprozess und den Wandel der Geschlechterrollen (Beck 1986) ist ihnen ein eigenes Leben auch wichtiger als den älteren Partnerinnen. Und sie beharren auch stärker darauf: so geben sie seltener als Partnerinnen an, wegen der Demenz des Angehörigen etwas aufgegeben zu haben (Sig: .06; Cramers V: .32), sind aber etwas häufiger der Meinung, nicht genug Zeit für sich zu haben. Und obwohl sie über mehr professionelle Hilfe verfügen und weniger durch Pflegeleistungen beansprucht sind, fühlen sie sich stärker als Partnerinnen belastet und sagen auch häufiger, mit der ganzen Situation überfordert zu sein (vgl. auch Mantell 2000).[4]

Moralischer Druck Die vorhandenen Möglichkeiten, sich um den Demenzkranken zu kümmern, sind bei den Töchtern geringer als bei den Partnerinnen. Gleichzeitig ist jedoch die Norm, für die kranken Eltern da zu sein, tief in ihrem Habitus

---

[3] 70 % der befragten Töchter sind erwerbstätig oder machen eine Zweitausbildung. Bei den Partnerinnen sind es nur 15 %.

[4] Am schwierigsten scheint die Situation für jene Töchter zu sein, die keine Geschwister oder keine Schwester haben, weil sich die Brüder in der Regel weniger um den kranken Elternteil kümmern und damit ein geringeres Kapital sozialer Unterstützung darstellen.

verankert. Das führt zu einem ambivalenten Verhältnis (Lüscher 2000): den Zwängen des eigenen Lebens und dem Wunsch nach Unabhängigkeit steht das Gefühl gegenüber, sich um seinen Vater oder seine Mutter kümmern zu müssen.

Das kann zu einer inneren Zerrissenheit und zu Schuldgefühlen führen, weil man sich nie ganz sicher ist, ob man nun genug oder zu wenig tut und die Frage nicht loswird, ob vielleicht nicht doch mehr möglich wäre (vgl. auch Karrer 2015).

Töchter sagen denn auch häufiger als Partnerinnen, dass sie ein schlechtes Gewissen haben, vor allem jene, die den Kranken in ein Heim gebracht oder eine Heimüberweisung in die Wege geleitet haben. Und häufiger als Partnerinnen sind sie während des Interviews auch in Tränen ausgebrochen (Sig: .058; Cramers V: .30).

Auf diesem Hintergrund ist auch denkbar, dass Töchter ihre Belastungen besonders betonen, um zu zeigen, dass sie ihr Bestes geben. Während die Partnerinnen ihre Belastungen eher herabspielen, weil sie das Gefühl haben, lediglich zu tun, was man als Frau in dieser Situation zu tun hat.

Die Angst vor Demenz Töchter haben auch deutlich häufiger als Partnerinnen Angst, selbst an einer Demenz zu erkranken (vgl. Tab. 7.2), obwohl ihre unmittelbare Gefährdung aufgrund des Alters geringer ist.

Zum einen hängt das mit der Unsicherheit zusammen, wie weit eine Demenz vererbt werden kann. Zum andern scheint man im höheren Alter gegenüber drohenden gesundheitlichen Gefahren gleichmütiger zu werden, weil man den größten Teil seines Lebens bereits hinter sich und schon einiges durchgemacht hat – besonders wenn der Partner bereits längere Zeit krank ist. Eine größere Gelassenheit, die sich zum Beispiel auch darin zeigt, dass es im Alter eine zunehmende Diskrepanz gibt zwischen den geäußerten Beschwerden und den medizinisch festgestellten Befunden (vgl. Karrer 2015, S. 142 ff.).

Das Verhältnis zu Ärzten Die befragten Töchter berichten zwar nicht signifikant häufiger als die Partnerinnen von negativen Erfahrungen, die sie wegen der Demenz ihres nächsten Angehörigen mit Ärzten gemacht haben. Sie äußern sich

Tab. 7.2 Die Angst von Partnerinnen und Töchtern an Demenz zu erkranken

	Haben Angst	Haben keine Angst	Total
Partnerinnen	6	10	16
	37,5 %	62,5 %	100 %
Töchter	13	5	18
	72,2 %	27,8 %	100 %

Sig: .04; Cramers V: .35

den Ärzten gegenüber jedoch deutlich kritischer und klagen ihre Ansprüche auch stärker ein. Das dürfte damit zusammenhängen, dass im Verhältnis zu Autoritäten allgemein und zu Ärzten im Besonderen ein generationeller Wandel stattgefunden hat, der allerdings je nach Position im sozialen Raum sehr unterschiedlich ausfällt, wie wir sehen werden.

Fazit Die gemachten Aussagen sind relational zu verstehen. Was sich im Vergleich mit den Partnerinnen feststellen lässt, kann bei den Töchtern je nach Position im sozialen Raum unterschiedlich aussehen.

Die sozialen Unterschiede zwischen den befragten Töchtern, das ist das Thema des nächsten Kapitels.

Literatur

Beck, U. (1986). *Risikogesellschaft. Auf dem Weg in eine andere Moderne*. Frankfurt a. M.: Suhrkamp.

Bourdieu, P. (2005). *Die männliche Herrschaft*. Frankfurt a. M.: Suhrkamp.

Karrer, D. (2015). *Familie und belastete Generationenbeziehungen. Ein Beitrag zu einer Soziologie des familialen Feldes*. Wiesbaden: Springer VS.

Lüscher, K. (2000). Die Ambivalenz von Generationenbeziehungen – eine allgemeine heuristische Hypothese. In M. Kohli & M. Szydlik (Hrsg.), *Generationen in Familie und Gesellschaft* (S. 138–161). Opladen: Leske und Budrich.

Mantell, R. A. (2000). *Family caregivers of the elderly: The relationship between dementia caregiver burden, caregiver depression and beliefs about caregiving*. PhD, University of Minnesota.

Die Sicht der befragten Töchter von Demenzkranken

8

Manche Muster des Unterschieds, die wir bei den Partnern gefunden haben, zeigen sich auch bei den Töchtern. Um die Leserinnen und Leser nicht zu langweilen, werden wir nicht alles nochmals wiederholen, sondern uns auf zentrale Punkte konzentrieren, die für die befragten Töchter in verschiedenen Regionen des sozialen Raums charakteristisch sind. Deshalb folgt die Darstellung in diesem Kapitel auch einem etwas anderen Aufbau.

8.1 Die Töchter aus dem unteren Bereich des sozialen Raumes

Ähnlich wie die befragten Partner und Partnerinnen, erzählen auch die Töchter aus den unteren Regionen des sozialen Raumes, dass eine medizinische Diagnose erst relativ spät erfolgt ist. Frau Roth (61 J.) meint, sie sei froh gewesen, als sie endlich gewusst habe, „was die Mutter überhaupt hat. Dass das einmal einen richtigen Namen hat, oder. Man hat immer ein bisschen von Demenz geredet, oder Altersdemenz, oder so. Aber danach hat man es wenigstens gewusst: Sie hat Alzheimer."

So schlimm diese Diagnose sein mag: Sie kann auch entlastend wirken, weil man nun weiß, woran man ist. Und was uns oben bereits bei Frau Steiner begegnet ist, zeigt sich auch hier. Während man bei „Alzheimer" weiß, worum es sich handelt, weil der Begriff in aller Munde ist, ist das bei „Demenz" nicht so klar. Und es gibt auch befragte Töchter, die Demenz für eine Art Vorstufe zu Alzheimer halten. „Bevor wir die Diagnose und alles gehabt haben", meint zum Beispiel Frau Meuser (43 J.), „hat es einen Vortrag gegeben im Spital: ‚Leben mit Demenz' oder so. So im Stil: Wo hört Demenz auf, wo fängt Alzheimer an."

Wie die Partner und Partnerinnen unternehmen auch die befragten Töchter aus dem unteren Bereich des sozialen Raumes nach der Diagnose nicht viel. Auf eine

© Springer Fachmedien Wiesbaden 2016
D. Karrer, *Der Umgang mit dementen Angehörigen,*
DOI 10.1007/978-3-658-11082-6_8

diesbezügliche Frage meint Frau Tanner (51 J.) überrascht: „Nein (lacht verlegen). Was hätte man denn machen können? (…) Nein, ich habe nichts unternommen."

Dem Kranken gegenüber versucht man die Demenz nicht zu vertuschen, sondern spricht relativ offen darüber. Und auch der näheren Umgebung teilt man mit, woran der Vater oder die Mutter leidet, wobei der Information vor allem Rechtfertigungsfunktion zukommt. So kann man zum Beispiel das auffällige und „anormale Verhalten" der Mutter dem Umfeld gegenüber damit begründen, dass sie Alzheimer hat. Diese Rechtfertigungsfunktion kann „Alzheimer" aber nur dann erfüllen, wenn es sich in den Augen der Beteiligten um eine wirkliche und eine legitime Krankheit handelt, im Unterschied etwa zur Depression, wie das folgende Beispiel zeigt.

Frau Roth hat die Leute darüber informiert, was die Mutter hat. „Ja, einfach wenn jemand gefragt hat: ‚Wie geht es?' Dann habe ich gesagt: ‚Ja, es ist halt so, sie hat Alzheimer'. F: Sie haben dann Alzheimer gesagt? A: Wenn sie den Leuten nicht mehr richtig „salü" sagen kann, also „grüezi" sagt, dann muss man ja schon… Ja, ja, das habe ich gesagt. F: Das hat Ihnen keine Mühe gemacht, Alzheimer zu sagen? A: Nein, wie ich die Diagnose gehabt habe. Das ist mir jetzt weniger schwer gefallen, als wenn ich sagen müsste, sie ist depressiv, oder irgend so. (…) Weil depressiv einfach noch viel…, ja, auch ein bisschen: dort spinnen sie ja. Ja, es ist jetzt schwierig zu erklären. Alzheimer ist wirklich eine Krankheit. Ich weiß nicht, ist depressiv auch eine…, geht das auch unter eine Krankheit?" Die Mutter habe so Phasen gehabt, „wo sie nicht mehr aufgestanden ist. Oder man hat es ihr auch immer an den Augen irgendwie angesehen." Das sei viel schlimmer gewesen und habe ihr mehr Mühe gemacht als ihr Alzheimer, wo „einfach das Hirn kaputt ist". Da wisse sie, woran sie ist. „Ja, es ist halt…, sie weiß nicht mehr, was ein Glas ist. Wenn es da steht, und ich sage: ‚Trinke jetzt. ‚Wo? Da.' Eben, sie weiß überhaupt nicht…, das ist ja wirklich…. Das Hirn ist kaputt, aber bei depressiv, dann weißt du ja nicht genau, was alles vorgeht im Kopf. F: Also es ist weniger fassbar. A: Ja, genau" (Tab. 8.1).

Um die Verhaltensauffälligkeiten ihrer Mutter zu rechtfertigen – „Ich meine, das musst du ja sagen, wenn sie dann plötzlich so komisch ist, die Leute nicht mehr kennt" – sagt Frau Roth, dass sie Alzheimer hat, weil sie so zeigen kann, dass sie an einer körperlichen und damit legitimen Krankheit leidet und nicht spinnt. Negative Reaktionen habe sie persönlich keine gehabt: „Vielleicht dass man hinten herum

Tab. 8.1 Die Unterscheidung zwischen Alzheimer und Depression aus Sicht von Frau Roth

Alzheimer	Körperlich Hirn	Krankheit	Legitim	Fassbar
Depression	Psychisch	Krankheit?	Diskreditiert ‚Spinnen'	Wenig fassbar

etwas sagt. Aber nicht so, nein. Eher Anteilnahme: ‚Wie geht es ihr?' Also Negatives gar nicht. (…) Und eben meine Nachbarn, die sind ganz…, ja, die können gut damit umgehen. Es ist auch schön, sie nehmen sie jeweils…, ja, richtig noch für voll. Also voll: Sie reden so mit ihr, wie wenn nichts wäre. Ich denke manchmal, es ist fast ein bisschen übertrieben. Aber ja."

Dass man sich als Tochter um den kranken Elternteil kümmert, ist in diesem Bereich des sozialen Raumes selbstverständliche Norm.[1] Das ist einfach so. Und zwar so sehr, dass man sich die Frage nach dem Warum gar nicht stellt, außer man wird von einem Soziologen danach gefragt.

Auf Nachfrage begründet man seine Haltung mit intergenerationeller Reziprozität: Für Frau Roth ist es selbstverständlich, für ihre Mutter zu sorgen, so lange es geht, weil sie früher auch viel von ihr bekommen hat. Zudem zeige die Mutter viel Dankbarkeit für alles, was sie für sie mache. Zur Sorge verpflichtet fühlt man sich jedoch auch dann, wenn – wie im Fall von Frau Meuser – die Beziehung zum kranken Elternteil nicht so gut ist (vgl. auch Heusinger und Klünder 2005, S. 207).

Dass man sich um kranke Eltern kümmert und sie nicht einfach im Stich lässt, diese Norm gilt auch in andern sozialen Milieus. Sie hat jedoch im unteren Bereich des sozialen Raumes eine spezifische Bedeutung:

* Nirgendwo sonst scheint man mehr bereit, Abstriche beim eigenen Leben zu machen. Frau Roth hat ihre Erwerbstätigkeit wegen der Krankheit ihrer Mutter aufgegeben. Und wie Frau Roth hat auch Frau Meuser die Mutter in ihren Wohnblock geholt, um besser für sie sorgen zu können.[2] Damit sind jedoch nicht nur Opfer, sondern auch Gewinne verbunden: Man erweist sich als „gute Tochter". Und gibt man sogar seine Erwerbstätigkeit auf, um für einen Elternteil sorgen zu können, tauscht man eine oftmals unqualifizierte und wenig anerkannte Tätigkeit in der Wirtschaft gegen eine statushöhere im Haushalt ein (Held 1978).

---

[1] Das zeigt sich auch bei der psychisch etwas angeschlagenen Frau Tanner, die sich mit allen möglichen Argumenten dafür rechtfertigt, warum sie sich nicht um ihre Mutter kümmern kann, sondern das ihren Schwestern überlassen muss. Neben ihrer schwierigen Familiensituation erwähnt sie auch Ansteckungsängste: Ihre Töchter möchten nicht, dass sie zu viel Zeit mit der kranken Mutter verbringt, weil sie fürchten, „dass es auch auf mich abfärbt von meiner Mutter. Die Kinder haben Angst um mich. (…) F: Also dass Sie wie angesteckt werden. A: Ja, genau! (lacht). Ja, dass ich jetzt dann auch bald durch [den Wind] bin, so haben sie dann jeweils Angst, meine zwei kleinen Töchter."

[2] Das entspricht den statistischen Tendenzen: Je tiefer die Position im sozialen Raum, umso näher wohnen die Generationen zusammen (Lauterbach und Pillemer 1996).

- Caregiving: Man ist bereit, selber zu pflegen, was im Unterschied zu höher gestellten Befragten auch unangenehme Situationen wie Inkontinenz mit einschließen kann. „Also wenn du dann gesehen hast, dass sie nicht mehr dicht ist, dann hast du gemusst", meint Frau Meuser. Und Frau Roth sagt nicht ohne Stolz, sie mache alles für die Mutter. Sie gehe mit ihr auf Toilette und „bade sie, alles." Lediglich einen Badelift hätte sie gerne, weil es mittlerweile Kraft brauche, sie wieder aus der Wanne zu bringen. „Aber sonst, nein, nein, das mache ich schon." Unterlegt ist diese Haltung durch ein Ethos des Unzimperlichen und des Zupacken-Könnens, mit dem man sich in diesem Milieu von den „Damen" abgrenzt, die sich zieren und ihre Hände nicht schmutzig machen wollen. Ein Muster der Distinktion, das es auch bei Männern gibt, allerdings in ganz anderen Praxisfeldern (Karrer 1998).
- So lange man kann, macht man es selber und greift nicht auf professionelle Hilfe zurück. Frau Roth hat keine Unterstützung durch Pflegefachkräfte, weil es bis jetzt gut ohne gegangen sei. Zwar hat es in der Nachbarschaft zwei Frauen von der Spitex [Pflegedienst], die sie seit langem kennt. „Also von dem her wäre es kein Problem. Aber ich kann das einfach…, ich kann das nicht." Auf die Frage nach dem Warum fällt es ihr spürbar schwer, etwas zu begründen, was für sie gar keine Frage ist. „Das Baden. Ich meine, also das ist doch so etwas Intimes. (…) Dann kenne ich die noch und…, ja, nein, ich weiß nicht. Und eben, so lange es noch geht… (…) Ich kann es ja noch. Wenn ich das jetzt nicht mehr könnte, dann wäre es wieder etwas anderes. Sie ist auch eine Woche im Spital gewesen, dort ist es dann für mich normal. Da habe ich keine Bedenken, oder, dann weiß ich auch, es sind Krankenschwestern dort." Im Spital kann sie Hilfe akzeptieren, weil in dieser Situation Pflegefachkräfte zuständig sind. Zu Hause jedoch ist das anders. Hier ist sie zuständig. Und sie würde sich schämen, Tätigkeiten an Professionelle zu übertragen, die sie noch selbst machen kann. Umso mehr, als sie die auch noch kennt. Sie würde die – von ihr internalisierte – Norm ihres sozialen Milieus verletzen, dass man sich als Tochter so weit wie möglich selbst um seine Eltern zu kümmern hat.[3] Wie bei den Partnerinnen scheinen auch bei den Töchtern aus dem unteren Bereich des sozialen Raumes weniger materielle als sozial-moralische Überlegungen ausschlaggebend zu sein, dass man den kranken Elternteil so lange wie möglich selbst pflegen möchte.
- Pflege ist Aufgabe der Frau. So ist zum Beispiel Frau Roth der Meinung, dass ihr Bruder die Mutter nicht pflegen könnte. Nach dem Grund gefragt, sagt sie: „Weiß nicht. Ja, weil er einfach…, es ist, glaube ich…, ich weiß nicht. Kennen

---

[3] Eine Frau aus diesem Milieu hat sich mir gegenüber darüber beklagt, dass man für eine Nachbarin jeden Tag die Spitex kommen lasse, obwohl sie doch drei Töchter habe.

Sie viele Männer, die das können? Er kann das nicht. Er sagt das auch selber.'' Auch hier fällt es schwer, etwas zu begründen, was einfach so ist und sich aufgrund ihres Habitus irgendwie von selbst versteht.[4] Es sei auch nie zur Diskussion gestanden, dass die Mutter zu ihrem Bruder zieht. „Weil sie eben am liebsten bei mir ist, die Mutter.'' Die Bemerkung macht deutlich, dass die Pflege auch ein Kapital darstellt, mit dem man an familialem Status gewinnen und seine Position in der Geschwisterfiguration verbessern kann.

Die Pflege selbst ist für Frau Roth kein großes Problem. Schwierig findet sie, dass sie immer da sein muss und keine Zeit mehr für sich und ihre Familie hat. Deshalb hat sie sich jetzt doch überlegt, Hilfe zu suchen und die Mutter zumindest mal für drei Wochen ins nahe Altersheim zu geben, damit sie und ihr Mann wieder einmal länger weg fahren könnten. Das sei für sie schon ein großer Schritt. Für immer ins Heim bringen könnte sie die Mutter jedoch nicht. „So lange sie mich noch so kennt. Und sie ist auch immer noch dankbar und sagt: ‚wenn ich dich nicht hätte'. Sie dankt mir fast jeden Tag, oder. Es ist halt so, ich kann das einfach nicht. Ich könnte sie jetzt nicht einfach da – eben: so abschieben. (…) Weil es mir wehtäte. Ich würde mir einfach so eine Art Vorwurf..... Die von der Memoryklinik haben mir das schon auch ausreden wollen.... Aber, ja.''

„Alle hatten das Gefühl, wir würden die Mutter verschachern.'' Als die Mutter von Frau Meuser von ihren Kindern in ein Heim gebracht wird, bleiben die negativen Reaktionen im Dorf, wo sie wohnen, nicht aus. „Am Dienstag hat mein Bruder zugesagt und ist mit ihr den Vertrag unterschreiben gegangen. Am Freitag bin ich schon ‚angespitzt' [angemacht] worden auf der Straße: ‚Ist es wahr, geht deine Mutter ins Altersheim?' Wir selber haben es ja noch nicht einmal recht gewusst gehabt. Dann habe ich gesagt: Super, das kommt ja gut.'' Im Dorf habe sich das schnell herumgesprochen: „Du musst es nur einem sagen und dann läuft es durch. (…) Und dann nachher: Scheibe, oder. ‚Ja, aber wieso tut ihr die Mutter jetzt in ein Altersheim?' Dann haben alle das Gefühl gehabt, wir würden die Mutter verschachern. Es hat heute noch Leute, die das Gefühl haben, die gute Frau könnte noch daheim sein. Weil die Mutter erzählt: ‚Ich könnte daheim auch waschen und kochen.' (…) Ich habe versucht mich zu rechtfertigen. Es gibt Momente, wo ich versucht habe, mich zu rechtfertigen. Es kommt immer darauf an, wer mich darauf anspricht. Wenn es jemand ist, der mir wichtig ist, dann probiere ich mich zu rechtfertigen. (…) Und es gibt auch Leute, die mich darauf ansprechen und die mir eh nicht wichtig sind. Und dann denke ich (wegwerfende Handbewegung).''

---

[4] Zu diesem „So-ist-es-Effekt'' vgl. Bourdieu (2014, S. 211).

„Manchmal nicht gerade so feinfühlig"

Die befragten Töchter aus dem unteren Bereich des sozialen Raumes (vgl. Diagramm 3 im Anhang) erbringen am meisten Pflegeleistungen, zeigen dem Dementen gegenüber aber nur vergleichsweise wenig Empathie.[5]

Frau Roth, die so viel für ihre Mutter macht, beschreibt ihren Zustand mit einem vorwurfsvollen Unterton. So meint sie zum Beispiel: „Sie ist eben ein bisschen lustig. Beim Doktor hat sie immer gekonnt: ‚Ja, mir geht es gut.' Sie hat das also immer sehr gut ein bisschen überspielen können. Auch heute noch, wenn sie zu Besuch ist. Jetzt gerade am Sonntag ist Taufe gewesen. Sie hat sich so gut gehalten, also wirklich, und gelacht und so. Kaum ist sie wieder da mit mir alleine, dann ist wieder: ‚oh, hilf' (macht ihre Stimme nach). Dann ist gerade wieder, wie wenn sie sich gehen lassen würde. Es ist manchmal noch schwierig. (…) Ja, dann werde ich manchmal eben auch ein bisschen sauer, oder, und sage: ‚Jetzt hör einmal auf' (lacht verlegen). Eben, wenn sie dann so tut, dann sage ich: ‚Bei den andern kannst du dich doch noch ein bisschen zusammennehmen', oder. F: Also Sie haben das Gefühl, sie lässt sich hier ein bisschen mehr gehen. A: Ja, auf alle Fälle. Weil sie kann es manchmal noch, wenn Leute da sind." Vor nicht allzu langer Zeit sei sie im Spital gewesen. Da hätten alle gemeint: „Hat sie jetzt da irgendwie Sauerstoffzufuhr bekommen? Sie hat das Geburtstagsdatum, alles hat sie dort oben gewusst. Und ja, die Woche ist so gut gewesen. Und dann, wie sie wieder daheim gewesen ist, da ist wieder der alte Trott gewesen."

Sie sitze nur noch herum und habe auch keine Interessen mehr: „Und bei allem: ‚Ich kann nicht, ich kann nicht.' Sie will einfach nichts mehr. Sie ist vorher so aktiv gewesen. Und ist spazieren gegangen und… eben: gelesen und gemacht und gestrickt und, ja verrückt, sehr gut gekocht und alles." Jetzt könne man sie mit nichts mehr beschäftigen, sie mache nichts mehr. „Nur fernsehen, nur das." Sonst „gar nichts mehr. Und das ist eben das Schwierige."

Auf die Frage, in welchen Situationen sie sich über die Mutter aufrege, sagt sie nach längerem Überlegen: „Es sind so viele… Ja, einfach immer das: ‚Ich kann nicht mehr, ich kann nicht mehr.' Und immer so hoch reden, wissen Sie, so weinerlich. Das habe ich…, etwas, das ich gar nicht… Ich sage dann immer: Komm, jetzt tu einmal normal. Dann rege ich mich wieder über mich auf, weil ich ja weiß, es ist eine Krankheit. Manchmal habe ich immer das Gefühl, du willst es einfach doch nicht richtig wahrhaben, dass es so ist. Sonst würde ich mich ja gar nicht aufregen manchmal. Aber eben, akzeptieren, dass es wirklich so ist, das ist schon ziemlich schwierig."

---

[5] Zu einem ähnlichen Befund kommen auch Heusinger und Klünder (2005, S. 207).

Einerseits weiß sie, dass die Mutter krank ist, andererseits fällt es ihr schwer, das in konkreten Situationen auch wirklich zu akzeptieren und sie wie eine Kranke zu behandeln. Es besteht eine Diskrepanz zwischen ihrem Wissen und den spontanen, quasi körperlichen Reaktionen ihres Habitus.

Eine Rolle spielt auch hier, dass die Mutter gar nicht aussieht wie eine Kranke. „Im Gesicht sieht sie noch gut aus. Man würde es gar nicht denken. Sie hat kein Alter, das ist unglaublich. Aber gehen tut sie, wie wenn sie hundert wäre. Nach vorne gebückt, bis auf den Boden fast. Und immer wieder sage ich: ‚Komm jetzt, rauf, geh gerade!‘ Aber einfach wie ein Baby, ein Riesenbaby."

Erschwert wird die Akzeptanz auch durch das in diesem Milieu vorherrschende Ethos, sich bei Beschwerden zusammenzureißen[6] und sich nicht wie eine Heulsuse zu gebärden – eine Haltung, die auch der Ehemann von Frau Roth, ein Autolackierer, inkorporiert hat: „Wenn sie (imitiert die weinerliche Stimme der Mutter): ‚ja, ja, ja‘, diese Phase, wenn sie diese jeweils wieder hat (…). Das nervt ihn manchmal. Also er nimmt sich manchmal ganz schön zusammen."

Nerven tut das umso mehr, als sich die Mutter bei andern Leuten ganz anders verhält, was bei Frau Roth den Verdacht nährt, dass sie sich zusammennehmen könnte und zu mehr in der Lage wäre, wenn sie nur wollte.[7]

Natürlich hänge ihre Reaktion auf die Mutter auch davon ab, wie es ihr selber gerade gehe, versucht sich Frau Roth mir gegenüber zu erklären. „Ich habe eben auch noch häufig Migräne. Unter dem leide ich. (…) Dann mag ich dann etwas weniger leiden. Dann bin ich dann manchmal auch – nicht gerade grob, aber auch nicht…, manchmal auch nicht gerade so feinfühlig. Es gibt auch Tage, wo ich sage: ‚komm jetzt, hopphopp da!‘ Es ist auch nicht immer gleich." Als ich ihr sage, dass ich das nicht zum ersten Mal höre, sagt sie verwundert und spürbar erleichtert: „Ist wahr?" „Aber nachher hat man dann ein schlechtes Gewissen. Dann kann ich nicht schlafen wegen dem. Dabei weiß sie es, ja, sie weiß es ja nachher eigentlich gar nicht mehr. Aber ja, manchmal hat man eben zu wenig Geduld, wenn man warten muss, wenn sie da auf dem WC ist, oder irgendwie solche Sachen dann. Die unangenehmen Sachen. Aber das ist dann, wenn es einem selber nicht gerade so hundert geht. Sonst ist das eigentlich kein Problem."

Das Unzimperliche dieses Habitus kommt nicht nur darin zum Ausdruck, dass man sich nicht scheut, „die Hände schmutzig zu machen". Es zeigt sich auch im

---

[6] Im unteren Bereich des sozialen Raums ist die „Symptomtoleranz" am größten (vgl. Buchmann et al. 1985).

[7] Vor allem in frühen Phasen der Krankheit können Betroffene versuchen, dementielle Veränderungen zu kaschieren, was bei den Angehörigen Erwartungen weckt, die sie nicht erfüllen können. Das kann dazu führen, dass bestehende Defizite dem Kranken und seinem fehlenden Willen zugerechnet werden (vgl. dazu Meyer 2014).

Umgang mit dem Demenzkranken. Von groben Bemerkungen, die in der Familie über die Mutter gemacht wurden, erzählt auch Frau Meuser. „Gut, ich muss auch sagen, es sind auch zwischendurch böse Sprüche gefallen von uns, um einfach noch irgendwo einen Galgenhumor zu haben." Und Frau Tanner meint, ihr Mann behandle die Mutter, „ja, wie wenn sie blöd wäre wahrscheinlich" und mache seine Späße mit ihr, was sie auch persönlich als Demütigung empfindet, weil die Beziehung ziemlich zerrüttet ist.

8.2   Die Töchter aus den mittleren Regionen des sozialen Raumes

Wie bei den Partnern werden zwei Gruppen analysiert. Zuerst werden die Ergebnisse für jene Töchter dargestellt, die auf der horizontalen Achse des sozialen Raumes in der „Mitte" positioniert sind, und danach für die Töchter, die sich stärker auf der kulturellen („linken") Seite der Achse befinden.

8.2.1   Die Töchter aus der „Mitte"

Diesen Töchtern scheint früher als den Befragten aus dem unteren Bereich des sozialen Raumes aufgefallen zu sein, dass sich der Vater oder die Mutter zu verändern beginnt.Und sie scheinen auch früher darauf gedrängt zu haben, dass sie sich medizinisch untersuchen lassen.[8]

Nach der Diagnose unternimmt man auch mehr, wobei vor allem der Information über die Krankheit eine größere Bedeutung zukommt. Man informiert sich über das Internet, liest Bücher zum Thema, wobei man persönliche Erfahrungsberichte wissenschaftlichen Abhandlungen vorzieht, oder tauscht sich mit anderen Betroffenen darüber aus, wie sie die Situation erleben und wie sie damit umgehen. Frau Inauen (50 J.) hat nach der Diagnose zusammen mit ihrem Mann eine Angehörigengruppe besucht, die von Dr. Wettstein und Frau Hanhart von der Memoryklinik geleitet worden ist. „Das haben wir dann gleich gemacht. Gleich sofort hat es dann solche Gespräche gegeben. Und dann sind alle, ein ganzer Haufen, gekommen. Etwa zwanzig Leute, die auch Väter und Mütter haben, die Alzheimer haben. Dann hat man natürlich darüber geredet, wie schwer ist der Fall oder was machst du, oder so. Und das ist natürlich eine große Hilfe. Weil dann hast du andere Blickwinkel wieder und die sind dann anders im Umgang und so weiter." Durch diese Gesprä-

---

[8] Das gilt auch für die Befragten aus dem mittleren, linken Bereich des sozialen Raumes.

che mit andern Betroffenen habe sie sehr viel darüber erfahren, wie man mit einem Alzheimerpatienten umgehen müsse.

Lernprozesse

Wie anderen Befragten fiel es auch Frau Inauen anfänglich schwer zu akzeptieren, dass der Vater krank ist. Wenn er unwirsch zu ihr gewesen sei, habe sie am Anfang ebenfalls unwirsch reagiert. Mit Mitgliedern der Selbsthilfegruppe habe sie dann aber an einer Fernsehsendung teilgenommen, in der es um Gewalt gegen alte Menschen gegangen sei. Dort sei sie die Einzige gewesen, die erzählt habe, „ja, dass ich eben auch Gewalt gegenüber meinem Vater habe. Also nicht körperliche Gewalt, sondern wörtliche Gewalt. Und er ist ja sehr aggressiv zum Teil. Es hat eine Phase gegeben, da ist er unheimlich aggressiv gewesen. (…) Er flucht und schimpft und – also nur mit Worten aggressiv. Und dann bin ich eben gegangen und habe eben geradeso aggressiv zurückgegeben. Und das ist eben auch, das haben sie eben auch als Gewalt angeschaut: ‚Und wenn du nicht machst, dann bringe ich dich ins Heim!' Das ist eben psychische Gewalt."

Auf diese Sendung habe sie so viele positive Reaktionen bekommen, dass das neben dem Angehörigentreffen mit Dr. Wettstein für sie wie ein Schlüsselerlebnis gewesen sei. Es habe ihr „Mut gemacht, dass ich halt wirklich umdenken muss. Der Mensch ist krank, der Mensch kann das nicht mehr, was ich gerne hätte von ihm. Ich habe immer einen vitalen, aktiven Vater im Kopf und er ist das nicht mehr. Also das habe ich mir da ganz klar vor Augen führen müssen, dass ich jetzt einen anderen Vater habe und dass ich jetzt einfach anders auf ihn zugehen, anders mit ihm reden muss, schon noch nicht als Kind anschauen, sondern als erwachsenen Menschen, aber in einer Art wie Kindersprache mit ihm rede." Sie habe lernen müssen, seine Aggressionen nicht mit einer Gegenaggression zu beantworten und ihre Ansprüche seinem Zustand anzupassen: „Eine Fünf eine Fünf sein lassen. Und nicht darauf drücken, dass es jetzt halt nicht anders geht. Das habe ich dann fest lernen müssen." In der Angehörigengruppe habe sie auch gesehen, dass es noch viel, viel schlimmere Fälle als ihren Vater gibt. Und auch das, „was der Herr Dr. Wettstein gesagt hat, das sind natürlich Sachen, die du natürlich dann in dich hineinsaugst. Du denkst: Ja, genau, also ich will mir Mühe geben, dass ich es das nächste Mal anders mache. (…) Dass das halt jetzt so ist. Und ich nicht immer auf ihm herumhacke und sage: Du musst das und solltest doch. (…) Einfach ihn akzeptieren mit dieser Krankheit. Ja und seit ich das mache, habe ich keine Problem mehr (lacht). Nein, es ist so. Da kann noch so viel passieren, vielleicht ein kurzer Moment, wo ich denke: uh, jetzt! Aber das sind ganz kurze Momente und dann ist das schon wieder vorbei. Das sind wirklich dann nur noch kurze Momente." Was wir bereits bei den Partnern aus der Mitte des sozialen Raumes festgestellt haben, zeigt sich auch bei Frau Inauen: Sie orientiert sich sehr stark an den Ratschlägen von Experten, die für sie eine Art Richtschnur für das eigene Verhalten bilden. Und sie ist sehr bemüht, ihnen gerecht zu werden.

„Sehr bewusst überlegt"
Auch für diese Befragten ist klar, dass man sich um den kranken Elternteil kümmert, was man ebenfalls mit der intergenerationellen Reziprozität begründet oder wie Frau Glaser auch damit, dass man vielleicht selber einmal davon profitieren wird, wenn sich die eigenen Kinder daran ein Beispiel nehmen und später auch für einen sorgen werden.

Stärker als unten scheint das in der Mitte aber das Resultat einer bewussten Entscheidung zu sein, bei der auch eine Rolle spielt, wie gut die Beziehung zum Elternteil vor der Krankheit gewesen ist. „Das habe ich mir sehr bewusst überlegt", meint Frau Inauen. Ihr Vater sei jedoch immer für sie da gewesen und habe sich auch regelmäßig um ihre Kinder gekümmert – „einfach so, unheimlich lieb" – was für sie eine große Entlastung gewesen sei: „Ich habe dann etwas für mich machen können." Deshalb habe sie sich entschlossen, ihm das irgendwie wieder zurückzugeben und jetzt auch für ihn da zu sein.

Für den Demenzkranken da zu sein, bedeutet in der Mitte allerdings nicht das Gleiche wie im unteren Bereich des sozialen Raumes.

Das eigene Leben steht bei diesen Befragten deutlich stärker im Vordergrund. „Ich muss ja auch für mich schauen, dass es bei mir auch einigermaßen weitergeht, oder. Und dass ich meinen neuen Job so gut machen kann, dass ich den behalten kann, oder. Denn heutzutage stehen viele beim Arbeitsamt an, die keine Arbeit haben", sagt die 58-jährige Frau Imhof, die nach einer Entlassung zwar wieder eine Stelle gefunden hat, dafür aber einen weiten Arbeitsweg in Kauf nehmen muss. Ein schlechtes Gewissen, sich zu wenig um ihre Mutter zu kümmern, hat sie nicht. „Weil: was ich machen kann, das mache ich." Statt sich selbst, macht sie eher der Mutter einen Vorwurf, damals zu wenig auf sie eingegangen zu sein, als sie nach ihrem Stellenverlust in eine psychische Krise geraten ist. „Da hat sie mich natürlich auch nie gefragt: Wie geht es dir? Oder so. Und das empfindet man dann irgendwie schon ein bisschen."

Man kümmert sich, soweit das eigene Leben es zulässt und greift stärker als „unten" auf professionelle Hilfe zurück, was hier auch weniger mit Vorstellungen kollidiert, die man von seiner Rolle als Tochter hat.

Es scheint auch mehr Widerstände gegen körpernahe Pflegeleistungen zu geben als bei den befragten Töchtern aus dem unteren Bereich des sozialen Raumes. So meint Frau Inauen, wenn ihr Vater inkontinent würde, „wäre das absolut so die

Grenze für mich. (…) Ich könnte das nicht machen. (…) Nein, es würde mich grausen. Ganz klar. Das habe ich auch bei meiner Mutter nicht gekonnt. Und die wäre manchmal um meine Hilfe froh gewesen, aber es hat dann gerade noch gereicht, um ihr einen Kübel zu bringen, damit sie erbrechen kann und…. Nein!"

Nirgendwo sonst beklagt man so sehr den Verlust der Ordnung und der Reinlichkeit beim Demenzkranken. Frau Imhof, deren Wohnung peinlich sauber gehalten ist, meint, mit ihrer Mutter könnte sie nicht zusammenleben: „Also, das würde ich jetzt nicht aushalten mit ihr, nein. Weil, sie hat früher immer sehr schön aufgeräumt gehabt. Und jetzt, also das ist schon länger so, das sieht aus! Ich könnte es nicht haben." Wie bei den älteren Partnern aus der Mitte sind Ordnung, Sauberkeit und eine anständige Erscheinung, also das, was sich gehört und kein Aufsehen erregt (Schulze 1992, S. 302), auch für diese Befragten von zentraler Bedeutung.

Der demente Elternteil lebt in einiger Entfernung von den befragten Töchtern in einer eigenen Wohnung, was man trotz der Erkrankung nicht ändern möchte. Und auch von der Umgebung wird man diesbezüglich nicht mit Erwartungen konfrontiert: „Nein, nie. Weil da sagen alle, auch wenn wir diskutieren, sagen sie alle, sie würden das schon auch so machen wie ich. Aber zu sich nach Hause nehmen: nein."

Das Hauptproblem dieser Befragten ist die Sorge, wie lange die Mutter oder der Vater noch in der Lage sein werden, ein selbständiges Leben zu führen. „Findet sie den Heimweg noch oder stellt sie das Gas ab? Oder stellt sie das Wasser ab in der Badewanne?" Ist ein selbständiges Leben in der eigenen Wohnung nicht mehr möglich, kommt es zu einer Heimeinweisung, zu der die Befragten im mittleren Bereich des sozialen Raumes eher bereit sind als unten. Auch weil man weniger mit negativen Reaktionen aus dem Umfeld rechnen muss.

Ein wichtiges Kriterium bei der Wahl des Heimes ist die räumliche Nähe, um den zeitlichen Aufwand bei Besuchen möglichst gering zu halten. Frau Inauen zum Beispiel hat ihren Vater bereits in einem nahe gelegenen Heim angemeldet. Es ist zwar nicht speziell auf Demente ausgerichtet, „aber er ist dann in der Nähe und ich kann ihn holen."

Charakteristisch für diese Befragten ist, dass sie den Umgang mit dem Demenzkranken vergleichsweise pragmatisch sehen und psychologisierende oder ethische Überlegungen praktisch keine Rolle spielen, eine weit geringere jedenfalls als bei den Befragten aus dem mittleren kulturellen Bereich des sozialen Raumes, wie wir noch sehen werden. Gesprochen wird auch weniger über Schuldgefühle, die sie belasten, was aber nicht zwangsläufig heißt, dass sie weniger Schuldgefühle haben.

Diese allgemeinen (relationalen) Charakteristika sollen im Folgenden an einem Fallbeispiel veranschaulicht werden.

„Wir haben das Gefühl gehabt, so geht es nicht mehr"

Frau Glaser, die in einem Eigenheim auf dem Land wohnt, ist 52 Jahre alt und hat nach drei Jahren Sekundarschule eine Lehre als Friseurin absolviert, musste den Beruf aber wegen gesundheitlicher Probleme wieder aufgeben. Darauf holt sie am Abend die Handelsschule nach und arbeitet im Büro, „bis die Kinder gekommen sind." Heute, da die Kinder erwachsen sind, „schmeißt" sie den Haushalt, erledigt im Geschäft ihres Mannes die anfallenden Büroarbeiten und ist auch noch halbtags als kaufmännische Angestellte tätig. „Ja, es ist manchmal ein bisschen viel", meint Frau Glaser, denn sie sei nebenamtlich auch noch in einem Verein aktiv, wofür sie angefragt worden sei. „Es hat jemand das Gefühl gehabt, ich könnte das jetzt auch noch machen (lacht)."

Zu Beginn der Demenz, als die Mutter noch in der eigenen Wohnung gelebt hat, haben Frau Glaser und ihre Schwester einmal pro Woche bei ihr vorbeige-schaut. Die Mutter habe das Gefühl gehabt, dass man ihr nicht helfen müsse, weil sie ja gesund sei. Und tatsächlich habe sie noch vieles im Haushalt selber machen können. „Vordergründig" sei der Haushalt noch „einigermaßen" gewesen, „aber hintergründig hat er grauenhaft ausgesehen."

Belastet scheint Frau Glaser in dieser Zeit weniger durch Hilfestellungen gewe-sen zu sein als durch die Angst, dass die Mutter allein nicht mehr zurechtkommt. Dass sie beispielsweise von einem Spaziergang nicht mehr nach Hause findet. Zudem war sie auch nicht mehr in der Lage, ihre Medikamente selbständig zu nehmen. Deshalb hat man zuerst die Spitex engagiert, was aber nicht geklappt hat, weil die Mutter nur selten zu Hause war. Danach hat man eine Nachbarin gebeten, ihr die Medikamente zu geben, was jedoch ebenfalls Probleme gegeben hat, weil die Mutter nicht eingesehen hat, warum sie die Medikamente nehmen soll.

Nach einem schweren Sturz war allen Beteiligten klar, dass sie nicht mehr allei-ne in der Wohnung bleiben kann. „Wir haben das Gefühl gehabt, so geht es nicht mehr. Das Risiko ist uns zu groß gewesen, zumal der Haushalt ausgesehen hat wie ein….. Eben, oberflächlich tipptopp, aber in die Kästen haben wir also nicht schauen dürfen (lacht). Und wir haben auch Angst gehabt, dass sie irgendwann mal vergisst, das Gas abzustellen oder was weiß ich: etwas aufsetzt und zum Haus rausgeht und dann mit dem Zug weiß der Teufel wohin fährt. Das hat also schon zugenommen, dass sie so Zeug eben vergessen hat. Viermal das Gleiche eingekauft oder eben eine Pfanne auf dem Herd gehabt und nicht abgestellt hat. Bis es fast verkohlt war."

Allein wollten sie die Mutter nicht mehr in der Wohnung lassen. Und sie hät-ten alle zu weit weg gewohnt, um auf sie aufpassen zu können. „Dann haben wir einfach gefunden, jetzt müssen wir etwas machen. Und haben sie dann einfach angemeldet im Altersheim. Sie hat natürlich das Gefühl gehabt: ,Ich nie ins Altersheim', oder. Also es ist eine Zwangseinweisung gewesen, ganz klar. (…) Sie hat die Welt nicht mehr verstanden, wieso sie ins Altersheim muss. Ihr geht es ja gut, sie ist nicht krank, sie ist mobil, sie ist ‚zwäg' [gut beieinander], wieso wir Kinder sie ins Altersheim bringen. (…) Wir haben sie vor vollendete Tatsachen gestellt, fertig."

Um ihr den Übergang zu erleichtern, hat man sich für ein Heim in ihrer Nachbarschaft entschieden. „Sie hat neben dem Altersheim gewohnt, also zwei Häuser weiter unten. Und sie ist ja jede Woche einmal im Café gewesen mit ihren Kolleginnen. Und drum haben wir gefunden: ja, aber dann kann das ja auch nicht so wahnsinnig schlimm sein, wenn sie ohnehin immer dort ist. Ein großer Teil von ihren Bekannten ist ja schon in diesem Altersheim. Aber es ist happig gewesen. Sie hat mir schon leidgetan." Eine Pflegefachfrau habe ihr gesagt, die Mutter stehe manchmal auf dem Balkon und schaue zu ihrer früheren Wohnung rüber. „Das tut einem manchmal schon weh: ja, ‚gopf'…[abgeschwächter Fluch] Wobei, ich bin überzeugt, dass wir das Richtige gemacht haben. Man hätte sie im Prinzip schon früher anmelden sollen im Altersheim, als sie noch besser beieinander gewesen ist."

Ein schlechtes Gewissen hätten sie anfänglich schon gehabt, „dass wir sie, ja, das tönt jetzt blöd, zwangseingewiesen haben in ein Altersheim. Doch das habe ich schon gehabt. Und ich glaube, meine Geschwister auch. Weil ja, sie ist doch immer selbständig gewesen. Und ich meine, von einer Dreizimmerwohnung auf ein Zimmer reduziert und nicht mehr gebraucht zu werden, ein Stück weit. Am Anfang hat sie noch geholfen, was weiß ich, Bohnen rüsten oder Wäsche zusammenlegen, die binden ja die Alten teilweise schon ein in die Arbeit, die sie haben. Aber in der Zwischenzeit macht sie glaub nicht mal mehr das."

Von ihrem Umfeld seien sie nicht mit der Erwartung konfrontiert worden, die Mutter zu sich zu nehmen. „Nein. Die Schwester hat keinen Platz gehabt, die hätte es nie gemacht. Und der Bruder hätte es sicher auch nicht gemacht. Und ich bin eben sowieso die, die eigentlich den innigsten Kontakt hat, gehabt hat oder hat zur Mutter. Ja, ich habe es mir wirklich überlegt. Aber ich habe es schnell verworfen." Die Mutter wäre in der ungewohnten Umgebung zugrunde gegangen, meint Frau Glaser.

Seit die Mutter im Heim ist, gehen Frau Glaser und ihre Schwester „mehr oder weniger jede Woche" zu ihr, und der Bruder meistens am Wochenende. Alle müssen relativ weit fahren, um sie besuchen zu können, was Frau Glaser als großen Nachteil empfindet. Denn sie habe dadurch weniger Zeit für sich, „weil ich mindestens einen halben Tag opfere, opfere in Anführungszeichen."

Am Anfang hätten sie noch Ausflüge mit ihr gemacht. Mittlerweile würde sie das aber überfordern. „Ich denke, es ist ihr am wohlsten, wenn man dort mit ihr

isst. Und das geht eigentlich gut." Aufgefallen sei ihr, „dass sie auf einmal schmuddelig geworden ist. Ich musste ihr sagen: ‚Mami, mit dieser Bluse musst du also
nicht mit mir ins Café kommen'. ‚Ja wieso?' ‚Schau jetzt mal diese Flecken an!'
Man musste ihr jedes Mal sagen, du musst etwas anderes anziehen. Weil sie auch
gerochen hat, ganz einfach. (…) Und damit habe ich schaurig Mühe gehabt. Fast
so viel Mühe wie damals, als ich die Diagnose bekommen habe. Und zwar weil sie
eine sehr gepflegte Frau gewesen ist. Immer wie ‚zum Trückli us' [wie aus dem Ei
gepellt]. Und auf einmal nichts mehr. (Energisch) Sie merkt nicht, wenn sie etwas
Dreckiges anhat. Sie merkt nicht, dass sie dringend zum Friseur sollte. Sie riecht.
Und da habe ich grausam Mühe gehabt. Also eben, fast so schlimm wie bei der Diagnose. Das darf ja wohl nicht wahr sein." Am Anfang habe sie noch versucht, ihr
die Haare zu machen, was zeitlich jedoch zu aufwändig gewesen sei: „Dann bin ich
vier, fünf Stunden dort gewesen, bis ich wieder gegangen bin. Und das ist mir dann
zu mühsam gewesen. Und dann haben wir gefunden, jetzt müssen wir eine andere
Lösung suchen. (…) Und jetzt muss sie jeden Monat einmal zum Friseur." Mit der
Betreuung im Altersheim ist Frau Glaser zufrieden. „Wobei, man musste schon
auch intervenieren. Wir haben dann das Gefühl gehabt, mein Gott, sehen denn die
das nicht, wie sie herumläuft. Dass sie schmuddelig ist, dass die Kleider nicht sauber sind, dass die Haare strähnig sind. Sehen denn die das nicht? Und dann haben
wir einfach etwas unternommen und seit da funktioniert es. Die Pflegetaxen sind
einfach gestiegen, aber das ist ja Wurscht. Ja, dass sie einfach wieder ein bisschen
ordentlich und sauber daherkommt."

Sie hat manchmal das Gefühl, „ich habe wie noch ein Kind mehr, dem ich jetzt
schauen muss. Wo ich schauen muss, dass sie ihre Hautcrème hat, dass sie ihr Deo
hat. Wo man ihr jedes Mal sagen muss, wofür man das braucht, weil sie es nicht
mehr weiß." Sie muss auch immer wieder die Schubladen putzen, wohin die Mutter versorgt, was beim Frühstück übrig geblieben ist. „Das ist wahrscheinlich eben
alte Schule vom Krieg her. Alles, was man nicht isst beim Morgenessen, das nimmt
man mit. Ich nehme jedes Mal einen Plastiksack mit, um das Zeug zu entsorgen.
(…) Das sind auch so Sachen, wo man einfach schauen muss, wenn man dort
ist." Mit der Schwester gibt es eine Arbeitsteilung. „Das Finanzielle macht meine
Schwester. Was Arztbesuche und solches Zeug anbelangt, das mache ich."

Jetzt fühle sie sich nicht mehr so belastet wie am Anfang. „Weil es läuft automatisch. Es ist jetzt so und ich habe es akzeptiert und es läuft wie alles andere
auch. (…) Ich gehe zu ihr und schaue ihr. Und gehe mit ihr ins Café und höre mir
fünfmal an, wie schön das Wetter heute ist. Am Anfang hat mich das noch genervt.
Am Anfang habe ich gesagt: ‚Mami, das hast du jetzt schon dreimal gesagt!' Und
heute sage ich einfach ja. Und damit ist es erledigt. Am Anfang habe ich das Gefühl
gehabt, wenn ich ihr sage, Mami, das hast du mir jetzt schon zweimal gesagt, ich

sie wie….. dann ist sie wie traurig geworden, weil sie wie ein Stück weit vielleicht trotzdem realisiert hat, ja, jetzt habe ich es schon zweimal gesagt, jetzt sage ich das schon wieder, wieso sagt sie mir denn das. Also ihr Selbstwertgefühl ist schon ein bisschen….. Drum sage ich heute: ja, ja. (…) Man hat es einfach akzeptiert. Es ist jetzt einfach so, ändern kann man es nicht. Also machst du das Beste aus der Situation." Sie versucht, ihre Ansprüche und ihr Verhalten der kranken Mutter anzupassen, was ihr jedoch nicht immer gelingt. Als sie der Mutter eine neue Bluse anziehen wollte und diese darauf gemeint hat, dass sie sterben wolle, scheint sie etwas harsch reagiert zu haben, was ihr offensichtlich immer noch Leid tut, weil sie immer wieder darauf zu sprechen kommt. Und als ob sich Frau Glaser selbst etwas beruhigen wollte, meint sie, dass die Mutter ja nachher wieder gelacht habe.

8.2.2 Die Töchter von „Mitte links"

Ähnlich wie bei den Partnern aus dieser Region des sozialen Raumes gibt es Befragte, die bereits vorgängig relativ gut über Alzheimer Bescheid wussten, und andere, die sich gleich nach den ersten Symptomen informiert haben.

Stärker als in der Mitte beschafft man sich fachliche Informationen über die Krankheit und verschafft sich auch einen Überblick über die vorhandenen Anlaufstellen und Hilfsangebote.

So meint zum Beispiel Frau Holm (50 J.): „Ich habe gerade sämtliche Bücher, die möglich sind, über Alzheimer bestellt. Ich habe mich mit der Alzheimervereinigung in Verbindung gesetzt und gefragt: Gibt es Mittel, gibt es Möglichkeiten, wie sieht die Prognose aus? Also ich habe mich einfach informiert. Ich habe wirklich probiert, was immer ich kann, zu erfahren. Und ich habe feststellen müssen, dass ich bald der beste Alzheimerexperte bin. Also ich bin baff gewesen, was ich da an Antworten bekommen habe. (…) Leute, die der Meinung gewesen sind, das ist nicht Alzheimer. Also zuerst ist es eben Demenz und dann erst am Schluss fängt dann Alzheimer an. Und wissen Sie, solange Ihre Mutter Sie noch kennt, hat sie das sowieso noch nicht. Solche Sachen, wo ich das Gefühl gehabt habe: Halt, halt, halt! Ihr habt keine Ahnung. Ihr habt schlicht keine Ahnung. Es sind Löcher in der Hirnplatte, wo sie reinfällt. Das ist wie Ritzen und dann wiederholt sie etwas stundenlang, stundenlang immer das Gleiche, immer das Gleiche, immer das Gleiche. Und man bringt sie nicht daraus heraus."

Informationen sind nicht nur wichtig, um die neue Situation ordnen und verarbeiten zu können. Sie erweitern auch den Raum der Möglichkeiten, dem kranken Elternteil zu helfen und ihm gegenüber möglichst angemessen zu handeln (vgl. unten). Frau Ryffel (46 J.) zum Beispiel hat sich zuerst über die Memoryklinik kundig gemacht, bevor man die Mutter dorthin zur Abklärung geschickt hat, um sicher zu gehen, dass das für sie auch der richtige Ort ist: „Also ich habe einfach gewusst, dass es das gibt. Und ich habe mir selber Unterlagen kommen lassen und habe mich ein bisschen eingelesen und habe gewusst, dass das sehr wahrscheinlich ein guter Ort ist, um diese Abklärungen zu machen. (…) Vor allem haben sie so Kurse dort, wo ich Gutes darüber gehört habe, für demente Leute so Gruppen, die sich treffen. Da habe ich gefunden, es wäre ganz toll, wenn sie in so eine Gruppe käme." Zusammen mit ihrer Schwester hat sie auch eine Bedarfsabklärung gemacht: „Und wir haben ziemlich lange eigentlich dann geschaut, was braucht sie im Alltag. Was klappt und was klappt nicht mehr. Wir haben immer mehr Sachen entdeckt, wo wir ein Auge darauf haben müssten. Und sicher fast ein Jahr lang geschaut, was funktioniert nicht, wo müssen wir sie auffangen."

Wie die Töchter von „Mitte links" die Demenz ihrer Mutter bzw. ihres Vaters wahrnehmen und wie sie mit dem Kranken umgehen, lässt sich im Folgenden nur verstehen, wenn wir uns zunächst einige zentrale Charakteristika ihres Habitus vergegenwärtigen, die stark mit dem übereinstimmen, was Ulrich Beck (1997; Beck et al. 1995) unter dem Begriff der „Selbstkultur" beschrieben hat (vgl. Kap. 3).

Merkmale des Habitus

Die Befragten aus diesem Bereich des sozialen Raumes, die mehrheitlich in sozialen Berufen tätig sind, verfügen über vergleichsweise viel kulturelles Kapital. Und ihr Lebenslauf trägt Züge einer Wahl- oder Bastelbiographie, die mit einem ausgeprägten individuumszentrierten Denken verbunden ist. Was das heißt, soll kurz an einem Beispiel verdeutlicht werden. Ein Beispiel, das sich nicht einfach verallgemeinern lässt, sondern lediglich eine Variante dessen darstellt, was in diesem Bereich des sozialen Raumes möglich ist. In dem sich jedoch Muster eines „Modus operandi" zeigen, die hier von allgemeiner Bedeutung sind.

Frau Seitz, 49 Jahre alt Nach dem Lehrerseminar, das sie nach einem Jahr abbricht, geht Frau Seitz mit 18 Jahren nach England, wo sie sich „im Service durchschlägt" und „das Proficiency" macht." Zurück in der Schweiz absolviert sie eine journalistische Ausbildung an einer höheren Fachschule, die sie als „diplomierte Publizistin" abschließt, und jobbt daneben als Sekretärin. „Und nachher bin ich zwei Jahre Selbstversorgung machen gegangen in die Berge. (…) Und mit etwa dreißig habe ich geheiratet und habe dort auch kurz davor begonnen mit einer Atemtherapieausbildung, die vier Jahre gedauert hat. (…) Das hat „Pranaenergetik" geheißen. Also es ist auch mit einem starken Selbsterfahrungswert."

Als ihre Tochter ins Kindergartenalter kommt, übernimmt sie eine Halbtagsstelle als Redakteurin bei einer esoterischen Zeitschrift, in der sie über psychologische, therapeutische und spirituelle Themen schreibt: „Gesund leben, bewusst leben, so dieser Bereich. Wo ich mich sehr drauf spezialisiert habe, auch indem ich eben therapeutische Ausbildungen gemacht habe und mich dann immer eben im Journalismus mit den Themen befasst habe, also als Redakteurin liest man auch viele Fachzeitschriften in diese Richtung." Zu dieser Zeit macht sie auch eine „systemisch-integrative Einzel-, Paar-, und Familientherapie": „Es hat in dieser Ausbildung Sozialarbeiter, Psychologen gehabt. Es hat Juristen, Pfarrer gehabt, also wirklich ein breites Spektrum." Vor ein paar Jahren habe sie dann eine „ganz einfache, aber extrem wirksame Fragetechnik kennengelernt. Und jetzt schule ich Menschen in dieser ganz einfachen Methode und begleite Leute auch einzeln." Diese Technik der Selbstbefragung umschreibt sie so: „Also wenn jemand eine Konfliktsituation hat, Stress mit jemandem, dann schaut man mit den Fragen die eigenen Überzeugungen an und dann wird durch diese Fragen transparent, wie die eigenen Überzeugungen oder Gedanken einen negativ beeinflussen. (…) Wie man sich selber oft sabotiert oder sich das Leben schwer macht. (…) Man wird dann nicht zum Ratgeber, sondern zu dem, der dem andern hilft, seine eigenen Antworten zu finden. Und das hat mich sehr fasziniert. Auch, dass das ein Werkzeug ist, das einen unabhängig macht." In ihren Kursen seien häufig auch Therapeuten, „die das wie als ein Instrument in ihre Werkzeugkiste nehmen". Und sie halte darüber auch regelmäßig Vorträge.

Vor noch nicht allzu langer Zeit hat sie noch einmal eine Ausbildung in „Vergebungsarbeit" angefangen, in der Vergebungszeremonien eine zentrale Rolle spielen. Da habe sie auch das Ausbildungsmanual übersetzt und ein Buch „von einem Psychotherapeuten und Buddhisten" redigiert.

Frau Seitz hat eine ausgeprägte Bastelbiographie und verfügt über deutlich mehr kulturelles als ökonomisches Kapital, was sich auch darin zeigt, dass sie sich wirtschaftlich ziemlich durchwursteln muss. Ihr Habitus ist geprägt durch ein individuumszentriertes Denken, in dem Selbsterfahrung, Ich-Suche und Selbstentwicklung eine zentrale Rolle spielen. Dieses Denken zeigt sich exemplarisch in der Fragetechnik, die sie unterrichtet: Probleme werden vor allem als selbst verursacht wahrgenommen und die Lösung des Problems darin gesehen, dass der Einzelne seine Wahrnehmung verändert und sich bewusst wird, wo er sich selbst im Wege steht. Dabei ist ihre Rolle nicht die einer Ratgeberin, die dem Gegenüber etwas aufoktroyiert. Sie versucht ihm lediglich zu helfen, „seine eigenen Antworten zu finden" und ihn dadurch selbständiger und unabhängiger zu machen.

Diese Orientierung an Formen der Selbstkultur und an esoterischen Wissensbeständen ist nicht allein Ausdruck des Individualisierungsprozesses (Beck 1986). Sie kann auch als Statusstrategie fungieren, mit der Statusdefizite abgebaut werden können: indem man der Wissenschaft eine Form von „Parawissenschaft" entgegensetzt, die den Vorteil hat, auch ohne entsprechende Bildungstitel zugänglich zu sein.

Das individuumszentrierte Denken zeigt sich auch in einem Verhältnis zum Religiösen, das nicht einfach eine bestimmte Glaubensrichtung übernimmt, sondern sich seine eigene Religion aus ganz verschiedenen Bezügen zusammenbastelt. „Ich habe das Gefühl, dass ich eine sehr spirituelle Person bin, aber nicht *fest* an eine Religion *gebunden* [Hervorhebung D. K.]. Also mein ehemaliger Mann ist jüdisch, ich habe mich lange mit den Mystikern im Islam befasst, mit den Sufis. Also Mystik ist etwas, das mich sehr berührt. Ich habe mich auch sehr mit dem Buddhismus[9] auseinandergesetzt. So habe ich spirituellen Boden. Wenn ich so eine Aussage mache wie: Wir haben uns diese Situation gewählt da unten, dann basiert das auf so etwas. (…) Und gerade die Sufis haben eine Aussage, die heißt: Alles was ist, ist Gott. Also letztlich ist alles eins. Und das in dieser Situation zu sehen, das ist auch nicht immer einfach, manchmal vergisst man, dass mich eigentlich das Göttliche auch durch die Augen meines dementen Vaters anschaut, das nicht abzutrennen von dem. Aber das ist nicht eine Religion im traditionellen Sinne."

Auch wenn nicht alle Befragten von Mitte links einen Hang zur Esoterik haben, so ist ihnen doch gemeinsam, dass sie individuumszentriert denken. Zum Beispiel meint auch Frau Ryffel, die ein Sozialarbeitsstudium gemacht hat, über ihr Verhältnis zur Religion: „Ich habe einen Glauben, ich bin ein Glaubensmensch, aber was ich glaube, lässt sich nicht unter Religion eigentlich fassen. (…) Meines ist irgendwie mehr ein Glaube an eine Kraft, die überall, allgegenwärtig da ist und die viel größer ist als das, was die christliche Religion an diese verschiedenen Symbole bindet. Das ist viel freier. Auch viel weniger beschränkt auf das Wertende, also dieses Gut und Böse, da habe ich wahnsinnig Mühe. Das gibt mir gar nichts. Das macht mehr kaputt in meinen Augen. Die Leute werden nicht stärker. Ich erlebe wenige Leute, die in die Kirche gehen und dann wirklich stark werden, sondern eher, ja, dass sie die Verantwortung abgeben und sich eher mit ihrer Schuld und allem Wüsten beschäftigen statt irgendwie zu schauen, dass sie Kraft bekommen."[10]

---

[9] Die Attraktivität des Buddhismus für Menschen in sozio-kulturellen Berufen beruht wesentlich darauf, dass er ihrem individuumszentrierten Denken sehr entgegenkommt: Es geht darum, sich von weltlicher Gier zu befreien und dem Leben gegenüber gelassener und souveräner zu werden. Buddha ist kein Gott, den ich anrufe, und der hilft und straft. Er ist nur ein Beispiel für den Weg. Den Weg muss ich selber gehen.

[10] Im Unterschied dazu ist das Verhältnis zur Religion unten im sozialen Raum viel stärker institutionell gebunden und ritualistisch. „Mir hat die Kirche eigentlich schon geholfen", sagt Frau Tanner (51 J.). „Also gerade in meiner schweren Zeit, wo ich meine Depressionen und alles gehabt habe, es nützt eben schon. (…) Es macht einen wieder ein bisschen stärker, dünkt es mich. Ich bin dann auch praktisch jeden Sonntag eine Zeit lang in die Kirche. (…) Aber gut, es ist nicht nur die Kirche, man kann auch sonst anständig sein, auch ohne Kirche,

Individuumszentrierte Laienätiologien

Das individuumszentrierte Denken kann sich auch in psychologisierenden Laienätiologien der Demenz niederschlagen, die unter diesen Befragten wie nirgendwo sonst verbreitet sind. Frau Koch (44 J.) zum Beispiel sieht die Erkrankung ihrer Mutter auch als eine Art Flucht vor psychischen Verletzungen: „Ich meine, ich habe es beobachten können, als das noch gar kein Thema gewesen ist, Demenz bei meiner Mutter. Es sind wieder so Angriffe gelaufen von meinem Vater auf meine Mutter. Und ich habe einfach so gemerkt, wie sie sich ausklinkt. Es ist wahrnehmbar gewesen, weil sie plötzlich – sie ist einfach wie dann nicht mehr da gewesen. So hat sie sich vor dem geschützt. Und dann habe ich irgendwie wie so realisiert: Ja, okay, das ist ihre Strategie, um dem zu begegnen, oder. Und dann wird es irgendwann pathologisch."

Und Frau Bergmann (52 J.) meint ganz ähnlich wie Frau Seitz, die im oben erwähnten Zitat gesagt hat, dass wir uns die eigene Lebenssituation selbst so gewählt haben: „Die Seelen suchen sich Krankheiten aus. (…) Meine Mutter hat vom Charakter her auch ein bisschen ein Weltbild gehabt: nur was ich interessant finde stimmt, nur was ich sage gilt und so. Da hat sie sich eigentlich ein bisschen eingekapselt auf eine Schiene. Und ich glaube, Menschen, die nicht mehr offen sind für Neues, das muss ich jetzt sagen, das hat die Mama nicht mehr so gepflegt. Neue Ideen, neue Hobbys, das hat sie ausgegrenzt. Also wundert es mich nicht, dass man dann eine Krankheit bekommt, die einen nachher zwingt, dass es immer mehr nachlässt im Geistigen, also im Intellektuellen. Von dem her würde das wieder passen eigentlich. Weil, was ich mir säe, ernte ich. Also heißt es ja so schön."

Auch Frau Ryffel ist zuerst spontan eine individuumszentrierte Erklärung der Demenz eingefallen, die sie (nicht zuletzt aufgrund ihres Fachhochschulstudiums) aber kritisch hinterfragen kann: „Also ich habe mir schon auch überlegt, hängt das ein Stück weit mit ihrem Leben zusammen, wie sie gelebt hat. Aber das ist absurd, wenn ich…. Eben, ich habe gedacht, wenn man immer alles verdrängt, will man es ja nicht wissen. Und jetzt ist es die Vollendung, dass man es auch nicht mehr weiß (lacht). Aber das ist….. Also das hat irgendwie keine Hände und keine Füße, das ist einfach so eine Überlegung. Ja, wenn man etwas sagen müsste und es nicht sagt, dann bekommt man Halsweh. Das sind nicht wissenschaftliche Sachen, wo vielleicht schon ein Quantum Wahrheit drin sein könnte, aber es kann genauso gut nicht so sein."

---

oder. Aber dort sagen sie einem manchmal wieder, man soll mit dem Nächsten anständig sein und so. Und dann macht man sich vielleicht wieder Gedanken."

„Ich will mich nicht aufgeben"
Charakteristisch für diese Frauen ist ein ausgeprägter Anspruch auf ein eigenes Leben, was sich nicht nur in einer eigenen Berufslaufbahn, sondern auch in Partner-
schaften zeigt, in denen man versucht, jenseits traditioneller Rollen eine eigenstän-
dige Person zu bleiben. „Ich lebe seit zig Jahren mit einem Partner zusammen. Für
mich kommt Heiraten nicht in Frage", sagt die 50-jährige Frau Holm bestimmt.
„Als Frau: man gibt den Namen auf, die Steuererklärung geht vom Mann aus,
die Rechnungen gehen zum Mann. Es sind einfach wahnsinnig viele Sachen, wo
ich habe sagen müssen: Das kann es nicht sein. Das kann es nicht sein. Also, ich
will mich nicht aufgeben." Auf die Frage, wie die Rollenteilung in der Beziehung
aussehe, meint sie lachend: „Brutal für meinen Mann. Also für mich ist es immer
so gewesen, dass zuerst die Arbeit kommt und dann die Partnerschaft. (…) Mein
Partner ist einiges älter als ich, er ist jetzt pensioniert und jetzt bleibt der Haushalt
noch mehr an ihm kleben. Und er macht das eigentlich nicht ungern. Außer Kochen macht er eigentlich fast alles. Kochen und Waschen ist so mein Gebiet. Aber
sonst, Putzen, das macht eigentlich fast alles er."

Aufgrund des individuumszentrierten Denkens empfindet man den Widerspruch zwischen Ich und gesellschaftlich zugemuteter Frau (Beck 1986) besonders
stark. Man stellt die traditionellen Geschlechterrollen in Frage, was auch darin zum
Ausdruck kommt, dass die Pflege von Angehörigen als Aufgabe gesehen wird, zu
der Männer und Frauen gleichermaßen in der Lage sind. Deshalb überrascht es
nicht, dass von diesen Befragten am meisten Kritik an den Brüdern geäußert wird,
weil sie sich zu wenig um den kranken Elternteil kümmern: „Es ist halt einfach so,
man spürt nicht so die Bereitschaft. Wenn es mir nicht geht, um etwas zu machen,
um mit ihr einkaufen zu gehen, dann kann ich ihn anrufen und er macht das. Aber
er würde von sich aus nichts machen", meint Frau Ryffel. Und Frau Koch stellt
etwas bitter fest, ihr Bruder habe „einen ganz anderen Umgang mit dem gefunden.
Also er hat sich da viel mehr abgrenzen und distanzieren können."

Auch hier stellt sich die gleiche Problematik wie bei den Befragten aus der Mitte des sozialen Raumes: Tochter und Elternteil sind räumlich getrennt und führen
ein eigenes Leben, das aber die Mutter oder der Vater aufgrund ihrer Krankheit
immer weniger selbständig zu führen imstande ist. Diese Situation kollidiert hier
aber besonders stark mit dem *Zwang* und dem *Anspruch* auf ein eigenes Leben,
weshalb es nicht überrascht, dass diese Befragten am häufigsten angeben, dass sie
Dinge aufgeben mussten und nicht mehr genügend Zeit für sich haben.

Das heißt allerdings nicht, dass die Demenz eines Elternteils für alle das Gleiche bedeutet. Es lassen sich grob zwei Gruppen unterscheiden, welche die Situation unterschiedlich wahrnehmen und auch anders damit umgehen, weil ihr Habitus
trotz aller Gemeinsamkeiten auch verschieden ist.

8.2.2.1   Individuumszentriert – patientenbezogener Habitus

Bei der ersten Gruppe ist das individuumszentrierte Denken gepaart mit einer ausgeprägten Patientenorientierung, die auch darin zum Ausdruck kommt, dass alle während des Interviews zu weinen beginnen.

Ein spezifisches Problem dieser Befragten besteht darin, dass sie durch die Demenz der Mutter oder des Vaters mit Situationen und Anforderungen konfrontiert werden, die ihrem individuumszentrierten Modus operandi widersprechen. Für diese Töchter bleibt der Demente trotz seiner Krankheit eine Person, deren Wille es zu respektieren gilt. Und die Beziehung zu ihm sehen sie als ein Verhältnis von Gleich zu Gleich. Was durch die Krankheit aber immer mehr verunmöglicht wird.

Das partnerschaftliche Verhältnis zwischen zwei Individuen, die sich auf Augenhöhe begegnen, wandelt sich zunehmend zu einer ungleichgewichtigen Beziehung zwischen „Mutter und trotzigem Kind", wie das eine Befragte ausgedrückt hat. Oftmals ist es schwierig, mit dem Kranken über seine Situation zu reden, weil er Defizite leugnet, die ihn als ganze Person in Frage zu stellen drohen. „Ja, das finde ich die große Schwierigkeit, dass man nicht miteinander…, wenn man ein Beinleiden hätte, könnte man ganz offen darüber reden und irgendwie nach Lösungen suchen, und es wäre okay. Und das ist es nicht. Es geht um sie. Aber man kann sie nicht wie einen Partner teilnehmen lassen an gewissen Entscheidungen, man darf es gar nicht offen thematisieren. Also wir sagen das zwar immer wieder, aber wenn sie sich verweigert, dann wird sie ja nicht ein Partner im Gespräch, sondern dann weißt du wieder, jetzt musst du wieder selber schauen."

Weil Kommunikation schwierig ist und der Demente seine Bedürfnisse auch immer weniger äußern kann, besteht die Angst, Dinge zu tun, die dem Kranken nicht gerecht werden. Man weiß nicht, meint Frau Holm, „ist das, was ich mache, das Richtige." Vielleicht sei es der Mutter ja nicht recht, dass jemand von der Alzheimervereinigung und von der Spitex vorbeikomme. „Das weiß man ja nicht. (…) Sie kann es ja nicht sagen. (…) Also ich glaube nicht, dass ich wollte, dass jemand so in meinem Haushalt herumhantiert. Wir bestimmen ja eigentlich über alles. Und auch das mit dem Baden. Das dünkt mich eben auch so eigentlich eher peinlich, oder. Dann kommen jedes Mal wieder fremde Leute und vielleicht will sie das gar nicht. Aber es gibt für mich keine andere Lösung." Auch Frau Koch ist der Meinung, dass man extrem aufpassen muss, denn „du bist so schnell in einem Übergriff drin".

Fast zwangsläufig entstehen auch Widersprüche zwischen dem, was man selbst notwendig und gut findet und dem, was der Demenzkranke selbst möchte. Zum Beispiel ist Frau Ryffel und ihrer Schwester wichtig, dass die Mutter aktiv bleibt. „Wir haben ja ganz Verschiedenes versucht. Meine Schwester hat sie mitgenommen, jede Woche ist sie singen gegangen. Bis man vom Chor aus gesagt hat, sie

mache alles falsch und sie singe die falschen Textpassagen. Sie ist völlig überfordert gewesen mit den Noten und so. Und dann mussten wir sie dort wieder
rausnehmen." Sie hätten auch versucht, jeden Tag etwas für sie zu organisieren,
„damit sie wie ein Ziel hat jeden Tag." Das sei aber ihre Vorstellung gewesen und
nicht der Wunsch der Mutter. „Es hat sich dann angefangen zu zeigen, dass sie das
immer weniger möchte. (…) Ich frage mich häufig: will sie das wirklich? Weil
sehr häufig zieht sie sich aus einem Angebot auch zurück. Wir machen etwas ab
und dann ruft sie kurz vorher an. Oder dann bin ich bei ihr und sie sagt: au, nein,
ich möchte heute nicht. Sie will dann nicht und dann lassen wir es auch sein. Und
dann denke ich, vielleicht ist es für sie gar nicht so wichtig, vielleicht ist es für
mich wichtiger als für sie."

Diese Sorge, den Demenzkranken als Person zu respektieren und ihm gerecht
zu werden, zeigt sich auch in spezifischen Formen des Umgangs. So ist Frau Ryffel
sehr darauf bedacht, die Mutter nicht mit ihren Defiziten zu konfrontieren. Wenn
sie etwas falsch macht, „nehme ich es dann immer irgendwie auf mich, dann kann
sie mich doof finden und dann ist es dann schon wieder vorbei" – weil sie es kurz
darauf wieder vergessen hat. Aus Rücksicht hat sie sich von der Mutter auch eine
Vollmacht geben lassen: „Ich kann so die Sachen regeln und muss sie nicht dauernd konfrontieren auf Schritt und Tritt, dass sie das nicht mehr kann und das nicht
mehr kann. Sondern ich mache es einfach stillschweigend. Also Steuern und Post
und Zahlungen und so Zeug."

Statt die Mutter zu etwas zu drängen, versucht Frau Ryffel, sie auf sanfte Art
dazu zu bringen, dass sie sich selbst dafür entscheidet. Als der Arzt ihr trotz der
Krankheit den Führerschein lässt, „haben wir selber gefunden, okay, wir handeln
jetzt eigenmächtig und nehmen ihr das Auto auf eine subtile Art weg. (…) Dann
haben wir abgemacht, dass immer jemand von uns das Auto braucht, damit sie
nicht Auto fahren kann. Und das haben wir dann gemacht, bis die Rechnungen
gekommen sind, für Versicherungen und so." Darauf habe sie der Mutter klar-
gemacht, dass das zu viel koste und man das Auto besser verkaufe. „Das hat sie
dann eingesehen. (…) Sie hat mehrmals zugesagt, das Auto zu verkaufen und am
nächsten Tag angerufen: ‚Verkauft es nicht, verkauft es nicht!' Und irgendwo wollten wir sie nicht verarschen, oder. Wir wollten einfach nicht, dass sie Auto fährt.
Das ist schon ein bisschen ein Dilemma gewesen." Als die Mutter dann einmal
gesagt habe, ihr könnt das Auto jetzt verkaufen, habe sie gleich geantwortet, dass
am Nachmittag ein Interessent vorbeikomme. „Wenn der das nimmt, dann ist es
wirklich endgültig weg. Tu es dir jetzt noch gut überlegen. Und diese Art, wenn sie
ja sagen kann dazu, dann stimmt es auch. Am Nachmittag hat sie tatsächlich wieder angerufen. Und da habe ich gesagt: Mama, ich habe es dir am Morgen gesagt,
heute ist es wirklich so, er hat das Auto genommen. Ich habe das Geld, ich habe

eine Quittung und alles und es ist schon passiert. ‚Ja, ja, es ist sehr wahrscheinlich besser so'. Und es steht jetzt noch in der Garage unten. Wir haben es noch nicht weiterverkaufen können. Ich hoffe jedes Mal, wenn sie kommt, dass sie es nicht sieht (lacht)." Diese Strategie verfolgt Frau Ryffel nicht nur aus pragmatischen Gründen, weil die Mutter nur Entscheidungen akzeptiert, die sie selbst trifft. Ihr Verhalten entspricht auch ihrem individuumszentrierten Denken, das mit dem Anspruch verbunden ist, ihr nichts „von außen" aufzudrängen.

Allerdings gibt es auch Situationen, wo die ganzen Strategien des „so tun als ob aus Rücksicht" zusammenbrechen und die „Wahrheit" schonungslos und schmerzhaft zu Tage tritt, wie das folgende Beispiel zeigt.

„Ich bin mir vorgekommen wie eine Verräterin"
Als es darum ging, die Mutter medizinisch abklären zu lassen, mussten Frau Ryffel und ihre Schwester das „ein bisschen einfädeln". „Irgendwie haben wir dann eine Strategie überlegt: dass uns das wichtig wäre, dass wir das wie brauchen. Und dann hat sie das quasi uns zuliebe gemacht. Sie von sich aus, sie hätte… eben, 80 bis 90 % der Zeit streitet sie ab, dass sie überhaupt ein Problem hat. (…) Sie kaschiert alles." Sie nehmen eine Bronchitis zum Anlass, die Mutter zu ihrem Hausarzt zu bringen und lassen sie auch gleich auf eine mögliche Demenz untersuchen. „Er macht chinesische Medizin und Akupunktur und so. Und das entspricht ein bisschen so dem, wie wir uns immer geschaut haben." Die Untersuchung sei jedoch „ziemlich happig gewesen. Weil er hat dann Fragen gestellt und hat sie nicht ausweichen lassen. Und sie ist sich vorgekommen wie verraten, habe ich das Gefühl. F: Was heißt: wie verraten? A: Ihre Töchter sitzen links und rechts, sie sitzt in der Mitte und der Arzt kommt von vorne und fragt: ‚Ja, wie alt sind Sie denn?' Und sie sagt, ja…… sie hat es nicht gewusst, oder. Und dann hat er gefragt: ‚Ja, wann sind Sie denn geboren?' Weil das weiß man ja. Das hat sie auch nicht gewusst, oder. Dann haben wir ihr gesagt, wann ihr Geburtsdatum ist. Dann hat sie versucht zu rechnen, das ist dann auch nicht so gegangen. Das ist ihr mega-, megapeinlich gewesen, wirklich. Mega, mega. Es hat richtig wehgetan. Eben, wir weichen ein bisschen aus und er ist voll auf das rein. Das ist so die erste Konfrontation gewesen (sie beginnt zu weinen, fasst sich aber wieder). F: Das ist auch für Sie schwierig gewesen. A: Ja, ja. Weil ich bin mir dann vorgekommen wie eine Verräterin. Ich liefere sie diesem Arzt aus, mit dem Wissen, dass irgendetwas nicht stimmt und er geht dann wirklich knallhart, weil er musste das haben für die Akten und er hat nur so viel Zeit und was weiß ich, ich habe es schon verstanden, aber es ist einfach mega hart, oder. Und, ja, das hat ihr nicht gut getan. Ich habe das Gefühl, jedes Mal, wenn sie so Stress erlebt, dass es ihr nachher noch schlechter geht. Also diese

Konfrontationen oder ihr klar machen, dass irgendetwas nicht stimmt, das ist nicht unbedingt heilsam."

„Wenn ich nichts anderes machen müsste"
Schwierig ist für diese Befragten auch, dass sie aufgrund der Zwänge ihres eigenen Lebens nicht die Möglichkeit haben, sich so um den kranken Elternteil zu kümmern, wie es ihrer Ansicht nach nötig wäre. Was sich in einem schlechten Gewissen niederschlägt, zu wenig für den kranken Elternteil zu machen. „Ich habe das Gefühl, ich wüsste, was sie brauchen würde, kann es ihr aber selber nicht geben", sagt Frau Ryffel. „Und irgendwie, wenn ich jetzt könnte…, wenn ich nichts anderes machen müsste, dann könnte ich mich viel mehr mit ihr….. Also eben, ich mache es auch immer wieder: Ich kaufe Walkingstöcke und dann machen wir Nordic Walking zum Beispiel. Es gibt ganz viel so Zeug. Wenn man sich die ganze Zeit mit ihr abgeben könnte, also immer wieder, jeden Tag etwas mit ihr machen könnte, ich glaube, das wäre eine große Qualitätssteigerung für sie. Und das ist mir nicht möglich. Und ich habe das mittlerweile akzeptiert. Aber ich habe ein schlechtes Gewissen. (…) Ich habe meine eigenen Aufgaben. Klar, notfalls lasse ich alles fallen und bin für sie da. Aber so regelmäßig, mit so viel Zeit verbunden, das kann ich wie nicht leisten im Moment."

Trotz eigenem Leben und all den Zwängen und Wünschen, die damit verbunden sind, ist auch für diese Töchter selbstverständlich, dass man den kranken Elternteil nicht im Stich lässt. Was die Frauen aus dem unteren Bereich des sozialen Raumes jedoch einfach tun, ist für diese Befragten mit relativ viel kulturellem Kapital stärker eingebettet in eine allgemeine Lebensphilosophie, die zum Beispiel darin besteht, „dass man füreinander wirklich verantwortlich ist und dass man füreinander Sorge tragen muss. Ja, dass man noch andere Aufgaben hat im Leben, als bloß sich selber zu schauen", wie es Frau Ryffel ausdrückt.

Man versucht, den Anforderungen und Bedürfnissen des eigenen Lebens gerecht zu werden *und* die selbständige Existenz des kranken Elternteils so lange wie möglich aufrechtzuerhalten, indem man professionelle Hilfe organisiert und – was bei diesen Befragten besonders ausgeprägt der Fall zu sein scheint – indem man das vorhandene soziale Kapital zur Unterstützung mobilisiert. „Mein Wunsch ist gewesen, dass sie so lange wie möglich daheim bleiben kann, indem man um sie herum ein Netz aufbaut", erzählt die 44-jährige Frau Koch. Weil sich die Mutter nur noch von Joghurt und Chips ernährt habe, habe sie angefangen, „Mittagstische zu organisieren" und Verwandte und Freunde einzubeziehen. „Also ich habe dann wirklich angefangen, Wochenpläne zu machen. Dass sie vielleicht nur noch ein- oder zweimal alleine ist." Dadurch hat sie als Tochter eine völlig neue Rolle bekommen: sie war nicht nur die Organisatorin des Unterstützungsnetzes, sondern auch die „Pressesprecherin der Familie", die allen „die schlechte Botschaft über-bringen" musste, dass die Mutter an Demenz erkrankt ist.

Die Leistungen, die man erbringt, umfassen hier weniger körpernahe Verrich-tungen, sondern sind vor allem organisatorischer Art: „Also irgendwie mit allen immer reden", meint Frau Koch, wofür das kulturelle Kapital, das man besitzt, sehr hilfreich ist. Und ein zentrales Anliegen ist, die Lebensqualität des Kranken so weit wie möglich zu verbessern.

Die Orientierung des Umfelds hat hier stärker strategische Bedeutung: man in-formiert, um Verständnis und Hilfe für den Demenzkranken zu erhalten, wobei man dessen Perspektive mit im Blick hat. Aus Rücksicht auf ihre Mutter erzählt Frau Holm nicht jedem, dass sie krank ist. „Weil ich denke auch, es ist ja der Mama ihre Krankheit, ich kann ja nicht allen sagen: Sie hat Alzheimer, passt auf und so. Das würde sie verletzen." Als die Mutter jedoch eine schwere Krise gehabt hat und in der Gegend herumgeirrt ist, hat sie an die Häuser in der Nachbarschaft einen Zettel gehängt: „‚Meine Mutter hat Alzheimer'. Weil sie ist dann immer wieder aufgegriffen worden von Leuten, die sie gefunden haben auf der Straße."

Als sich ein Nachbar beklagt, dass man die Mutter nun doch langsam „versor-gen" müsse, „das geht doch nicht mehr, wegen dem Gas und Zeug und Sachen", hat ihm Frau Holm geantwortet: „Wir werden alle älter. Du musst dir einfach über-legen, wenn das einmal jemand für dich entscheidet: Du gehörst ins Altersheim, fort, du bist nicht mehr fähig. Und das ist einfach eine ganz brutale Sache. Also, du weißt nie, wann es dich trifft. (…) Und so lange sie sich da auskennt, gibt es keinen Grund zu sagen: fort!"

Obwohl man bemüht ist, dem kranken Elternteil so lange wie möglich ein ei-genständiges Leben zu erhalten, legt man Wert darauf, ihn vorsorglich in einem Heim anzumelden. Weil die Wartezeiten zum Teil sehr lang sind und bei einer plötzlichen Verschlechterung die Gefahr besteht, dass sie „irgendwo in der Psych-iatrie landen".

Der Wahl des Heimes wird besonders viel Aufmerksamkeit gewidmet. Und man achtet darauf, dass jene individuumszentrierten Kriterien zum Tragen kom-men, die einem aufgrund seines Habitus besonders wichtig sind.

Zusammen mit der Schwester hat Frau Ryffel verschiedene Heime angeschaut und gemerkt, „da herrschen überall unglaublich verschiedene Umstände, Stan-dards und Abläufe." An einem Ort habe es zum Beispiel geheißen, „dass sie ein-treten sollte, wenn sie zuoberst auf der Warteliste ist. Und wenn sie dann nicht will oder es noch nicht so schlimm ist? Also total daneben." Im Internet stößt sie auf die Sonnweid, einem Heim in der Nähe von Zürich. „Und habe mich ziemlich becircen lassen von ihrer Werbung und bin total begeistert gewesen von ihrer Philosophie. Und ich habe mich angemeldet für ein Gespräch und bin das anschauen gegangen.

Die haben mich zum ersten Mal auffangen können in diesem Dilemma der Platzsuche. Bei den andern hatte ich das Gefühl, die helfen einem überhaupt nicht, irgendwie diesen Schritt zu machen. Und dort draußen, die haben einen super fachlichen Umgang, der auch angehörigengerecht ist."

Begeistert an der Philosophie des Heimes hat sie vor allem, „dass sie sich nach dem Patienten richten und nicht umgekehrt. Anderswo muss sich der Patient nach dem Spitalbetrieb richten. (…) Und dort ist es genau umgekehrt. Ihre ganzen Tagesabläufe bauen sie um den Patienten herum auf. Also wenn jemand ein Langschläfer ist, dann schläft er so lange er will. Und wenn er aufsteht, hat er Essensmöglichkeiten. Also sie gehen voll auf diese Leute ein in ihrer Individualität und auch in ihrem unterschiedlichen Grad der Krankheit und ihren Bedürfnissen. Das ist sehr sympathisch gewesen für mich." Zudem habe man ihr Entscheidungshilfe bei der schwierigen Frage angeboten, wann es Zeit ist, die Mutter ins Heim zu bringen. Wenn sich das Problem stelle, komme die Frau des Heimleiters ins Haus und kläre ab, ob ein Heimeintritt angezeigt ist oder nicht. Das ist ein „Angebot im Rücken, das mich beruhigt", sagt Frau Ryffel. Mit dem Heimleiter stehe sie auch in Mailkontakt. „Er hat gesagt, ich könne einfach alle paar Monate ein bisschen ihren Zustand mitteilen."

Allen Befragten ist bewusst, dass der Zeitpunkt kommen wird, wo sich ein Heimeintritt nicht mehr vermeiden lässt. „Das wird nicht möglich sein. Weil irgendwann wird es auch mir sehr wahrscheinlich zu viel", meint Frau Holm. Ein schlechtes Gewissen werde sie deshalb aber wohl keines haben. „Nein, ich glaube eher, dass es dann mein schlechtes Gewissen beruhigt." Weil sie dann wisse, dass jemand zur Mutter schaue und nichts mehr passieren könne. „Also ich denke eher, dass das vielleicht dann befreiend ist." Auch für Frau Koch ist klar gewesen, dass sie das Netz von Freiwilligen, das sie mobilisiert hat, nicht unbegrenzt lange aufrechterhalten kann. „Das Feuer, du musst das immer wieder anfachen mit diesen Leuten und du musst telefonieren. (…) Das kannst du nicht ewig durchziehen." Und dann sei der Tag gekommen, wo die Mutter schwer gestürzt sei. „Das ist dann für mich so die Grenze gewesen, wo ich dann so für mich gewusst habe: so geht es nicht mehr weiter."

Die Mutter in dieser Situation in ein Heim zu bringen, sei für sie nicht mit Gewissensbissen verbunden gewesen. „Ich habe ja genügend alle Register gezogen und habe aber auch irgendwie meine Grenzen akzeptieren müssen. Also ich bin nicht allmächtig. Ich meine, sie hat die Krankheit, ich kann das nicht ändern. (…) Ich habe viel rein gegeben und bin wirklich auch an meine Grenzen… Und ich habe auch gewusst: Ich habe eine eigene Familie."

Sehr schwierig und schmerzhaft hingegen war, wie das Ganze abgelaufen ist. Die Mutter hat sich geweigert, in ein Heim zu gehen, weshalb man sie ohne ihr

Einverständnis hinbringen musste. „Es kommen natürlich dann auch die ganzen ethischen Konflikte. Ja, ich bringe meine Mutter gegen ihren Willen ins Heim." Sie habe auch überhaupt nicht gewusst, wie sie das anstellen soll. „Das wird eigentlich überhaupt nicht thematisiert. Wie bringst du jemanden ins Heim, der gar nicht gehen will? Sie, wie mache ich das? Da frage ich auch Professionelle: Ja, wie geht es denn bei andern Leuten, kommen die denn alle freiwillig? Das hat mich extrem beschäftigt: Also wie machen wir denn das?" Schließlich fand sie keinen andern Weg als die Mutter mit einer List „zu übertölpeln". Und weil sie das selbst moralisch als fragwürdig empfunden hat, war ihr wichtig, dass auch ihr Bruder mit dabei ist und seinen Teil der Verantwortung mit übernimmt. „Also sie muss wissen, dass wir beide hinter der Entscheidung stehen."

Im Heim wollte die Mutter nicht bleiben. „Sie ist einfach immer mit Schirm und Mantel an der Tür gestanden, sie gehe jetzt heim." Es gibt immer wieder Momente des Abschieds, meint Frau Koch, „wo es dir wie das Herz umdreht."

8.2.2.2 Individuumszentriert – ichbezogener Habitus

Bei der zweiten Gruppe von Befragten ist das individuumszentrierte Denken verbunden mit einer ausgeprägten Ich-Zentrierung, die sich im Fall von Frau Stark (56 J.) in einer expliziten Abgrenzung vom „Sozialarbeitergroove" äußert. Ein Ausdruck, der beiläufig daran erinnert, wie bedeutsam im sozio-kulturellen Milieu das „In-Bewegung-Bleiben" und ein Ethos der fortwährenden Jugend ist (vgl. Bourdieu 1988, 1993).

„Der Sozialarbeitergroove, das ist nicht meine Welt"

Frau Stark hat die Sekundar- und anschließend die Handelsschule besucht. „Und dann habe ich sehr früh geheiratet mit siebzehneinhalb und bin dann zehn Jahre Hausfrau und Mutter gewesen. Und habe zwei Kinder gehabt." Nach der Scheidung von ihrem ersten Mann steigt sie wieder ins Erwerbsleben ein und arbeitet Teilzeit auf dem Büro. „Und mit vierzig habe ich dann noch eine Ausbildung gemacht, als Sozialbegleiterin. Meine Kinder sind dann draußen gewesen, weil ich sie jung gehabt habe. Und habe dann mit vierzig angefangen, meine Vergangenheit und meine Jugend aufzuarbeiten mit einer achtjährigen Psychotherapie und Selbsterfahrung und, und, und." Sie habe dann bald realisiert, dass „der Einstieg in die Sozialarbeit eigentlich mehr so ein bisschen aus dem hilflosen Helfer herausgekommen ist. Als ich dann wirklich fest an mir gearbeitet habe und die Ausbildung fertig gewesen ist, habe ich gemerkt, dass es mir eigentlich im Sozialwesen gar nicht so wahnsinnig gefällt. (…) Dieser Groove, dieser Sozialarbeitergroove, dieses Liebe, und alle sind so nett miteinander. Das ist einfach nicht meine Welt. Einfach nicht meine Welt. F: Was ist denn Ihre Welt? A: Oh je. Was ist meine

Welt? Also ich muss natürlich auch noch sagen, ich habe sehr viel Schwieriges, also auch in meiner achtjährigen Therapie ist sehr viel sehr schwierig gewesen. Das haben Sie wahrscheinlich auch schon gehört: es macht sich jemand auf den Weg und fängt eine Therapie an und irgendwo kann man ja dann nicht mehr umkehren. Man kann nicht mehr aussteigen, wenn man drauf ist. Und das ist sehr, sehr schmerzhaft gewesen. Und dann ist mein Bruder krank geworden. Dann habe ich meinen Bruder bis zum Tod eigentlich gepflegt. (…) Und das ist mir alles fast ein bisschen zu viel geworden. Dass ich nachher wie ein bisschen den Wunsch gehabt habe nach ein bisschen ‚Leichtigkeit des Seins‘. Dass ich dann plötzlich gefunden habe, ja, immer und immer nur Schwieriges, und immer nur Schweres. Und merke aber, dass mich das immer wieder einholt. Auch wenn ich jetzt beruflich das nicht mache. In meinem Umfeld ist es halt trotzdem immer wieder schwierig. Aber es reicht mir. Ich muss das jetzt nicht beruflich auch noch machen.“

Heute ist sie mit einem Werbefachmann verheiratet und arbeitet in einem Secondhandladen. „Drum sage ich, wenn Sie fragen, was ist Ihre Welt? Das ist ganz schwierig, ich bin ein extrem vielseitiger Mensch. Und es sind ganz viele Faktoren, die zusammenkommen, dass es für mich stimmt, dass es mir gefällt: es muss lebendig sein, es muss etwas laufen, ich muss mit Menschen Kontakt haben.“

Selbsterfahrung, Selbstreflexion, Selbstbehauptung und Selbstentwicklung sind wichtige Momente ihres ich-zentrierten, therapiegeprägten Habitus, der auch in einer – verglichen mit anderen Befragten – ziemlich langen Passage zum Ausdruck kommt, in der sie über die Beziehung zu ihrer Mutter spricht.

Während ihr Bruder eine ganz enge Bindung gehabt habe, sei ihr Verhältnis zur Mutter immer ziemlich schwierig gewesen. „Meine Mutter ist eine sehr abhängige Persönlichkeit, und ist sehr abhängig gewesen von meinem Vater. (…) Ich habe als Kind erlebt, dass meine Mutter – mein Vater ist ja ein sehr brutaler, jähzorniger Mensch gewesen – dass meine Mutter eigentlich meinen Bruder und mich nicht geschützt hat, nie. Sie hat sich nie vor uns gestellt und hat gesagt: halt! Sondern sie hat sich wahnsinnig manipulieren lassen, sie ist uns sogar verraten gegangen bei ihm, vor allem mich. (…) Sie hat uns sogar an den Vater ausgeliefert. Ich weiß nicht, was sie sich damals versprochen hat, vielleicht die Zuneigung von ihm, ich meine, mein Vater ist immer fremdgegangen, 25 Jahre lang. Und meine Mutter immer etwas ein ‚Huscheli‘ [angepasste, folgsame Frau], immer daheim und immer mit verweinten Augen herumgelaufen und depressiv. Da habe ich eigentlich sehr darunter gelitten, dass ich nicht eine Mutter gehabt habe, die, ja, hingestanden ist.“ Aus Sicht von Frau Stark hat es der Mutter an Selbstbewusstsein, Ich-Stärke und dem Willen zur Selbstbestimmung gefehlt, also an allem, was ihr aufgrund ihres Habitus so wichtig ist. Ihre Mutter habe auch nicht alt werden können. Nach dem Tod des Vaters habe sie eine lange Beziehung zu einem viel jüngeren Mann gehabt.

„Und sie hat immer mit mir rivalisiert. Das ist ganz, ganz schwierig gewesen." Zudem sei die Mutter nicht gerade nett mit ihr umgegangen. „Nicht nett – also sie ist einfach böse mit mir gewesen bis ins hohe Alter." In der Therapie sei dann vieles aufgebrochen. „Als sie gewusst hat, dass ich eine Therapie mache, hat sie wahnsinnig Angst bekommen und hat das immer abgewertet. Einfach alles, was mir wichtig gewesen ist oder was mir etwas bedeutet hat, meine Freundinnen oder mein Partner oder meine Ausbildung oder die Therapie, das hat sie alles ganz vehement immer abgewertet. Also ich habe eigentlich gar nie etwas Gutes machen können. Ich habe auch nie erlebt, dass meine Mutter stolz auf mich ist oder Freude an mir hat. Also so schwierig, so schwierig."

Im Gespräch fällt auf, dass Frau Stark vergleichsweise wenig über den Zustand der kranken Mutter erzählt, sondern relativ schnell auf sich zu sprechen kommt. Die Diagnose sei für sie ein Schock gewesen. „Ein Schock, überfordert, hilflos, verzweifelt, leidgetan hat sie mir. Schuldgefühle habe ich gehabt." Überfordert sei sie gewesen, weil sie gedacht habe, „ja, was mache ich jetzt mit dieser Frau. Ich möchte, dass sie ein schönes und ein gutes Alter hat. Ich bin berufstätig, für mich ist ganz klar, selbst wenn ich es nicht wäre, ich würde sie nicht ertragen. Ich habe sie immer gesehen in ihrer kleinen Wohnung hocken, ganz allein, ohne soziale Kontakte. (…) Ich habe keine Minute von meinem Leben, außer wenn ich gearbeitet habe, genießen können. Weil ich immer gedacht habe, ich müsse mich um meine Mutter kümmern." Sie habe ein total schlechtes Gewissen gehabt, obwohl sie ihr seit Jahren jede Woche „einen Tag geschenkt habe": „Ich habe ihr die Wäsche gemacht, ich habe mit ihr den Arzt besucht, ich bin mit ihr Essen gegangen, ich habe sie immer geholt, ich habe immer Sachen unternommen. Aber das ist nie genug gewesen – für mich. Und das ist heute übrigens noch so."

Ihr Verhältnis ist geprägt durch Ambivalenz: einerseits ist die Beziehung zu ihrer Mutter schlecht („ich würde sie nicht ertragen"), andererseits fühlt sie sich als Tochter verpflichtet, zu ihr zu schauen. „Ja, das ist meines. Das habe ich, seit ich Kind bin. Verantwortung für alle, immer alles managen für die ganze Familie. Ich habe schon als Kind quasi die ganze Familie getragen. Und jetzt denke ich manchmal, ich möchte, sie wäre tot. Dann hätte es ein Ende. Und gleichzeitig, wenn ich es denke, dann schäme ich mich dafür, dass ich es gedacht habe. Und alles ist wahr – für mich. Alles ist meine Wahrheit." Für sie sei das wie ein Druck, der auf ihr laste. „Der ist immer da. Da im Genick hockt er."

Am Anfang habe sie auch eine „wahnsinnige Wut" gehabt. Sie habe immer gedacht, wenn der Bruder mal nicht mehr da sei, könne sie mit der Mutter noch über ganz viele Dinge reden, „über die wir nie haben reden können." Sie habe so viele Wünsche gehabt, wollte die Mutter verwöhnen und „schöne Sachen" mit ihr

machen, weil sie „ein ganz beschissenes Frauenleben" gehabt habe. „Und in dem
Moment haut sie ab! Ganz viel Wut ist hochgekommen."

„In den Grundfesten erschüttert", sucht sie Hilfe bei einer Psychologin: „Wie
komme ich klar mit einer Mutter, die Alzheimer hat?" Auf die Frage, ob sie zu Antworten gekommen sei, sagt sie: „Antworten? Ich glaube, es gibt keine Antworten.
Man muss einfach mit sich irgendwie klarkommen. (…) Einfach an mir arbeiten.
Wenn ich einen negativen Tag habe, irgendetwas Positives dagegen halten. Ja, jetzt
wie gestern, wo ich eigentlich weiß: Eigentlich drückt es mich, drängt es mich, zur
Mama zu gehen. Um mein Gewissen wieder…, um wieder ein gutes Lebensgefühl
zu haben, für mich, müsste ich zur Mama gehen. Und ich bin im Moment psychisch wieder nicht wahnsinnig stabil. Und dann habe ich gestern einfach gesagt:
und diesen Tag mag ich jetzt nicht dorthin gehen. Ich mag diesen Groove jetzt
nicht. Und bin den ganzen Tag im Liegestuhl gewesen und habe gelesen, mit einem
schlechten Gewissen. Und das ist ja dann etwas Negatives. Quasi, ich habe nicht
das Recht, dass es mir gut geht, dass ich etwas für mich mache. Dem muss ich halt
dann etwas Positives entgegenhalten und aufzählen, was ich sonst alles mache."

Die Heimüberweisung Mit Unterstützung der Spitex und drei Tagesklinikaufent-
halten pro Woche lebt die Mutter noch eine Weile daheim, baut jedoch so stark
ab – „man kann es so schwer in Worte fassen wie" – dass Frau Stark von der
Tagesklinik darauf hingewiesen wird, ihre Mutter könne nicht mehr alleine in der
Wohnung bleiben.

Die Anmeldeformulare für das Heim habe sie schon lange gehabt, habe das
aber immer vor sich hergeschoben. Weil sie sich „mit Händen und Füßen" gewehrt
habe, „einfach gegen diesen Schritt: meine Mutter quasi abzuschieben, abzuschieben ins Heim."

Als sie dann aber einen Brief von der Hausverwaltung gefunden habe, dass die
Wohnung der Mutter umgebaut werde, habe sie die Formulare ausgefüllt. „Und
mein Mann hat gesagt: schau, jetzt hat sich das erledigt. Jetzt sind wir von außen
einfach quasi gezwungen worden. (…) Vor allem musste ich dann nicht die Böse
sein. Der Hausverwalter war der Böse und musste den Kopf hinhalten." Damit
kann sie sich zumindest zum Teil von ihrem schlechten Gewissen entlasten.

Von der Umgebung habe sie keine Vorwürfe bekommen, dass sie sich zu wenig
um ihre Mutter kümmere: „Also mein schlechtes Gewissen, meine Schuldgefühle
sind nie entstanden durch etwas, was von außen gekommen ist, sondern das entsteht in mir. Also das ist der Druck, den ich mir mache." Wobei auch ihre Mutter
dazu beitrage, die natürlich ganz genau wisse, „auf welchen Knopf sie drücken
muss bei mir. Also ich komme ins Heim, nehme sie in den Arm und sage: Mami,
wie geht's? Sagt sie jedes Mal: ‚jetzt geht es mir gut'. Ich bin da. Was heißt das? Es

geht ihr nie gut, wenn ich nicht da bin. Und das ist ein Muster. Also eigentlich bin ich für alles verantwortlich. (…) Das ist immer meine Rolle in dieser Familie gewesen. Und ich möchte die zwar nicht mehr, ich habe sie durchschaut, aber meine Mutter spielt halt immer noch die gleiche Rolle." Wenn die Mutter sage, „jetzt geht es mir gut", denke sie: „vielleicht ist es ja wahr. Was weiß ich, wie es in meiner Mutter aussieht." Andererseits mache sie das aber auch wütend: „du dumme Kuh, du blöde, machst mir jetzt gerade wieder Schuldgefühle. F: Also das denken Sie dann. A: Ja, sagen sicher nicht. Nein, nein, ich bin ganz eine Liebe mit ihr."

„Eine Krankheit der Angehörigen" Frau Stark leidet „ganz massiv" unter Schlafstörungen. „Zuerst weil der Bruder so krank gewesen ist. Und jetzt weil die Mutter krank ist." Sie sei „total ausgebrannt" und „laufe permanent am Limit", „weil mir das psychisch und physisch so viel abverlangt". Es stimme, was sie schon x-mal gelesen habe: „diese Krankheit ist die Krankheit der Angehörigen. (…) Ja, dass die Angehörigen mehr leiden als die, die es selber betrifft."

Anstelle von Patientenzentriertheit steht hier Ich-Zentrierung, was nichts mit Egoismus zu tun hat, sondern Ausdruck eines therapiegeprägten Habitus des Selbstbezugs und der Selbstreflexion ist, bei dem nicht so sehr die Perspektive und die Situation des Dementen im Vordergrund stehen, sondern was es für einen selbst bedeutet. Zudem dürfte auch die schwierige Beziehung zur Mutter mit zu dieser Sichtweise beitragen, die sich grundlegend von jener der ersten Gruppe unterscheidet.

Damit verbunden ist eine Tendenz der persönlichen Zurechnung und Schuldzuschreibung, sowohl sich selbst wie der Mutter gegenüber („In dem Moment haut sie ab"; „blöde Kuh"), die bei den patientenzentrierten Befragten so nicht zu finden ist. Das klingt auch in einer individuumszentrierten Ätiologie der Demenz an, bei der – zumindest unterschwellig – ein vorwurfsvoller Ton mitschwingt. Sie habe sich häufig überlegt, meint Frau Stark, warum ihre Mutter die Krankheit bekommen habe. „Ja, das habe ich! Mein Gott! Oft! Meine Mutter ist die Verdrängerin vor dem Herrn. Ich habe in meinem Leben keine größeren Verdränger gekannt als meine Mutter und meinen Bruder. Die zwei, herrlich haben die das ‚gehandlet' [gehandhabt]. Und mein Bruder wird krank, ihr Lieblingskind, ihr Ein und Alles, ihr Sorgenkind stirbt. Und meine Mutter ist krank. Sie hat auch nie etwas angesprochen. (…) F: Wo sehen Sie denn den Zusammenhang mit ihrer Demenz? A: Ja, abhängen, abdriften in eine andere Welt. Es tut einem nicht mehr weh. Ich meine, der Schmerz muss ja unwahrscheinlich sein, wenn eine Mutter ihr Kind verliert. (…) Und ich denke, es ist einfach zu viel gewesen. Irgendwann ist es einfach zu viel gewesen für meine Mutter."

Ein Ausdruck ihrer Ich-Zentriertheit ist auch ihre radikale Ehrlichkeit dem Soziologen und sich selbst gegenüber: wenn sie zum Beispiel sagt, sie wünschte, die Mutter wäre tot. Oder wenn sie erzählt, wie sie sich vor ihrer Mutter geekelt hat, als sie noch nicht im Heim gelebt hat: „Gut, jetzt stinkt sie wenigstens nicht mehr. Ich meine, ich bin sicher, bevor meine Mutter in dieses Heim gekommen ist, da hat sie monatelang nicht mehr geduscht. (…) Also ich habe einfach Mühe gehabt, bevor sie im Heim gewesen ist, weil es mich manchmal gegraust hat. Ich konnte ja in ihrer Wohnung nichts mehr trinken, nicht einmal ein Glas Wasser. Und dann hat sie manchmal noch Patisserie gekauft und die habe ich aus der Kartonschachtel gegessen. Und das hat mir dann gleich wieder schaurig wehgetan, weil ich gedacht habe, jetzt merkt sie es, dass es mich graust. Und ich habe sie nicht in den Arm nehmen können, weil sie halt gestunken hat. Und jetzt kann ich sie wenigstens knuddeln und in den Arm nehmen. Es graust mich nicht mehr."

Sie gibt auch unumwunden zu, dass sie sich nicht aus einem Bedürfnis, sondern vor allem aus Pflichtgefühl um ihre Mutter kümmert.[11]

Das eigene Leben steht auch für Frau Stark im Vordergrund, aber es ist ein Leben mit Schuldgefühlen. Deshalb fühlt sie sich überfordert, obwohl sie *zeitlich* vermutlich nie sehr beansprucht war. Während man unten im sozialen Raum durch konkrete Pflegehandlungen belastet ist, sind die Belastungen von Frau Stark vor allem psychisch-reflexiver Art. Das absorbiert allerdings so viel Energie, dass sie viele Dinge aufgeben musste und – wie sie glaubhaft versichert – nicht mehr viel Zeit „für sich" hat.

Als die Mutter noch zu Hause war, habe sie nichts mehr genießen können. „Dass ich immer das Gefühl gehabt habe, ich habe kein Recht. Eigentlich sollte ich mich permanent von morgens bis abends 24 h jeden Tag in der Woche um meine Mama kümmern. Und sollte schauen, dass es ihr noch ein bisschen gut geht, dass sie es noch ein bisschen schön hat. Und das hat mich gedrückt, gedrückt, gedrückt." Und heute, da sie im Heim ist, „heute finde ich es einfach schlimm, dass sie dort sein muss, wo sie ist. Weil ich es einen ganz trostlosen Ort finde. Und dass sie mir extrem Leid tut. Letzten Donnerstag nach der Arbeit sind mein Mann und ich schnell bei ihr vorbei. Und dann hockt sie mutterseelenallein an einem Tisch. Und die Leute hocken dort vom Morgen bis am Abend auf dem gleichen Stuhl. Das deprimiert mich grauenhaft. (…) Ich finde es einfach extrem trostlos. Ich finde, dass es andere Lösungen geben sollte für so Leute. Dass ich immer ein anderes Bild habe. Dass ich ein Bild habe von einer WG-ähnlichen Gemeinschaft, wo man lebt wie in einer

---

[11] Sie hoffe, meint Frau Stark, dass ihre Kinder nicht auch permanent diesen Druck haben müssen, wenn mit ihr einmal etwas sei. „Und wenn sie dann kommen, dann nicht aus Pflichtgefühl, sondern wirklich aus einem Bedürfnis heraus."

Familie. Wo man die Leute noch ein bisschen dort abholt, wo sie noch Ressourcen haben. Ja, einfach dieser Klinikbetrieb, das finde ich ganz schwierig. Das ist aber überhaupt kein Vorwurf, ich habe einen sehr guten Draht zu all diesen Leuten. Und ich finde, sie machen es wahnsinnig gut und liebevoll. Sie sind irrsinnig lieb mit meiner Mutter. Also es ist gar nicht so. Es ist einfach das Ganze als Institution. (…) Auch dass wir nicht mehr reden können miteinander. Dass immer die gleichen stereotypen Fragen kommen. Dass ich es ganz schwer aushalte, mit ihr allein zu sein. Weil mich das ganz aggressiv macht, wenn ich alle zwei Minuten sagen muss, wie es meinem Mann und meinen Kindern geht! Ja, das kostet extrem Energie. Dass ich mit ihr jedes Mal in die Cafeteria gehe und dort unten hat sie zwei, drei Freundinnen, die nicht dement sind, die sie wahnsinnig gut mögen und mich auch. Die sich jedes Mal freuen, wenn ich komme. Wir haben es dann immer wahnsinnig lustig. Und dann denke ich, du kannst nicht mal mit ihr allein sein, weil du es nicht aushältst mit ihr. Das ist schon wieder das Nächste, wo ich Schuldgefühle habe. Ja, das muss ich dann irgendwann schon mal genauer anschauen. (…) Ich glaube, da muss ich dann schon mal ein bisschen arbeiten daran. (…) Vielleicht gehe ich nochmals in eine Therapie."

„Das Einengen geht an die Substanz"
Während Frau Stark hin- und hergerissen ist zwischen Gefühlen der Distanz und der Verpflichtung und ihr ich-zentriertes Denken in einer ausgeprägten Introspektion zum Ausdruck kommt, was die Demenz der Mutter für sie selbst bedeutet, zeigt sich das ich-zentrierte Denken bei Frau Bergmann anders: Sie empfindet die Mutter vor allem als Einschränkung des eigenen Lebens und hat das Gefühl, selbst zum Opfer ihrer Krankheit geworden zu sein.

Frau Bergmann (52 J.) verfügt über weniger kulturelles Kapital als die andern Befragten und ist zwischen dem unteren und mittleren linken Bereich des sozialen Raumes positioniert. Während ihr Mann längere Zeit arbeitslos war, betreibt sie eine eigene Gesundheitspraxis, in der sie als Masseurin und Therapeutin arbeitet. Neben einer Massageausbildung hat sie eine „dreijährige Zusatzausbildung in Lebensberatung" abgeschlossen. „Also da lernt man einmal klassische Psychologie ein Jahr, nach Dr. Freud, oder. Und dann habe ich mich aber spezialisiert auf Reinkarnationstherapie, das heißt, Rückführungen, das ist ja eigentlich Psychologie, wo man ein bisschen in den letzten Leben und heute forscht. Es ist einfach so ein bisschen, es geht in die Grenzwissenschaft, oder." Als Beispiel nennt sie einen Patienten mit einer Spinnenphobie: „Dann geht man zurück ins Babyalter. Es kann ja einmal eine Spinne dem Kind über das Gesicht kriechen, die Mutter reagiert ein bisschen übertrieben und schon ist es im Hirn, oder. Es muss Angst haben vor Spinnen. Aber vielfach ist das etwas Mitgebrachtes, eben, aus früheren Inkarnationen. (…) Die Seele mag sich an frühere Inkarnationen erinnern. Dann geht man in dieses Thema zurück."

Ihr Habitus ist geprägt durch therapeutisch-esoterische Einflüsse und durch Merkmale, die Heusinger und Klünder (2005) dem sog. „traditionslosen Arbeitermilieu" zugeschrieben haben.

Frau Bergmann hat sich bereits unmittelbar nach der Demenzdiagnose über die Möglichkeit eines Heimeintrittes informiert. „Ab wann das ungefähr stattfinden müsste. Weil ich könne meine Mutter nicht pflegen. Also ich habe einen achtzig Prozent Job, ich habe beide Kinder da noch daheim gehabt. (…) Und dann haben sie dann gesagt, ich solle jetzt schon schauen für einen Heimplatz. Weil es könne ja schnell gehen. Es gäbe Schübe, die über Nacht kommen könnten, das wisse man nicht so genau."

Als der Zustand der Mutter schlechter geworden sei und sie „Telefonterror" gemacht habe, hätten sich ihr Bruder, die Stiefschwestern und die Verwandten zurückgezogen.[12] „Also es ist dann so weit gewesen, dass nur noch die Mama und ich in Kontakt gewesen sind. Das ist happig gewesen. Also ich muss Ihnen sagen, ich habe viel Geduld und ich habe eigentlich immer gemacht und gemacht und gemacht. Und dann bin ich aber an eine Grenze gekommen bei mir und es ist nicht mehr gegangen. Emotionell nicht mehr und auch vom Aufwand her."

Die Mutter habe immer wieder angerufen und sei am Mittag jeweils vor ihrer Türe gestanden, weil sie gewusst habe, dass sie dann eine Pause mache. „Und das geht nicht, wenn die Mutter da ist. Also sie ist ja schlimmer als alle meine Patienten. Also sie hat sich fast wie ein Kind benommen. Und da habe ich keine Auszeit mehr gehabt, keine Minute mehr für mich eigentlich. Und ich habe gesagt: Mami, das geht nicht, du kannst nicht immer bei mir sein. Ich kann das nicht, Mami. Ich habe ihr das erklärt. Dass mich das einengt, dass das an meine Substanz geht. Sie hat das nicht einsehen wollen. Dann hat sie begonnen zu flennen und angefangen zu jammern. Wie es halt so ist." Man habe nicht mehr mit ihr reden und ihr die Situation erklären können. „Sie wird natürlich Mittelpunkt, sie sieht nur noch sich. Das erschwert es ja auch noch. Also sie hat die Fähigkeit verloren gehabt, zu denken, meine Tochter ist überfordert. Das geht nicht mehr. Wie halt die Kinder auch sind, oder: Ich! Und alles hat sich auf das ausrichten müssen."

Sie sei völlig überfordert gewesen, was sich auch auf ihre Gesundheit ausgewirkt habe. „Zum Beispiel Herz-Kreislauf habe ich gemerkt. Ich habe auch nicht mehr durchgeschlafen. Also ich habe dann auch gedreht in einer Gedankenspirale. Ich bin auch zwei- bis dreimal in der Nacht aufgewacht. Weil es holt einen ein,

---

[12] Wie weit das tatsächlich der Fall gewesen ist, wird nicht ganz klar, weil die Aussagen dazu etwas widersprüchlich sind.

oder. Was mache ich mit der Situation? Also es lässt einen nicht mehr los. Also es geht einem schon ein bisschen an die Substanz natürlich."

Darauf bringt sie die Mutter ins örtliche Altersheim, zunächst für einen Monat und als sie sich danach in der zwischenzeitlich renovierten Wohnung nicht mehr zurechtfindet, „für immer". Das sei „zum richtigen Zeitpunkt" gewesen. „So, dass ich eigentlich noch funktionsfähig gewesen bin. Aber lange wäre es nicht mehr gegangen."

Zunächst sagt sie, ein schlechtes Gewissen habe sie wegen dem Heim nicht gehabt, meint dann aber doch, ein bisschen vielleicht schon, „weil sie natürlich gejammert hat: ‚Ich bleibe nicht da, du hast mich abgeschoben. Du sperrst mich da ein'. Das ist natürlich gekommen. Aber heavy, oder. Und es stimmt ja auch. Ich habe ja dafür gesorgt, dass sie geht. Da hat sie ja Recht eigentlich." Da seien ihr schon Zweifel gekommen: „Habe ich zu früh aufgegeben? Hätte ich länger Geduld haben sollen? Oder hätte ich vielleicht sogar weniger arbeiten und mich mehr um die Mama kümmern sollen? Und mein Mann hat dann gesagt: ‚Du nein, wir brauchen deinen Verdienst ja auch'. Ich meine, wissen Sie: die Kinder in der Ausbildung, oder und so, und mein Mann zwei Jahre arbeitslos gewesen, oder. Das kommt dann noch dazu. Und dann, wissen Sie, ich habe auch Stammkunden. Man kann nicht einfach sagen: Ihr könnt jetzt nicht mehr kommen. Wenn man selbständig arbeitet, sieht das auch ein bisschen anders aus."

Sie habe sich dann aber gesagt, „wenn sie so schnell einen Platz gehabt hat, dann hat das Schicksal jetzt einfach auch für uns alle gestimmt, oder. Wieso eigentlich ein schlechtes Gewissen? Weil der Mama geht es ja besser." Sie habe von Monat zu Monat gesehen, wie sich ihr Zustand verbessert habe. „Die Mama hat eine soziale Eingliederung gehabt. Das heißt: Sie hat wieder regelmäßig gegessen. Sie hat zugenommen, sie ist ruhiger geworden, sie hat Leute, mit denen sie sich unterhalten kann. Also sie bekommt Impulse, sie muss sich sprachlich auseinandersetzen. Sie muss einen Tagesablauf einhalten. Und vor allem ist sie aufgehoben, wenn sie wieder – sie hat wirklich schizophrene Anfälle, heute noch."

Ähnlich wie Frau Kraft rekurriert auch sie auf eine übergeordnete, nicht beeinflussbare Instanz (Schicksal), um sich zu entlasten. Und sie betont, dass das Heim für die Mutter nur zum Besten war.

Ein schlechtes Gewissen habe sie deshalb schon lange nicht mehr. Denn eine Tochter, „die nur noch nervös ist", wäre für die Mutter auch nicht gut gewesen. „Meine Mutter hat auch gespürt, dass es nur noch Pflicht ist. Wissen Sie, (sie atmet tief ein), ich hätte sie zeitweise nudeln können. (…) Ich habe gewusst, sie kann nichts dafür. Ich habe gewusst, sie macht das nicht extra. Aber einfach: mein Tagesablauf, den ich ja auch habe einhalten müssen… Also, mein Leben ist ja weitergegangen. Ich habe gar niemanden gehabt, der mich unterstützt hat. Also es ist

einfach nicht mehr gegangen. Es hat nicht mehr Platz gehabt." Und dann auch all
die Vorwürfe, die man ihr gemacht habe. Sie habe gar nicht mehr im Laden einkaufen können. „Alle haben gefragt: ‚Was ist auch mit Ihrer Mutter, was hat sie? Sie
ist so komisch. Können Sie nicht schauen, der fehlt doch etwas.' Also so quasi, ich
würde sie vernachlässigen. Also das ist dann auch noch happig, oder. Dann muss
man sich ewig auch noch rechtfertigen. Obwohl man findet, das geht die Leute
eigentlich gar nichts an." Kritisiert worden sei sie auch von den Geschwistern,
weil sie die Mutter ins Altersheim gebracht habe. „Wieso hast du sie jetzt ins Heim
getan? Ist das jetzt nötig gewesen?" Darauf habe sie geantwortet, wenn sie schon
alles selber machen müsse, „handle ich frei, ich frage euch auch nicht mehr".

Falls sich ihr Zustand verschlechtere, könne sie aber nicht im Altersheim bleiben. „Das schiebe ich jetzt auch noch ein bisschen vor mir her (…) Dann muss ich
wieder einen Platz suchen. Das ist dann eigentlich noch das Einzige, was ich machen muss. Aber im Moment habe ich eigentlich keine Sorgen mehr, oder Befürch-
tungen." Seit die Mutter im Heim ist, sei sie entlastet. „Also es ist Zeit gewesen,
für mich ist es Zeit gewesen." Nun kann sie auch gelassener mit der Krankheit ihrer
Mutter umgehen, während das vorher anders gewesen ist. „Man fängt schon an,
auch ein bisschen zu hadern vielleicht. Wieso muss ich jetzt eine Mutter haben, mit
so einer aufwändigen Krankheit. Man wird dann Opfer, so quasi. (…) Am Anfang
verdrängt man, am Anfang habe ich mich gewehrt. Manchmal bin ich auch ungeduldig gewesen mit der Mama, oder aggressiv oder…, es ist alles vorgekommen.
So wie es jetzt ist, das hat auch eine Zeit gebraucht. Jetzt kann ich zurücklehnen,
jetzt kann ich es erzählen, emotionell ist es ruhig. Aber das ist nicht immer so gewesen." Durch die Überforderung sei sie ein bisschen von sich weggetragen worden. „Und jetzt bin ich wieder bei mir angekommen. (…) Mama lenkt mich nicht
mehr ab. Sie hat mich so abgelenkt, dass ich zum Beispiel nicht mehr so Freude am
Beruf gehabt habe. Es ist alles wie Stress geworden, Pflicht geworden. Ich bin mit
der Familie ungeduldig geworden. Und jetzt bin ich wieder bei mir angekommen.
Auch das Umfeld um mich herum spürt das. Jetzt ist alles einfach wieder so, wie
es gewesen ist. (..) Ich bin wieder die Alte, ja."

8.2.2.3   Bewältigung, Sinn und persönliche Gewinne

Über die Krankheit und damit verbundene Probleme in seinem sozialen Umfeld re-
den zu können, wird von den Befragten aus dem sozio-kulturellen Milieu deutlich
häufiger als eine Copingressource und eine Copingstrategie genannt als von den
Töchtern aus den anderen Regionen des sozialen Raumes. So meint Frau Ryffel:
„Untereinander haben wir viel über das geredet, also die Geschwister und ich, wir
Kinder untereinander. Und so ein bisschen unter den Verwandten und mit meinen

Freundinnen und so. Und ich habe es für mich bewältigen müssen, Bewältigungsstrategien finden, ja, reflektieren und darüber reden." Für die meisten Befragten aus diesem Bereich des sozialen Raumes ist es auch von zentraler Bedeutung, die Situation in einen größeren Bezugsrahmen „einordnen zu können". So kann man einem Ereignis, das aus wissenschaftlicher Sicht ganz und gar sinnlos ist, Bedeutung und Sinn verleihen und damit das Schwierige erträglicher machen. Im Unterschied zu den befragten Partnern aus der gleichen Region des sozialen Raumes ist dieser Sinnbezug jedoch nicht christlich-religiös und gottgegeben, sondern viel stärker individuumszentriert, was man soziologisch als Ausdruck des Individualisierungsprozesses in der zweiten Hälfte des 20. Jahrhunderts sehen kann, durch den die jüngeren Töchter viel stärker geprägt sind als die älteren Partner und Partnerinnen von Demenzkranken.

Die 44-jährige Frau Koch, die aus der Kirche „als Institution" ausgetreten ist und ihre Spiritualität auf ihre „eigene Art" lebt, meint, für sie sei fundamental, „einfach irgendwo noch verwurzelt zu sein, sei es im Glauben oder wie man das auch nennen will. Aber einfach auch, dass man so Sachen in einem größeren Zusammenhang anschauen kann." Sie habe gern den Überblick und sehe alles in einem „größeren Kontext". Und da mache alles irgendwie Sinn: die Erkrankung der Mutter, die sich gegen die ständigen Vorwürfe und Angriffe des Vaters geschützt habe, indem sie sich immer mehr ausgeklinkt habe, bis es dann irgendwann pathologisch geworden sei. Und Sinn mache auch ihre eigene Geschichte. Sie könne sich gut vorstellen, dass man wiedergeboren werde und „sich seine Eltern aussucht." „Und dann kann ich sagen: Okay, das ist meine Familiengeschichte, das ist total schwierig, das ist aber auch sehr positiv. Diese Krankheit ist total schwierig, aber ich meine, ich lerne extrem viel. Es hat für mich ein riesiges Entwicklungspotential, das sich aufgetan hat und ich nutze das voll. (…) Also darum passt es für mich auch." So habe sie sich zum Beispiel beruflich weiterentwickelt und ein Psychologiestudium begonnen. „Es fügt sich ja so extrem wieder zusammen, das Puzzle." Den Bescheid, dass sie zum Studium zugelassen ist, habe sie bekommen, als sie die Mutter ins Pflegeheim begleitet habe. „Es ist ein uh schwieriger Tag gewesen. Und ja, am Abend ist der Bescheid da gewesen. (…) Ja, das ist wirklich noch eindrücklich, wie das dann manchmal so zusammenspielt. F: Also würden Sie sagen: nichts ist zufällig? A: Ja."

Die „Spiritualität" von Frau Koch trägt Merkmale von „New Age", auch wenn ihr selbst dieser Bezug vermutlich gar nicht bewusst ist. So hat Stenger (1993) gezeigt, dass es sich bei „New Age" um eine individuumszentrierte, symbolische Ordnung handelt, in der sich alles einordnen lässt und alles Sinn macht:

- Es gibt keine Zufälle, alles hat seine Bewandtnis. „Nichts passiert in meinem Leben, ohne dass es für mich eine Bedeutung hätte."
- Im „Außen" spiegeln sich „innere" Entwicklungsprozesse. Krankheit ist ein Resultat psychischer Vorgänge.
- Alles im Leben wird positiv gewendet. Auch das Negative ist gut für mich, weil es mich in meiner Entwicklung weiterbringt.

Auch Frau Seitz, die einen ausgeprägten Hang zur Esoterik hat, sieht die Krankheit ihres Vaters nicht nur negativ, sondern auch als Anreiz für persönliche Lern- und Entwicklungsprozesse. „Wenn man einen Elternteil betreut, dann kommen unverarbeitete Schmerzen hoch und dann kommt vielleicht ein alter Groll zum Vorschein. Eben, die Situation, die ich erzählt habe: Mein Vater ist früher nicht da gewesen für mich. Und dann gehe ich am Morgen rein und sage: ‚Guten Morgen, es gibt Zmorgen' [Frühstück]. Und dann sagt er: ‚Ja' – und es passiert nichts. Eine halbe Stunde später, ich warte unten, komme wieder rauf und sehe: Ja, er liegt immer noch im Bett, genau gleich. Das triggert dann ja die alte Situation: Ich will etwas von ihm und er reagiert nicht. (…) Also die Sachen, die vielleicht noch nicht gelöst sind aus der Kindheit, die werden alle hochgespült in so einer Situation. Und mit dieser Fragetechnik und der Vergebungsarbeit habe ich eine wunderbare Werkzeugkiste, um mit dem umzugehen. (…) Es geht eigentlich letztlich darum, zu sehen, dass wir zwei uns die Situation so gewählt haben und einen Tanz miteinander tanzen, der uns die Möglichkeit gibt, die Sachen in uns zu lösen und zu heilen." Dass sie ihren Vater als einzige dieser Befragten zu sich genommen hat, sieht sie nicht nur als Opfer. Sie habe sich dadurch auch „die Chance gegeben, wirklich alles Unerlöste anzuschauen. Und es ist eine harte Arbeit, es ist zum Teil sehr hart. Aber es macht auch ganz weich. Ja, es ist eine große Herausforderung." Die schwierige Situation wird hier nicht nur als Chance gesehen, individuelle Lernprozesse zu durchlaufen. In ihrem individuumszentrierten Denken geht Frau Seitz noch einen Schritt weiter: Beide haben die Situation auch so gewählt, und damit die Möglichkeit geschaffen, sich von allem „Unerlösten" freizumachen und alte Wunden zu heilen.

Solche Lern- und Entwicklungsprozesse müssen nicht nur auf ein Leben beschränkt sein, sondern können sich für den, der daran glaubt, auch über mehrere Leben erstrecken. Und auch die Demenz kann so lediglich als eine Episode in einem übergreifenden Prozess gesehen werden, durch den der Kranke wieder zu sich selbst zurückfindet und seine geistige Gesundheit wieder hergestellt wird. So meint Frau Bergmann: „Also, da ich natürlich vom Beruf her an Wiedergeburten glaube, an karmische Verstrickungen glaube (…), dass es vielleicht auch für meine Mutter schlussendlich eine Erfahrung ist, wie auch immer, ich kann das nicht erklären, in der Krankheit irgendwie etwas zu erfahren. Das hilft mir insofern, als ich weiß, wenn sie, sagen wir, jetzt stirbt, physisch, dass ihr Geist nachher wieder klar ist. Das ist rein meine These. Und an dem halte ich mich. Also das wäre für mich furchtbar, wenn meine Mutter in der Krankheit stirbt und nachher ist es das gewesen. So, das war's dann, oder. Und ich glaube sowieso, dass eine Seele ja dann weiterlebt und hoffe auch, dass sie dann wieder ganzheitlich klar ist, was auch immer das heißt. Also im Intellektuellen, im göttlichen Bewusstsein Alpha fällt alles zusammen. Und das tröstet mich. Sie verlässt vielleicht die Erde sehr verwirrt, das ist halt dann so. Aber eventuell lebt sie wieder einmal. Oder in der geistigen Welt ist sie gesund. An dem halte ich mich.‚‚

Fazit Auf der kulturellen Seite im mittleren Bereich des sozialen Raumes gibt es Muster eines gemeinsamen, individuumszentrierten Habitus, der allerdings nicht bei allen Befragten das gleiche bedeutet. Das kann mit verschiedenen Denk- und Verhaltensweisen verbunden sein, die untereinander Distanz schaffen und lebensweltlich auch trennend wirken können. Was zu einer Heterogenität der Verhältnisse beiträgt, die trotzdem nicht strukturlos ist.

8.2.3 Heterogene Familienkonstellationen

Die Unterschiede im sozialen Raum können sich auch innerhalb der familialen Beziehungsgeflechte zeigen, in welche die Töchter eingebunden sind. Die Bedeutung solcher Unterschiede ist wiederum bei den Befragten aus den mittleren Gruppen am größten. Das soll im Folgenden an drei Beispielen dargestellt und analysiert werden, die zum Teil auch als Belege für Prozesse gelesen werden können, die wir bereits beschrieben haben. Wobei in den erwähnten Fällen auch weitere Unterschiede zum Tragen kommen: Unterschiede der Position im familialen Feld und im Generationengefüge zum Beispiel.

1. „Wir würden vieles anders machen als der Vater"
Frau Brogle ist vierzig Jahre alt und mit ihrem Mann in der (unteren) Mitte des sozialen Raumes positioniert. Ihr Vater ist gelernter Landwirt und hat einen Hof geführt, der heute vor allem von seinem Sohn und dessen Frau bewirtschaftet wird. Er ist 76 Jahre alt und kümmert sich um seine sieben Jahre jüngere Frau, die an Demenz erkrankt ist.

Vor neun Jahren, so um den sechzigsten Geburtstag der Mutter, erzählt Frau Brogle, habe man das Gefühl bekommen, „es stimmt etwas nicht mit ihr. Und weil mein Schwager auch irgendwie mit Chemie und so zu tun hat und in der Forschung ist, also dort auch ein bisschen involviert ist, ist das vor allem dann durch ihn ausgelöst worden, dass man das dazumal schon abgeklärt hat." Auch der Vater habe vermutlich gemerkt, „dass irgendetwas nicht mehr funktioniert. Aber ich weiß jetzt nicht, ob er von sich aus so früh reagiert hätte. Ich denke, dort ist schon der Schwager die treibende Kraft gewesen." Der Vater scheint die Defizite seiner Frau nicht als Anzeichen einer Krankheit interpretiert, sondern das Gefühl gehabt zu haben, „es müsse doch einfach noch gehen" (vgl. unten).

Auf die Demenzdiagnose habe der Vater nicht groß reagiert und wie immer nicht viel gesagt. Er habe auch nicht mit Leuten über die Krankheit seiner Frau geredet. „Das ist lange gegangen, bis er angefangen hat, Einzelnen irgendetwas zu sagen." Das sei einfach seine Art. „Es gibt Leute, die lösen das im Gespräch." Er hingegen sei nicht der Typ, „der Sachen, die ihn beschäftigen, an die große Glocke hängt." Wenn irgendetwas sei, versuche er das immer zuerst für sich auf die Reihe zu bringen. Ob es ihm auch wegen der Demenz Mühe gemacht habe, etwas zu sagen, wisse sie nicht, meint Frau Brogle. Sie stelle einfach fest: „weil es bei meiner Mutter mit Essen halt jetzt auch nicht mehr so funktioniert, dass er Mühe hat wegzugehen, irgendwo in die Öffentlichkeit. Das spürt man."

Wenn es nach ihr und ihrer Schwester gegangen wäre, hätte man die Umgebung früher informiert. „Ich denke, wenn die Leute ringsherum wissen, was los ist mit meiner Mutter, dann reagieren sie vielleicht auch anders, oder sie verstehen gewisse Sachen auch besser, als wenn sie finden, was hat jetzt die da wieder Komisches erzählt oder jetzt erzählt sie schon zum siebten Mal das Gleiche. Ich denke, das Verständnis wäre anders und eben vielleicht von der Hilfe her auch. (…) Also das ist sowieso die Spannung zwischendurch. Wir würden andere Sachen machen als das, was unser Vater macht. Und da stehen wir oft ein bisschen an."

Frau Brogle hat sich über die Krankheit informiert, während ihr Vater das nicht getan hat. Sie habe ihm dann immer wieder Informationsmaterial zugeschoben, wobei sie offen gelassen habe, was er damit macht. „Zum Beispiel gibt es auch von den Alzheimer [der Alzheimervereinigung] ein Dokument, wo es darum geht, dass man sich und seinen Partner einschätzt. Und dann habe ich gefunden, das würde ihm ja entgegenkommen, dann könnte er für sich alleine aufschreiben, was ihn alles beschäftigt. (…) Ja, und einfach so von seinen Gefühlen her und wie man auf die Dinge reagiert und alles. Mich dünkt es manchmal, wenn man sich Sachen schriftlich überlegt, dass es dann einfacher ist, Rückschlüsse zu machen, als wenn man es einfach im Kopf herumdreht. Also ich komme manchmal auf andere Gedanken, wenn ich mein Zeug aufschreibe." Sie habe ihm das vor ein paar Jahren gegeben, vermutet aber, „dass es irgendwo unberührt lagert", was aus soziologischer Sicht nicht sonderlich überrascht, weil solche Praktiken der Selbstreflexion und der Selbstbeobachtung dem Habitus von Menschen aus diesem Bereich des sozialen Raumes und aus dieser Generation in der Regel eher fremd sind.

Die Hauptbetreuungsperson ist der Vater. „Also er macht die ganze Haushaltung: er kocht, er wäscht, er putzt, je nachdem hilft er auch bei der Toilette, also von der Hygiene her, das funktioniert nicht immer alles. (…) Wobei ich denke, das macht ihm am meisten Mühe. Das ist halt etwas, wo er vorher nichts damit zu tun gehabt hat. Aber er hat wahnsinnig viel übernommen, was nur schon Haushaltung anbelangt, was früher gar nie in Frage gekommen wäre. (…) Man langt doch nicht irgendwie eine Bratpfanne an! Alles rund um die Haushaltung herum ist vorher klar definiert gewesen als Aufgabe von meiner Mutter." Jetzt macht alles er. „Er kocht sogar Konfitüre ein (lacht)."

Der Habitus ist weder unveränderbar, noch wirkt er situationsunabhängig (vgl. Karrer 1998, S. 34 ff.), wie das Beispiel zeigt. Was in einer gewöhnlichen traditionellen Geschlechterkonfiguration praktisch undenkbar ist, kann in einer veränderten Konstellation, in der die Frau plötzlich ausfällt, ganz anders aussehen. Jetzt kann man auch im Haushalt seinen Mann stehen, sofern man über die entsprechenden Fähigkeiten verfügt. Und ein Verhalten, das man vorher als herabsetzend empfunden hätte, kann eine ganz andere Bedeutung erhalten.

Während er für alles im Alltag Nötige sorgt, scheint er andererseits nur wenig Empathie für seine kranke Frau aufzubringen. „Dort, wo er für sich arbeiten kann, funktioniert es. Aber dort, wo wir zum Beispiel eben finden, es wäre schön, man würde die Mama auch noch ein bisschen einbeziehen, damit sie nicht alles verliert, dort fehlt ihm dann die Energie. (…) Mein Vater ist sehr ein Genauer, extrem ausgedrückt: ein Pingeliger. Und dann getraut sie sich auch nicht mehr, daneben Äpfel zu schneiden oder irgendetwas zu machen, weil sie das Gefühl hat, ja, ich genüge dem nicht. (…) Wenn man der Mama einen Apfel rüber gibt, dann schneidet sie nicht einfach diesen Apfel schön brav durch, sondern irgendwann träumt sie in der Gegend herum und dann musst du halt wieder sagen: du, wir sind am Äpfel schneiden." Der Vater mache das dann lieber selber. „Eben: ich denke, das ist das, was ihm zu viel wird auch. Also die ganze Haushaltung, das Machen von mehr Arbeit ist nicht das Problem." Sein Problem sei, dass er keine Geduld mit der kranken Mutter habe, „dass er für das dann nicht noch die Nerven hat. F: Haben Sie denn das Gefühl, er reagiert auf sie immer noch ein wenig so, wie wenn sie gesund wäre? A: Am Anfang schon, ja (die Tränen laufen ihr runter, während sie spricht). Er hat das Gefühl gehabt, es müsse doch einfach noch gehen. (…) Man wird dann aggressiv, wenn man das Gefühl hat, der andere macht es extra falsch. Also aggressiv, doch man hört es schon seiner Stimme an, aber er flüchtet sich dann ins Schweigen. Also nicht ins Ausrufen oder ins Schimpfen, sondern dass er einfach nichts mehr sagt. F: Und davonläuft. A: Genau." Ihr Vater habe das Gefühl, „du musst dich nur ein wenig zusammennehmen, dann geht das noch". Was nicht nur mit einer ausgeprägten Symptomtoleranz zusammenhängt, sondern auch beeinflusst ist durch sein somatisches und funktionales Krankheitsverständnis. „Krank" sei für ihn, „wenn man nicht mehr zum Bett rauskommt" und nicht mehr arbeiten kann. „Früher hat man geschafft, bis man umgefallen ist", was auch darin zum Ausdruck kommt, dass der Vater bis heute im Betrieb mitarbeitet.

Wegen dem Verhalten ihres Vaters geht Frau Brogle heute mehr zu ihrer Mutter als früher, weil sie sieht, „dass man die Mama noch mehr aktiv halten könnte, wenn man etwas macht mit ihr. Das ist auch der ausschlaggebende Grund gewesen, dass ich gesagt habe, ich gehe jetzt dorthin und will für sie etwas machen. Also ich gehe nicht dorthin um die Wohnung zu putzen oder sonst irgendetwas, sondern um die Zeit wirklich bewusst mit ihr zu verbringen." Sie tut das mit ihr, was ihr Vater nicht tut: Sie versucht ihre Mutter mehr einzubeziehen und mehr zu aktivieren. „Eben, von seinem ganzen Charakter her macht er das eigentlich dann gar nicht. Und so habe ich dann angefangen, kleinere Sachen mit ihr zu machen. Wir haben irgendetwas gebacken zusammen, also irgendetwas, das noch möglich gewesen ist."

Frau Brogle und ihre Schwester hätten auch gerne mehr professionelle Unterstützung, was der Vater jedoch ablehnt: „Zum Beispiel hätten wir schon viel früher eine Spitex organisiert, die einfach am Morgen ins Haus reinkommt und meiner Mutter helfen würde beim Waschen und Anziehen. Und er findet das nicht nötig." Auf die Frage, warum ihr Vater das nicht wolle, sagt sie: „Ja, man kann es bis jetzt noch selber. Und ich denke, es ist halt schon ein Schritt auch, die Türe aufzutun und....... ja, dass noch fremde Leute in der Wohnung rumlaufen. Und ein Stück weit ist es auch noch ein wenig der Stolz von einer Generation, die sich vieles selber erschaffen hat. Dass man nicht sagt, ich brauche jetzt Hilfe, es wäre gut, wenn, sondern so lange man kann, wurstelt man noch. F: Also wir werden selber damit fertig, so. A: Ja, ja. Und wir denken, auch dort wäre es ja eigentlich sinnvoll, er würde seine Energie ein bisschen gezielter einteilen und mehr Hilfe in Anspruch nehmen, damit er nicht irgendwann dann ausgebrannt ist."

Bei allem, wo die Töchter finden, das wäre eine Entlastung für ihn, „empfindet er nicht so". Es gebe zum Beispiel auch ein Heim, wo die Mutter „einmal in der Woche hingehen könnte, einen Tag lang. Und dort würde sie eben auch ein bisschen aktiviert und würden Sachen mit ihr gemacht. Das ist ja niemand, der ins Haus kommt, sondern da müsste er sie am Morgen quasi noch parat machen." Das wolle er auch nicht. „Er empfindet es als Stress, sie am Morgen auf eine gewisse Zeit parat zu machen." Offenbar ist für ihn jede Veränderung des Gewohnten eine Belastung. Und denkbar ist, dass auch finanzielle Überlegungen eine Rolle spielen. „Er ist einer, der seinem Zeug schaut. Und schaut, dass er seine Sachen zusammen hat (lächelt). Also ich denke, das ist auch immer ein Thema gewesen daheim. Dass meine Mutter ihn als geizig empfindet. Ich denke, das ist etwas, eben, was schon ein Leben lang Thema ist bei diesen beiden."

Die einzige externe Unterstützung, die sie haben, ist jemand von der „Freiwilligenhilfe", was die Töchter aber nur mit viel Überzeugungsarbeit durchsetzen konnten. „Da haben wir lange, lange mit ihm reden müssen, dass jemand von der Freiwilligenhilfe kommen darf, einen Nachmittag lang, jede Woche. Da haben wir also sicher ein Dreivierteljahr geredet, bevor er überhaupt bereit gewesen ist zu sagen: ja, wir probieren es mal."

2. „Knall in der Birne"
Frau Holm arbeitet im Behindertenbereich und lebt mit ihrem Partner zusammen, der Typograph gelernt hat. Während sie im mittleren, linken Bereich des sozialen Raumes positioniert ist, kommt er stärker aus dem Arbeitermilieu.

Wegen der Krankheit der Mutter, erzählt Frau Holm, sei es in der Beziehung zu Konflikten gekommen. Sie müsse ihrem Partner immer wieder sagen (betont jedes Wort): „Sie – kann – nichts – dafür! Weil er manchmal völlig wahnsinnig wird, wenn sie da die ganze Zeit das Geschirr herumschiebt. Und das mit dem Essen, das klappt eben auch hinten und vorne nicht mehr. Also sie sitzt ab und: zack, fängt sie an zu schaufeln, fängt sie an zu essen." Ihr Partner habe Mühe, die Krankheit zu verstehen und die Mutter als Kranke zu akzeptieren. Alzheimer sei eben nicht etwas, „wo du einen Verband machen kannst und dann ist das wieder gut. Alzheimer umfasst alles. Also sie kann auch nicht ein Tischgespräch führen mit uns in dem Sinne. Also sie kann dem Faden nicht folgen. Sie weiß nicht mehr, von was wir reden. Also müssen wir das irgendwie runterbrechen, dass es für sie stimmt. Wenn sie einen Satz sagt, dann nicht das lächerlich finden, sondern probieren, das einzusortieren, wo sie jetzt da gestanden ist. Und da hat er extrem Mühe. (…) Es ist ihm einfach zu fremd. Es ist ihm fremd. Fremd. Ja, es macht ihm Mühe. (…) Wir haben seine Mutter lange gepflegt. Sie ist an Krebs gestorben. Da ist er ganz ein Fürsorglicher gewesen. Er hat das besser akzeptieren können, weil das für ihn krank gewesen ist, oder. Das ist krank. Das ist nicht krank, das ist ein Knall in der Birne oder so."

Zusammen zu essen sei nicht mehr möglich. Nicht wegen der Mutter, „sondern weil es mein Partner nicht aushält. Weil er das einfach nicht fassen kann, dass das nicht geht. Da beißt er in den Tisch."

Sie habe er immer wieder ausgelacht, weil sie die Symptome der Mutter viel zu ernst nehme: „Hahaha, das ist ja völlig übertrieben, wie du das siehst." Darauf musste er „auf harten Befehl von mir dann so ein Buch lesen. (…) Wir lesen eigentlich nur abends im Bett. Und dann bin ich daneben gehockt und: du liest jetzt das! (lacht) Und so. Um da ein bisschen Aha-Erlebnisse zu haben. Auch um das zu verstehen. Man muss eben eine andere Sprache haben mit denen. Man muss wirklich anders... Sie ist krank! Da ist irgendetwas nicht okay. Und heute geht es schon besser."

Auf dem Hintergrund seines somatischen Krankheitsverständnisses trifft der Partner von Frau Holm die Unterscheidung zwischen einer Krankheit (Krebs) und „einem Knall in der Birne" (Alzheimer). Mit dem gleichen Klassifikationsschema hat Frau Roth (vgl. Kap. 8.1) unterschieden zwischen Alzheimer als legitimer Krankheit und Depression als etwas Unfassbarem, wofür man sich eher schämen muss. Das weist darauf hin, dass ein und dasselbe Klassifikationsmuster je nach sozialer Konstellation und der damit verbundenen Nähe zum Dementen zu einer unterschiedlichen Wahrnehmung von Demenz führen kann.

3. „Sie spielt nur Theater"

Frau Bergmann, die als Therapeutin und Masseurin arbeitet und im sozialen Raum in der unteren Mitte links positioniert ist, hat einen Bruder, der Gärtner gelernt hat. Dieser habe lange nicht glauben wollen, dass die Mutter Alzheimer hat. „Der hat gesagt: ‚Das stimmt nicht, das hat sie nicht und sie tut nur so und sie will auf sich aufmerksam machen'. Also er hat das gar nicht wahrhaben wollen. (...) Er hat mir wortwörtlich gesagt – also es ist sehr böse – er hat gesagt: ‚Ich will keine Mutter, die spinnt'. Also das sind seine Worte. Ich muss es jetzt halt so sagen. Ich kann ihm das nicht verübeln. Ich kenne ihn ja. Und ich weiß, dass da eigentlich nur seine Ohnmacht so grob zum Ausdruck gekommen ist. Und ich habe ihm dann auch gesagt: Also wieso? Was heißt eine Mutter, die spinnt? Die spinnt nicht. Sie ist ein bisschen anders in der Persönlichkeit. Natürlich verändert man sich. Dann sagt er: ‚Ich weiß, was Alzheimer ist. Die spinnen am Schluss. Die lallen, die machen in die Hose'. Da sage ich: Das ist der extremste Fall, das ist dann das Ende. Dort ist die Mama noch nicht, noch lange nicht. Jetzt ist die Mama noch da und sie versteht noch vieles. Also die Befürchtung ist noch gar nicht nötig."

Als ihr Mann meint, der Bruder solle die Mutter doch mal zwei Tage zu sich nehmen, „er müsse auch wieder einmal ein Wochenende mit mir haben oder für sich oder so", lehnt dieser ab: „‚Kommt nicht in Frage. Ich habe keine Zeit, ich bin nicht da'. (...) Ich habe sie ihm ja nicht einfach bringen können, wenn er sie nicht will. Und dann habe ich gesagt: Aber weißt du was, nimm sie doch einmal einen Nachmittag. Nach drei Stunden hat er gesagt: ‚Du, ich will sie nicht, ich halte sie nicht aus'."

Ihr Bruder habe noch vor einem halben Jahr behauptet: „Die Mutter hätte gar nicht ins Heim gemusst, sie spielt nur Theater. Dann habe ich gesagt: Hör, jetzt gehst du zum Arzt, mach jetzt mit ihm einen Termin. Er soll dir erklären, von A–Z, wie das gelaufen ist. (...) Dann ist er gegangen. Seither ist es für ihn okay. Der Arzt hat wahrscheinlich mehr Aussagekraft als ich. Und seitdem haben die Vorwürfe aufgehört. Aber mein Bruder hat auch mit mir den Kontakt abgebrochen. Wenn er sie besucht, erfahre ich das nie direkt von ihm, ich erfahre es einfach von Leuten im Heim, die mich kennen. (…) Jetzt ist sie zwei Jahre im Heim. Vier- oder fünfmal ist er bis jetzt gegangen."

8.3   Die Töchter aus dem oberen Bereich des sozialen Raumes

Zurückhaltende Informationspolitik

Wie die Partner und Partnerinnen sind auch die befragten Töchter aus dem oberen (ökonomischen) Bereich des sozialen Raumes bei der Orientierung über die Krankheit am zurückhaltendsten: sowohl gegenüber dem kranken Elternteil wie auch gegenüber dem näheren Umfeld der Familie. Mit der Mutter habe man bis heute nicht darüber gesprochen, dass sie Alzheimer hat, sagt Frau Weber (43 J.). „Ich glaube schon, dass sie es weiß, dass sie es merkt. (…) Sie sagt schon, ,je perds la tête' oder so, das sagt sie schon." Darüber reden tue man jedoch nicht.

Die Mutter versucht, ihre Souveränität gegenüber der Krankheit zu behaupten, indem sie Defizite mit Humor übergeht oder von sich aus mit gespielter Selbstironie anspricht: „Sie sagt, au, der hat ja Geburtstag, du weißt, Geburtstage kann ich mir sowieso nie merken." Und während sie sich früher noch bemüht hat, an Gesprächen teilzunehmen, tut sie nun so, als ob sie sich langweilen würde. „Jetzt hockt sie wie gelangweilt da. (…) Ich finde das fast noch besser als wenn sie – früher hat sie mehr gemeint, sie müsse jetzt auch noch etwas Gescheites sagen." Miterleben zu müssen, wie die Mutter sich bemühte, aber nicht mehr konnte, war auch für ihre Tochter eine schwierige Situation. Nicht allein deshalb, weil es wehtat, die Mutter so gestresst zu sehen, sondern weil damit jener Verlust an Souveränität offensichtlich wurde, der im Habitus von oben tief verankert ist.

Freundinnen der Mutter hat man erst unterrichtet, als die Krankheit augenfällig wurde. „Ja, also offiziell seit einem Jahr, würde ich jetzt sagen. Am siebzigsten Geburtstag hat sie ein großes Fest gemacht. Und da haben alle so getuschelt." Informiert hat man aber nur ihre beiden engsten Vertrauten, während man auch nahen Verwandten nichts gesagt hat. „Meine Mutter ist mit meiner Tante im Theater gewesen vor ein paar Monaten. Und die hat das nicht gewusst. (…) Die hat das gleich geschnallt. F: Und dann hat sie von sich aus gefragt? A: Ja, sie hat dann angerufen und so. Sie hat nicht gewusst, ob es ein Hirntumor ist, das kann es ja auch mal sein. Sie wollte wissen, ob wir das abgeklärt haben."

Informiert hat Frau Weber aber mittlerweile ihre eigenen Freundinnen und die Familie ihres Mannes. Über die Demenz der Mutter zu sprechen, falle ihr jetzt

„leichter als vielleicht am Anfang. Ich habe es am Anfang glaub gar nicht so gesagt, mehr wegen der Mutter, dass man sie so taxiert, ja, so wie abstempelt oder so." Eine Angst, die nicht unbegründet war: Als die Freundinnen die Mutter weiter zum Bridge mitnehmen, beschweren sich die anderen Mitspielerinnen und schließen sie von ihrer Runde aus. „Die Leute ziehen sich schon zurück aus dem Freundeskreis. Und ich muss sagen, das hat mir sehr wehgetan, als die Leute gesagt haben, sie könne nicht mehr ins Bridge kommen. Das finde ich grauenhaft. (…) Wissen Sie, die Leute sind ja sehr ehrgeizig zum Teil. Die nehmen das total ernst. Dass es wie ein Störfaktor ist. Sie ist wie ein Kind da, sie stört."

Das gleiche Muster zeigt sich auch bei Frau Guldin (45 J.): Auch sie hat nur wenige und ganz gute Freunde informiert, und zwar erst dann, als man die Demenz der Mutter nicht mehr übersehen konnte: „Da hat die Mama abgemacht gehabt, irgendwohin zu gehen und die Leute sind sie abholen gekommen. Und meine Mutter hat irgendwie angefangen zu weinen, sie könne nicht kommen und Zeug und Sachen. Und dann nachher…, einfach mit ihren ganz guten Freunden habe ich es besprochen. Und sehr viele ahnen es einfach und sagen nicht viel darüber." Einer anderen Freundin hat es Frau Guldin erst erzählt, als ihre Mutter eine gemeinsame Reise mit ihr abrupt abgebrochen hat. Und da sei die natürlich weg gewesen. „Sie hat dann gefunden: ,Nein, das…' F: Wie? A: Einfach, die Freundin hat dann nicht mehr… Sie geht nicht mehr mit ihr in Ausstellungen, weil sie einfach Angst hat, auf so jemanden aufzupassen. F: Haben Sie denn das Gefühl, weil Sie gesagt haben, sie habe Alzheimer? A: Ja, ja. Weil sie die Verantwortung nicht hat übernehmen wollen."

Die Tabuisierung und Kaschierung der Krankheit in diesem Milieu könnte also auch damit zusammenhängen, dass der Demente hier möglicherweise besonders Gefahr läuft, Kontakte zu verlieren und von gemeinsamen Aktivitäten ausgeschlossen zu werden.

Verglichen mit den Partnerinnen aus dem oberen Bereich des sozialen Raumes gehen die Töchter allerdings offener mit der Demenz des Familienangehörigen um. Zu sagen, dass die Mutter oder der Vater an Demenz leidet, macht ihnen weniger Probleme. Wohl auch deshalb, weil ihr eigenes Leben und ihr eigener Status dadurch weniger tangiert werden.

Viel professionelle Hilfe

Die Töchter aus dem oberen Bereich des sozialen Raumes verfügen über die meiste professionelle Hilfe, sowohl für die Betreuung des kranken Elternteils wie für den eigenen Haushalt. Das gilt besonders für Befragte aus sehr wohlhabenden Familien.[13]

---

[13] Entscheidend ist nicht allein das Kapital der Befragten, sondern auch jenes der Eltern.

Frau Guldin hat eine Bedienstete, die fünfzig Prozent für sie und fünfzig Prozent für die Mutter arbeitet. Sie geht einkaufen, kocht, putzt, staubt ab und macht die Küche, das Badezimmer und die Wäsche. „Und eigentlich ist das Ziel, dass sie meine Mutter auch herumfährt, zum Friseur, in die Oper oder ins Theater." Die Hausangestellte wohnt in der Familie von Frau Guldin, wird jedoch ins Haus der Mutter ziehen, die gleich nebenan wohnt. „Dann ist sie näher bei meiner Mutter. Ist aber auch nahe bei uns, sie ist dann einfach so zwischendurch. Und meine Mutter, die braucht immer mehr und mehr Hilfe." Neben dieser Hausangestellten hat Frau Guldin auch noch eine Frau, die ihr die Wäsche bügelt: „und that's it".

Die Mutter von Frau Schneider (52 J.) hat schon lange eine Haushälterin, „die auch über 65 ist" und nun ihre Arbeitsstunden reduziert hat. „Es ist extrem anspruchsvoll, von morgens bis abends um meine Mutter herum zu sein." Deshalb hat man zusätzlich eine private Pflegeorganisation engagiert, die von einem „Hauptpfleger" geführt und koordiniert wird. „Er bekommt eine Pauschale pro Monat, wovon er dann seine Pfleger beschäftigt. Und wenn dann manchmal ein Wechsel ist, stellt er uns die neue Person vor. Das sind nicht Leute aus dem Alzheimer- oder Pflegefach. Aber es ist eigentlich gut. Es geht gut." Von dieser privaten Pflegeorganisation wird die Mutter rund um die Uhr betreut, was man sich aufgrund des umfangreichen ökonomischen Kapitals problemlos leisten kann.

Weil die Mutter „auf eine Art nicht mehr zurechnungsfähig ist", hat man den früheren Treuhänder des Vaters als Beistand engagiert „Man muss ja ein bisschen schauen, sie könnte ja morgen das ganze Vermögen irgendjemandem übergeben. Also solche Gedanken sind mit dabei gewesen. Das hat sie aber nie realisiert. Man hat nicht gesagt, Mama, du bekommst jetzt einen Beistand. Weil das sind ja sowieso Sachen, wo sie sich ihr ganzes Leben lang nicht darum gekümmert hat."

In Familien mit viel ökonomischem Kapital kann man Aufgaben, die von einzelnen Geschwistern wahrgenommen werden, auch entlohnen. Der Bruder von Frau Schneider zum Beispiel hat „ein Mandat von uns übernommen. (…) Das ist bezahlte Arbeit. Und das haben wir alle gewollt. Er bekommt einen kleinen Lohn für das, weil er auch sehr viele Sitzungen mit diesem Beistand hat. Die Mutter hat Immobilien, dann muss man sich mit den Verwaltungen herumschlagen. Da sind einfach Sachen herum, die gemacht werden müssen. Das macht er."

Doch auch wenn man für seine Tätigkeit bezahlt wird, begründet man ihre Übernahme nicht mit ökonomischen Motiven, denen etwas Berechnendes anhaftet, das nicht zur Vorstellung von „Familie" passt, sondern mit filialsolidarischen Beweggründen, wie das nachstehende Beispiel von Frau Scherrer zeigt (vgl. auch Perrig-Chiello et al. 2008, S. 225).

„**Ich bekomme einen großen Lohn**" Frau Scherrer (55 J.), die von ihrem Mann getrennt ist, kümmert sich um ihre demenzkranke Mutter und wird dafür von den Geschwistern entlohnt. „Also ich mache es nicht unentgeltlich, ich bekomme einen recht guten, großen Lohn. Also meine Zeit ist sehr gut bezahlt." Nach einer schweren Krankheit sei sie vor der Wahl gestanden, „schaue ich der Mama oder fange ich wieder an zu arbeiten. Irgendwo muss ich mich ja wieder engagieren." Ihr Entscheid sei durch eine frühere Aussage der Mutter mit beeinflusst worden. „Als der Papi gestorben ist und wir das Erbe haben aufteilen dürfen oder können, hat Mami eigentlich gesagt, mir ist es gleich, wer was wie wann und warum bekommt. Ich möchte einfach nicht in ein Heim. Und das ist für mich schon auch noch eine ganz starke Aussage gewesen, wo ich das Gefühl gehabt habe, ich muss der Mama möglichst lange das zugestehen können, dass man sie nicht einfach abschiebt."

Professionelle Hilfe als Konfliktgegenstand

Wegen der professionellen Hilfe kann es mitunter auch zu heftigen Auseinandersetzungen zwischen den Geschwistern kommen, wie die zwei folgenden Fallbeispiele zeigen.

Geld, das für nichts das Loch runtergeht Während Frau Schneider und ihr Bruder die Mutter daheim behalten möchten, befürwortet die Schwester, sie in ein Heim zu bringen. „Was heute einfach der Zankapfel ist wegen dem Heim: Wieviel realisiert sie noch? Ich könnte jetzt auch ganz krass sagen: Diese Pflege daheim kostet sehr viel Geld. Ist es das noch wert, nachdem meine Schwester das Gefühl hat, sie realisiert ja ohnehin überhaupt gar nichts mehr." Ihr „Bauchgefühl" sage ihr jedoch, dass die Mutter noch mehr mitbekommt als vermutet, weshalb es für sie besser sei, wenn sie daheim bleibe. „Und wenn es nur ansatzweise eine Beruhigung ist, die ich nicht greifen kann, dann ist es mir das wert." Zudem sei es Geld, das der Mutter gehöre.

Auch die Schwester sei am Anfang dafür gewesen, die Mutter daheim zu pflegen. Heute habe sie jedoch das Gefühl, dass das nichts mehr bringt: ,„Die Mama weiß ja nicht einmal mehr, dass sie daheim ist, man kann sich das Geld sparen.' Und manchmal argumentiert sie auch mit der Qualität der Pflege. Dass diese Leute zu wenig ausgebildet sind." Unterstützt wird sie von ihrem Gatten, einem Financier: „Der regt sich natürlich auch auf wegen dem vielen Geld, das da das Loch runtergeht, für nichts." Für beide sei das „rausgeworfenes Geld."

Die Auseinandersetzungen mit der Schwester scheinen zum Teil ziemlich handfeste Formen anzunehmen: „Es hat zwei, drei Situationen gegeben, ich glaube, wenn sie vis-à-vis gewesen wäre, hätte ich ihr eine Flasche auf ihrem… Aber ich habe mich dann schnell wieder beruhigt. Im Moment meidet sie auch den Kontakt mit mir, also wahrscheinlich, weil sie einfach merkt, es kommt nicht an." Den Bruder hingegen beschäftige das mehr, wenn die Schwester „ganz unter die Gürtellinie" gehe. Deshalb hätten sie in letzter Zeit Diskussionen gehabt, ob es nicht doch besser wäre, die Mutter in ein Heim zu bringen. Sie seien auch verschiedentlich „Altersresidenzen" anschauen gegangen, hätten aber gefunden, „das kann es nicht sein für die Mutter. Einfach wegen der Stimmung, die dort geherrscht hat oder den Leuten, die wir dort gesehen haben. Weil wir gewusst haben, wie meine Mutter gelebt hat oder wie sie jetzt noch lebt."

Wer bekommt die Haushaltshilfe? In der Familie von Frau Guldin gibt es einen Konflikt wegen der erwähnten Hausangestellten. Diese ist je zur Hälfte für die kranke Mutter und für Frau Guldin angestellt. Die Geschwister haben jedoch das Gefühl, dass sie mehr für Frau Guldin arbeitet. „Also ich würde davon profitieren." Dazu meint Herr Guldin, der zum Gespräch gestoßen ist: „Dafür gibt sie dir den Freiraum, dass du dich mehr um deine Mutter kümmern kannst. Und das ist das, was deine Geschwister nicht einsehen. Frau Guldin: Sie hätten meine Mutter nie irgendwohin gefahren, nie! Herr Guldin: Es ist eine Frage des Neides. Dein Bruder hätte auch gerne jemanden, der mehr für die Kinder schaut." Deshalb habe dieser gewollt, dass die Mutter zu ihm in die Nähe zieht. „Weil dann diese Hausange-stellte auch umzieht und logischerweise dann bei ihm hilft. Und da haben wir dann erklären müssen: nein. Sie müssen zuerst sie fragen, ob sie zu ihnen kommen will. Die will nämlich nicht." Eine Alzheimerkranke könne man auch nicht einfach aus ihrer gewohnten Umgebung reißen, meint Frau Guldin. Und der Frau des Bruders wolle sie ihre Mutter ohnehin nicht anvertrauen, denn die habe mal gesagt, die Mutter „sei ein Arschloch" und mit dieser Familie wolle sie „so wenig Kontakt wie möglich" haben. „Und dann sagt sie aber, sie könne meiner Mutter die Me-dikamente geben. Meine Mutter würde jeden Tag zusammengeschissen werden, weil die also sehr ruppig ist. Herr Guldin: Ich denke auch, sie wird sich nicht so kümmern. Und das ist für mich auch noch verständlich, dass eine Schwiegertoch-ter weniger macht. Ich meine, eine Tochter-Mutter-Beziehung kann natürlich auch schlecht sein. Aber wenn sie nicht schlecht ist, dann ist die Tochter prädestiniert, um so etwas zu machen. Und macht es auch mit mehr Liebe, nehme ich an." Auch Frau Guldin erwähnt immer wieder, dass es die Mutter am liebsten habe, wenn sie sich um sie kümmere. In der kurzen Zeit, die sie bei den Geschwistern sei, erhalte sie ohnehin nur wenig „Anerkennung, Wärme und Herzlichkeit." Wäre die Mutter zu ihrem Bruder gezogen, hätte sie ein schlechtes Gewissen, meint Frau Guldin. „Weil ich wüsste nicht, ob sie gut betreut ist. Sie wäre vereinsamt. Darum finde ich gut, wie es ist. Ich kenne meine Brüder, die machen sowieso nicht viel. Das ist meine Aufgabe."

Das heißt nicht, dass Konflikte nur im oberen Bereich des sozialen Raumes vorkommen. Sie zeigen sich hier lediglich in spezifischer Form. So muss man, um einen Kampf um die Hausangestellte führen zu können, eine Hausangestellte sich auch erst mal leisten können.

Caremanaging

Die meisten Töchter aus dem oberen Bereich des sozialen Raumes, die wir befragt haben, konzentrieren sich vor allem auf die Organisation der Unterstützung, wobei – wie im Falle von Frau Schneider – auch das noch professionalisiert sein kann. „Aufräumen, das mache ich nicht. Und ich putze auch nicht bei meiner Mutter", meint Frau Guldin bestimmt. Für Hausarbeiten ist das Personal zuständig, während sie vor allem als Care-Managerin fungiert, die alles organisiert und sich daneben auf folgende Tätigkeiten konzentriert:

- Sie sortiert die Post und gibt der Mutter lediglich die „Einladungen für Konzerte oder für Ausstellungen. Den Rest nehme ich weg. Das erledige ich."
- Manchmal nimmt sie die Mutter mit in die Stadt, bringt sie ins Kunsthaus oder in einen Bücherladen und holt sie dann wieder ab, nachdem sie ihre Besorgungen erledigt hat. Oder sie fährt mit ihr aus: „Dann sitzt sie im Auto und kann schwatzen und findet es irrsinnig. (…) Oder wenn ich sie einlade, einen Kaffee zu trinken. Das findet sie super."
- Vor allem aber achtet Frau Guldin auf die äußere Erscheinung der Mutter, was ihr sehr wichtig ist: „Sie läuft immer mit ungekämmten Haaren herum. Ich muss einfach ein bisschen schauen, dass sie ein bisschen gepflegter daherkommt. Und das kann das Dienstmädchen nicht so gut sagen. Ich mache ihr meistens die Haare und dass sie sich einfach ein bisschen chic macht, dass sie einfach ein bisschen Make-up aufträgt, oder was auch immer. Dann fühlt sie sich auch besser. Und jedes Mal, wenn sie ausgeht, gehe ich zuerst mit ihr zum Friseur. (…) Dann geht sie aus und fühlt sich sicher und gut. Und das ist eben wichtig." Sie muss sie auch beraten, was sie anziehen soll. „Weil sonst geht sie mit Jeans aus dem Haus. Und das will sie auch selber nicht."

Auch für diese Töchter ist klar, dass man sich um den kranken Elternteil kümmert, das bedeutet hier jedoch etwas anderes als in den unteren und mittleren Regionen des sozialen Raumes. Die umfangreiche professionelle Hilfe und die weitgehende Beschränkung auf das „Caremanaging" ermöglichen es, den Demenzkranken lange daheim zu behalten[14] und seine Verantwortung als Tochter wahrzunehmen,

---

[14] Oben scheint man den Dementen am längsten daheim betreuen zu können. „Eben, ich glaube, dort ist jetzt einfach die spezielle Situation, dass wir die Mutter nicht selber pflegen, sonst ginge das wahrscheinlich schon längst nicht mehr. Dann hätten wir sie wahrscheinlich in ein Heim getan. Es ist ganz klar, wir haben von dem her eine komfortable Situation."

- ohne bei seinem eigenen Leben große Abstriche machen zu müssen. Es sind denn auch die Befragten von oben, die am häufigsten angeben, nichts aufgegeben und immer noch genügend Zeit für sich zu haben.
- und ohne selbst allzu sehr involviert zu sein. Die professionelle Unterstützung verschafft ihnen Möglichkeiten der Distanzierung, die den anderen Befragten weniger oder gar nicht zur Verfügung stehen. Frau Guldin zum Beispiel meint: „Manchmal ist es einfacher und manchmal ist es weniger einfach. Dann schicke ich dann jeweils das Mädchen runter (lacht)." Die Betreuung von Frau Schneider konzentriert sich auf ein wöchentliches Treffen mit der Mutter in einem Restaurant im Beisein ihres Pflegers. Und Frau Weber meint, sie müsse nicht alles wissen, was die Haushälterin bei der Mutter erlebe, weil ihr das zu nahe gehe. Diese Distanz ermöglicht ihr auch eine gewisse Gelassenheit der Mutter gegenüber, die sie – wie sie selbst sagt – nicht aufbringen würde, wenn sie stärker mit ihr konfrontiert wäre. Man kann auch Distanz halten zu jenen unangenehmen körperlichen Folgen einer fortgeschrittenen Demenz, denen man im unteren Bereich des sozialen Raumes viel direkter ausgesetzt ist: der Inkontinenz zum Beispiel. Und aufgrund des größeren Abstands kann man es sich auch eher erlauben, sich bewusst nicht allzu sehr mit der Krankheit zu befassen. So meint Frau Guldin: „Ich habe auch sozusagen nichts über Alzheimer gelesen, weil ich es einfach da oben habe."

Dass die Pflege vor allem von Fachkräften gewährleistet wird, macht das Betreuungsverhältnis auch unabhängiger von der Qualität der Beziehung zwischen Tochter und krankem Elternteil. Auch wenn man sich nicht gut verträgt, kann man seine filiale Verantwortung, die man trotz allem spürt, auf Distanz wahrnehmen und sich auf diese Weise „ein einigermaßen zufriedenes Gewissen" verschaffen, wie Frau Bussmann (55 J.) sagt.

Doch nicht alle Befragten von oben verfügen über so viel ökonomisches Kapital wie die Familien von Frau Bussmann, Frau Guldin oder Frau Schneider. So hat zum Beispiel Frau Schwarz (48 J.), die aus einer „Mittelschichtfamilie" stammt und als Juristin in einer hohen Kaderposition beim Staat arbeitet, zwar mehr kulturelles, aber deutlich weniger ökonomisches Kapital als diese Befragten. Und ein Arrangement privater Unterstützungsformen wie in den reichen Familien könnte sich ihre Mutter nicht leisten.

Weil weniger ökonomisches Kapital vorhanden ist, ist hier das informationelle Kapital wichtiger. Für Frau Schwarz ist die Akkumulation von Informationen über die Krankheit und die vorhandenen Unterstützungsangebote von zentraler Bedeutung. Eine Frau von der Spitex habe ihr gesagt, „ich sei in kürzester Zeit zur Spezialistin der Krankheit geworden, was ich denn von ihr noch wissen möchte".

Im Unterschied zu den Befragten mit sehr viel ökonomischem Kapital, versucht Frau Schwarz stärker, die verfügbaren staatlichen Angebote zu nutzen und ihr nahe stehende Personen in die Betreuung einzubeziehen, was auch mit ein Grund war, warum sie ihre Umgebung über die Krankheit der Mutter informiert hat. So verfügt auch die Mutter von Frau Schwarz über vergleichsweise viel Hilfe, obwohl sie erst einige Monate vor dem Interview abgeklärt worden ist und die Krankheit sich noch im Anfangsstadium befindet: Sie ist drei Tage im Tagesheim, hat Spitex und einmal pro Woche jemanden „für Feldenkrais": eine Atemtherapie, die sie, nach Überzeugung von Frau Schwarz, gelassener macht und auch in der Wahrnehmung unterstützt, „was noch geht und was nicht mehr geht. (…) Das haben wir mit der ‚Physioverordnung' über den Arzt machen können, dass das auch bezahlt wird." Am Donnerstagnachmittag kommt jemand für zwei Stunden zu Besuch, was von der Spitex organisiert worden ist. Und am Freitag von drei bis sieben ist eine Frau im Auftrag der „Spitexvereinigung" da, „damit das Nachtessen sichergestellt ist. Und nach Absprache auch noch am Samstag und am Sonntag so zwei, drei Stunden." Von Montag bis Donnerstag hat sie einen „Mahlzeitendienst" und einmal im Monat eine Putzfrau, auf der Frau Schwarz gegen den Willen ihrer Mutter bestanden hat: „Dann ist es wieder mal richtig gemacht." Zudem ist für jeden Abend eingeplant, „wer meine Mutter noch anruft oder reinschaut". Am Wochenende holt sie der Bruder zum Abendessen. Und schließlich schaut auch noch ihr Ex-Mann einmal pro Woche bei der Mutter vorbei. „Und wenn jemand sonst noch Besuche macht, ist es ja gut. Aber meine Mutter hat ihren Bekanntenkreis nicht gepflegt. Sie hat eigentlich niemanden, der sie einfach so besucht. Das ist jetzt wirklich ein Bumerang. Sonst hätte ich das nicht machen müssen. Aber ich weiß, dass sie sonst wirklich alleine daheim sitzt. Wirklich alleine."

Die Mutter hat „enorm viel Unterstützung", sagt Frau Schwarz nicht ohne Stolz. „Ich habe alles organisiert. Organisiert habe ich es. Und so wie einen Stundenplan gemacht. Und alle Leute sind informiert. Und es funktioniert eigentlich gut. Aber es ist ein Aufwand." Sogar die Mutter sage: „Im Organisieren bist du gut", meint Frau Schwarz lachend. „Unterschwellige Vorwürfe sind besondere Komplimente."

Auch Frau Schwarz fungiert vor allem als „Care-Managerin", sie ist jedoch stärker in die Betreuung involviert als die erwähnten Befragten mit mehr ökonomischem Kapital.[15] Und stärker als diese lebt sie in einem Spannungsfeld zwischen den Anforderungen ihres eigenen Lebens und den Wünschen ihrer kranken Mutter: Sie ist beruflich sehr engagiert, allein erziehende Mutter eines Sohnes, mit dem sie

---

[15] Sie kocht auch einmal pro Woche für die Mutter und geht jeden zweiten Freitag mit ihr zum Arzt. „Und am Wochenende können wir auch einfach abmachen."

im eigenen Haus lebt[16] und hat einen Freund, der nicht bei ihr wohnt, was für sie im Moment auch kein Thema ist. Auf der anderen Seite ist sie konfrontiert mit den Ansprüchen ihrer Mutter, die schon früher sehr vereinnahmend gewesen sei, meint Frau Schwarz, weshalb sie lange um ihre Eigenständigkeit habe kämpfen müssen. „Und ich habe es erreicht, denke ich, ja, auf ziemlich harte Art eigentlich, weil ich mich dann irgendwie ziemlich abgegrenzt habe." Wofür sie jedoch mit Schuldgefühlen bezahlt hat,[17] die von der Mutter offenbar auch geschürt wurden. „Meine Mutter hat sich auch früher nicht bei mir gemeldet. Sie hat immer erwartet, dass wir uns melden."

Heute, da die Mutter krank ist, fällt diese Abgrenzung wieder schwerer. Umso mehr, als die Mutter ihre Krankheit auch als Kapital nutzt, um ihre eigenen Interessen durchzusetzen.

Der Widerspruch zwischen den Erwartungen der Mutter und den Erfordernissen und Ansprüchen eines eigenen Lebens sind eine Quelle ständiger Probleme. Belastend findet Frau Schwarz zum Beispiel die „Feuerwehrübungen", die sie machen muss. So kommt es häufig vor, dass die Mutter anruft und etwas von ihr will, wenn sie sich bei ihrem Freund im Kanton Luzern aufhält oder geschäftlich unterwegs ist. „Eigentlich habe ich fast immer am Morgen um acht einen Anruf gehabt von meiner Mutter oder irgendwie am Abend um sieben am Samstag, ich müsse jetzt irgendetwas, ihr das Bein einreiben oder mit ihr zum Doktor oder mit Essen etwas. Und das sind eigentlich nicht große Sachen, aber so im Takt, wie es immer gekommen ist, fängt es an mich zu ärgern, ja, ärgert es mich. (…) Oder wenn ich wie gestern Abend nach Hause komme, sie anrufe und sie sagt: ja, meldest du dich auch wieder mal. Aber ich bin zwei Tage im geschäftlichen Business gewesen und bin quasi heimgekommen, habe meinem Sohn grüezi gesagt und habe sie dann angerufen." Dieses beständige hin- und hergerissen sein, „das ist eigentlich das Schlimmste. Und ich belaste mein Umfeld, das ist so." Ihr Freund sage, „ich bringe meine Mutter nicht mehr zum Kopf raus."

Ihre Rolle als Care-Managerin ist eine Art Kompromiss zwischen der Behauptung ihrer eigenen Selbständigkeit und den häufig vorwurfsvoll geäußerten Ansprüchen der Mutter. Frau Schwarz kann ihre Pflichten als Tochter erfüllen und für ihre Mutter sorgen, ohne sich völlig vereinnahmen zu lassen und ohne ihr eigenes Leben aufgeben zu müssen.

Doch was auch immer sie tut, stets hat sie das Gefühl, dass es der Mutter nicht genügt. So kommt es vor, „dass sie mich schlecht macht vor dem anderen Betreu-

---

[16] Etwas entlastet wird sie von einer Putzfrau und einer Tagesmutter, bei der ihr Sohn mittlerweile aber nur noch zu Mittag isst. „Früher ist er natürlich noch mehr dort gewesen."

[17] Leiden kann als Gegenwert fungieren, mit dem sich Schulden abtragen lassen (Nietzsche 1991 [1887]; vgl. auch Karrer 2015).

ungsnetz. Ich mache immer noch zu wenig, oder. Ich gehe halt ins Wochenende. Und dass ich jetzt eigentlich keine Ferien mache und so, das sieht sie alles nicht." Die Mutter vermittle ihr auch das Gefühl, dass andere alles besser können. „Das verletzt schon ein bisschen. Und das ärgert und macht mich schon böse." Diese Vorwürfe der Mutter sind wohl mit ein Grund, warum sie die Woche der Mutter so durchorganisiert hat und im Interview so betont, wie viel Aufwand mit der ganzen Organisation verbunden ist.

Von ihr als Tochter erwarte die Mutter eindeutig mehr als von ihrem Bruder, sagt Frau Schwarz. Sie sei jedoch in der Abgrenzung von der Mutter „wieder sehr rigoros geworden." Sie habe sich so sehr vereinnahmt gefühlt, „dass ich gemerkt habe, also ein halbes Jahr schaffe ich das nicht in diesem Takt." Sie habe sich gesagt, „jetzt muss ich mich wieder für ein Wochenende rausnehmen", ohne groß zu diskutieren, „ob das jetzt gut oder schlecht ist."

Sie plant, „das System" eine Zeit lang weiterlaufen zu lassen und dann „einen Schub zu geben, dass sie dann wirklich ins Heim, in die Sonnweid, geht", wo sie angemeldet ist. Auf ein geplantes Probewohnen habe man verzichtet, weil die Mutter Schwierigkeiten gehabt habe, „in das System reinzukommen", das sie für sie organisiert hat. „Da habe ich mit dem Heimleiter geredet und gesagt, wir möchten das lieber aufschieben. Und er kennt das, dass das ja nicht so genau planbar ist. Und bin mit ihm verblieben, dass ich mich jeden Monat mal bei ihm melde."

Frau Schwarz ist im oberen, eher kulturellen Bereich des sozialen Raumes positioniert. Ihr Fall gleicht aber in manchem stärker den Befragten von „Mitte links" als jenen von „Oben rechts". Das entspricht der Vermutung, dass im oberen Feld die horizontalen Unterschiede zwischen ökonomischem und kulturellem Pol teilweise grösser sind als die vertikalen Unterschiede zwischen oberem und mittlerem Bereich auf der kulturellen Seite – zumindest in den Nachkriegsgenerationen.

8.4 Erfahrungen mit Ärzten und Pflegediensten und wichtigste Anliegen

8.4.1 Die Kritik an den Ärzten

Von den insgesamt 19 Töchtern, die zu diesem Punkt befragt worden sind, berichten 14 (73,7 %) von mehr oder weniger negativen Erfahrungen, die sie im Laufe der Krankheitsgeschichte ihrer Mutter oder ihres Vaters mit (Haus-)Ärzten gemacht haben. Etwas mehr als die Hälfte beklagt sich darüber, dass der Arzt die Abklärung verzögert habe und rund zwei Drittel sind der Meinung, der Arzt sei in

Demenzfragen zu wenig kompetent bzw. kritisieren die Art, wie er mit ihnen umgegangen ist. Das soll an ein paar Beispielen verdeutlicht werden:

- „Bei meiner Mama hat die Ärztin gewechselt", erzählt Frau Brogle. „Und wir
  haben das Gefühl gehabt, die, die nachher diese Stelle übernommen hat, die
  interessiere sich nicht für das Thema. (…) Oder sie verstehe es nicht. Und die
  vorher ist eben sehr gut gewesen, also ich sage jetzt mal sehr gut gewesen,
  sie hat sich interessiert und hat sich selber auch informiert wahrscheinlich. Ich
  weiß nicht, was da unter den Ärzten alles besteht und was bei normal praktizie-
  renden Hausärzten alles in ihrem Ausbildungsprogramm ist und was nicht. Aber
  jetzt einfach vom Verständnis der neuen Hausärztin her, haben wir das Gefühl
  gehabt: hm! [skeptisch] Ja, wir wünschen uns irgendwie, dass sie ein bisschen
  mehr versteht oder ich weiß auch nicht." („Mitte")
- Vor zwei Jahren, erzählt Frau Sand, habe sie mal den Hausarzt der Eltern angerufen „und ihn gefragt, ob er eigentlich realisiere, was mit meinem Vater los sei.
  Und er hat es nicht realisiert. Da bin ich grauenhaft wütend geworden. Meine
  Mutter hat nichts gesagt. Und mein Vater nimmt sich zusammen. (…) Da hat
  der Hausarzt auch noch gesagt: ‚Wir haben es ja abgeklärt und das ist ja gar
  nicht schlimm'. Dann habe ich gesagt, aber das wird sehr schnell schlimmer. Es
  ist jetzt eben ganz anders als es damals gewesen ist. Und habe ihm dann so ein
  bisschen erzählt, was der Stand ist. Und dann ist er total erschrocken." Sie habe
  sich letzthin überlegt, wieder mit dem Hausarzt in Kontakt zu treten, was sie
  aber nicht gemacht habe. „Ich bin überzeugt, er weiß jetzt noch nicht, wie mein
  Vater dran ist." („Oben links")
- Als sich der Zustand der Mutter verschlechtert hat und ihre Krankheit mani-
  fest geworden ist, hat Frau Stark ein paar Mal versucht, mit ihrem langjährigen
  Hausarzt, einem Arzt für Innere Medizin, zu reden. „Der hat das immer ver-
  leugnet. Der hat immer gesagt, ich sei eine hysterische Tochter. Der hat immer
  gesagt, ja, was haben Sie davon, wenn Sie wissen, dass Ihre Mutter Alzheimer
  hat. (…) Ich habe also einen mitgemacht. Ich habe mich so allein gefühlt! Ich
  glaube, ich bin noch nie in meinem Leben so allein dagestanden. Und auch wie
  er mit mir umgegangen ist, also ich weiß nicht, ist er überfordert gewesen von
  meinem Selbstbewusstsein. Ich bin natürlich kein ‚Bäbeli' [kindliche Frau]. Ich
  habe gesagt: Sie, ich habe die Verantwortung ein Stück weit, ich fühle mich verantwortlich für meine Mutter, das und das habe ich erlebt, das müssen Sie mir
  halt schon glauben. Der hat immer gemeint, ich sei eine hysterische Tochter."
  Er habe die Mutter auch nicht untersucht. „Nein. Nein. Und ich meine, es ist
  schon klar, sie ist alle vierzehn Tage zu ihm, ist dort gehockt und er hat gefragt,

wie geht's und sie hat gesagt: gut, ich habe nichts. Und dann ist sie wieder
gegangen. Ich meine, so merken sie es nicht. Und dann bin ich halt wirklich,
wahrscheinlich hat es diese Wut und alles gebraucht, und dann bin ich zu ihm
und habe gesagt: Und jetzt können Sie sich auf den ‚Grind' [derb für Kopf]
stellen, wenn Sie jetzt den Antrag nicht stellen für die Untersuchung in der Memoryklinik, dann muss ich irgendetwas unternehmen. Und dann hat er es dann
gemacht." (Mitte links)

„Was haben Sie davon, wenn Sie wissen, dass Ihre Mutter Alzheimer hat?": Diese
und ähnliche Aussagen haben verschiedene Befragte von ihrem Arzt zu hören bekommen. Dahinter steht die Überzeugung vieler Mediziner, dass gegen Alzheimer
letztlich nichts zu machen ist. Das zeigt sich auch bei Frau Weber und ihren Geschwistern, die alle Ärzte sind. Nachdem bei ihrer Mutter Alzheimer diagnostiziert
worden ist, haben sie selbst nicht viel unternommen. Der Anstoß, etwas zu tun,
ist eher von einer Freundin der Mutter gekommen, die gefunden hat: „Sie müsse unbedingt in so ein Gedächtnistraining gehen." Diese Freundin sei „eigentlich
überfordert durch diese Situation. Und die hat manchmal das Gefühl, dass wir wie
zu wenig machen. (…) Also mehr: Man kann doch sicher etwas machen. Mehr so.
Findet sie als Laie." Dass man schließlich doch auf den Vorschlag eingegangen
ist und die Mutter in einer nahen Privatklinik zum Gedächtnistraining angemeldet
hat, war weniger einer veränderten Haltung als vielmehr dem Umstand geschuldet,
dass man nicht als Kinder dastehen wollte, die für ihre Mutter nicht alles unternehmen.

Am stärksten bemängelt wird die Arbeit der Ärzte von Töchtern aus dem (mittleren und oberen) linken Bereich des sozialen Raumes, also von jenen Befragten,
die das meiste kulturelle Kapital besitzen und gegenüber Autoritäten allgemein und
der Medizin im Besonderen am kritischsten eingestellt sind. Am wenigsten Klagen
kommen von den Befragten aus den unteren Regionen des sozialen Raumes, deren
Beziehung zu den Ärzten durch das größte soziale Gefälle gekennzeichnet ist. Auf
die Frage, ob sie mit dem Hausarzt der Mutter zufrieden sei, sagt Frau Roth: „Ja,
er kennt sie schon sehr lange. Ich weiß halt auch nicht, wahrscheinlich hat er sie
auch, nicht aufgegeben, aber ja, wie soll man sagen, dass das einfach die Krankheit
ist. Man kann ja gar nicht mehr machen. F: Gibt es denn Sachen, die Sie vermissen
beim Hausarzt? A: Hm, ja, also ich meine: Ich muss sie ja anmelden und gehen.
Er nimmt ihr jeweils schon das Blut und schaut wieder… Gut, jedes halbe Jahr
gehen wir."

8.4.2 Die Beurteilung der spitalexternen Pflege (Spitex)

Deutlich positiver als die Ärzte werden die Pflegedienste beurteilt. Hier gibt es lediglich zwei Befragte, die etwas bemängeln.

Frau Imhof kritisiert, dass eine Angestellte der Spitex ihre Mutter davon abhalten wollte, sich im Spital auf Demenz untersuchen zu lassen. „Sie hat irgendwie das Gefühl gehabt, das würde alles nur die Kosten anheizen und so, wenn man zu viele Untersuchungen mache", die gar nicht nötig seien. Und am wenigsten zufrieden mit der Arbeit des Pflegedienstes ist Frau Holm, die sich bei diesem Thema richtig ins Feuer redet „Sie lassen jeweils das Schächtelchen mit den ganzen Tabletten da. Und dann rufe ich am Morgen wieder an und sage: ‚Sie, Alzheimer! Also Ihr habt Glück, wenn Ihr das Ding wieder findet und es nicht einfach weggeworfen worden ist'. Also völlig wahnsinnig. Und dann sagen die mir: ‚Ja, die Pflegenden, die sie betreuen, die wissen natürlich nichts vom Krankheitsbild, wegen dem Persönlichkeitsschutz.' Dann habe ich gesagt: Ja, super. Das ist ja genial das ganze System. (…) Das kann ja nicht Ihr Ernst sein." Darauf hätten sie ein klärendes Gespräch gehabt und jetzt klappe das.

Trotzdem herrsche aber immer noch ein ziemliches „Durcheinander". Jeden Tag komme wieder jemand anderes. Und die würden nur Leute „auf die Mutter los lassen", die wenig geschult seien und nicht merken würden, dass die Mutter Alzheimer hat. Auch wegen der Pünktlichkeit habe sie mit den Angestellten des Pflegedienstes einen ziemlichen Krieg gehabt: „Das sind Schlaftabletten. ‚Also es muss möglich sein, dass ihr zwischen sechs und sieben Uhr bei meiner Mutter vorbeikommt und wenn ihr das nicht garantieren könnt, dann will ich, dass ihr mir das sagt und schreibt, schriftlich, weil, dann muss ich die private Spitex anrufen'. (…) Und dann haben sie dann gefunden, doch, sie würden das können. Und dann habe ich sie natürlich wieder erwischt, dass sie schon um fünf Uhr da gewesen sind. (…) Und immer das Telefonieren und das Machen mit denen, das finde ich extrem mühsam. (…) Wenn man etwas nicht machen kann, dann soll man es zugeben. Dann suche ich eine andere Lösung. (…) Und dann sagt sie mir: ‚Ja, wissen Sie, alle Patienten wollen.' Dann sage ich ihr: ‚Das ist nicht mein Problem. Ihr seid die Spitex, ich frage Sie an für einen Dienst, Sie sagen mir entweder ja oder nein. Sonst löse ich das anders, dann organisiere ich das privat, dass ich eine Person habe, die wirklich am Abend um sechs Uhr kommt'. Die private Spitex, die macht das. Und das ist natürlich ein Giftwort für die, dann geht es plötzlich. Dann geht es irgendwie wieder sechs Wochen, und dann sind wieder ‚Lämpen' [Streitereien] da. Und das dünkt mich mühsam. Also das finde ich wirklich mühsam."

Was Frau Holm fehlt, ist „die Ehrlichkeit von den Institutionen. (…) Man kommt sich immer so ein bisschen belogen vor. Also wenn du es nicht kontrollierst, dann hintergehen sie dich. (…) Also das Vertrauen ist da sicher nicht vorhanden." Sie hat das Gefühl, dass es Pflegende gibt, die mehr machen als nötig, um mehr Zeiteinheiten berechnen zu können. „Ich finde das ja schon okay", meint die ehemalige Kaderfrau aus der Privatwirtschaft, die später in den Sozialbereich gewechselt ist, etwas sarkastisch. „Es ist einfach unsere Krankenkasse, die das Ganze zahlt." In solchen Situationen müsse man einfach intervenieren: „Weil wenn sich niemand wehrt und alle zusammen finden, ja, es geht schon und so. Meine Mutter ist eben auch so eine, die findet, ja, die machen das schon richtig. Aber die machen das nicht einfach richtig. Das sind auch Menschen und das sind teilweise sehr junge Menschen und die können da so etwas aufschreiben, ein bisschen im Zeug herum und das ist doch lustig."

8.4.3 Die wichtigsten Anliegen

Sechzehn von zwanzig Töchtern bejahen die Frage, ob sie etwas vermissen, das ihnen ihre Situation erleichtern würde. Also deutlich mehr als bei den Partnern und Partnerinnen. Während drei Befragte ganz allgemein eine vermehrte Information der Öffentlichkeit wünschen, um die Alzheimerkrankheit zu enttabuisieren, nennen elf Befragte Unterstützungsmaßnahmen im engeren Sinne. Die meisten Anliegen hat man im mittleren und oberen kulturellen Bereich des sozialen Raumes, wo die Wünsche auch am konkretesten formuliert werden.

Kulturelles Kapital ist nicht nur eine Grundlage, Anliegen formulieren und vertreten zu können, sondern auch eine wichtige Voraussetzung, sich dazu berechtigt zu fühlen, Forderungen zu stellen.

Anliegen der Töchter
Frau Ryffel hätte nach der Diagnose gerne mehr Informationen von der Memoryklinik erhalten: „Es wäre für mich zum Beispiel noch wichtig gewesen in der Memoryklinik zu hören, was für Betreuungsmöglichkeiten es noch gibt, und vielleicht auch in der eigenen Region. Es wäre für mich wichtig gewesen zu hören, eben, wenn sie nicht mehr in Frage kommt für ein Altersheim, dass in Pflegeheimen zum Teil unglaubliche Wartezeiten da sind und dass man schon jetzt anfangen soll, sich darum zu kümmern. Und nicht warten bis man die ersten Anzeichen hat, wo man das Gefühl hat, au, jetzt weiß ich nicht, wie lange das noch gut geht. Dieser Hinweis. Und ich könnte nicht mal mit hundertprozentiger Sicherheit sagen, dass sie das nicht gesagt haben. Aber ich habe das nicht so verstanden. Ich hätte es wichtig gefunden, das auf Papier zu bekommen, vielleicht ein paar Internetadressen oder irgendwie Sozialdienste, die einem ausführlich Auskunft geben können. Aber auf Papier, weil man im Gespräch so bewegt ist und so vieles hört. Ja, ich habe für mich jedenfalls im Nachhinein gefunden, das wäre noch wichtig gewesen, dass ich gewusst hätte, wie weiter."

Frau Holm, die das Vertrauen in die Institutionen etwas verloren hat, meint: „Ja, zuverlässige Spitex, das wäre sensationell. Das wäre wirklich gut. Zuverlässige Hilfe von den Institutionen, egal wie sie heißen." Zudem vermisst sie eine Angehörigengruppe in der Nähe, wo sie wohnt.

Frau Koch hat sich in der zugespitzten Situation, als die Mutter gestürzt ist und nicht ins Heim wollte, überfordert gefühlt. „Also in so einer Situation bräuchtest du wie so ein Krisencoaching. Du bräuchtest eine Ansprechperson, mit der zusammen du das angehen könntest. Ich denke, ich habe wirklich vieles zur Verfügung gehabt, aber vielleicht für jemand andern, ja und auch für mich, wäre es extrem hilfreich gewesen."

Auch Frau Bussmann vermisst eine Betreuung der Angehörigen, vor allem wenn es darum geht, heikle Themen anzusprechen, um „eine gewisse Klarheit zu schaffen", ohne dass es den Demenzkranken trifft. Zum Beispiel wenn man eine Vollmacht „für das eine oder andere" bekommen oder eine Patientenverfügung ausfüllen wolle, was man dem Kranken gegenüber nur schlecht alleine ansprechen könne.

Und auf ganz praktische Mängel hat schließlich Frau Schwarz hingewiesen: „Meine Mutter kann neue Sachen ganz schlecht lernen. Das Telefon, das sie gehabt hat, ist dummerweise ausgestiegen. Dann musste ich ihr ein neues organisieren, und das erste, das ich ihr gebracht habe, hat sie echt überhaupt nicht mehr geschafft. Und ich habe mich auch genervt, weil es gibt eigentlich nichts vernünftig ,Designtes' für Leute, die nicht mehr so fähig sind. Es fängt mir an aufzufallen, wie mühsam das ist, ein Telefon zu finden, das meine Mutter bedienen kann (…) Nein ehrlich. Den Hörer auflegen: man kann den nicht einfach hinlegen, zack und er ist drauf, man muss schauen, ob der wieder richtig drauf ist. Und warum ist ein Speicher links und einer rechts? Das ist für meine Mutter jetzt schon schwierig, oder."

Literatur

Beck, U. (1986). *Risikogesellschaft. Auf dem Weg in eine andere Moderne.* Frankfurt a. M.: Suhrkamp.

Beck, U. (1997). Die uneindeutige Sozialstruktur: Was heißt Armut, was Reichtum in der „Selbst-Kultur"? In U. Beck & P. Sopp (Hrsg.), *Individualisierung und Integration: Neue Konfliktlinien und neuer Integrationsmodus* (S. 183–199). Opladen: Leske und Budrich.

Beck, U., Vossenkuhl, W., Ziegler, U. E., & Rautert, T. (1995). *Eigenes Leben. Ausflüge in die unbekannte Gesellschaft, in der wir leben.* München: C. H. Beck.

Bourdieu, P. (1988) [1979]. *Die feinen Unterschiede.* Frankfurt a. M.: Suhrkamp.

Bourdieu, P. (1993) [1980]. „Jugend" ist nur ein Wort. In P. Bourdieu (Hrsg.), *Soziologische Fragen* (S. 136–146). Frankfurt a. M.: Suhrkamp.

Bourdieu, P. (2014). *Über den Staat. Vorlesungen am Collège de France 1989–1992.* Berlin: Suhrkamp.

Buchmann, M., Karrer, D., & Meier, R. (1985). *Der Umgang mit Gesundheit und Krankheit im Alltag.* Bern: Haupt.

Held, T. (1978). *Soziologie der ehelichen Machtverhältnisse.* Darmstadt: Luchterhand.

Heusinger, J., & Klünder, M. (2005). *Ich lass' mir nicht die Butter vom Brot nehmen. Aushandlungsprozesse in häuslichen Pflegearrangements.* Frankfurt a. M.: Mabuse Verlag.

Karrer, D. (1998). *Die Last des Unterschieds. Biographie, Lebensführung und Habitus von Arbeitern und Angestellten im Vergleich* (2. Aufl. 2000). Opladen: Westdeutscher Verlag.

Karrer, D. (2015). *Familie und belastete Generationenbeziehungen. Ein Beitrag zu einer Soziologie des familialen Feldes.* Wiesbaden: VS Verlag für Sozialwissenschaften.

Lauterbach, W., & Pillemer, K. (1996). *Familien in späten Lebensphasen. Zerrissene Familienbande durch räumliche Trennung?* Arbeitspapiere Universität Konstanz

Meyer, C. (2014). Menschen mit Demenz als Interaktionspartner. Eine Auswertung empirischer Studien vor dem Hintergrund eines dimensionalisierten Interaktionsbegriffs. *Zeitschrift für Soziologie, 2,* 95–112.

Nietzsche, F. (1991) [1887]. *Jenseits von Gut und Böse. Zur Genealogie der Moral.* Stuttgart: Kröner.

Perrig-Chiello, P., Höpflinger, F., & Suter, C. (2008). *Generationen – Strukturen und Beziehungen. Generationenbericht Schweiz.* Zürich: Seismo Verlag.

Schulze, G. (1992). *Die Erlebnisgesellschaft. Kultursoziologie der Gegenwart.* Frankfurt a. M.: Campus.

Stenger, H. (1993). *Die soziale Konstruktion okkulter Wirklichkeit. Eine Soziologie des New Age.* Opladen: Leske und Budrich.

Praktische Schlussfolgerungen

9

Perspektivenwechsel

Eine soziologische Untersuchung wie diese kann einen Beitrag dazu leisten, die Fähigkeit zum Perspektivenwechsel zu verbessern: dass man in der Lage ist, andere aus sozialen Unterschieden zu verstehen, was voraussetzt, dass man auch fähig ist, sich selbst aus sozialen Unterschieden zu verstehen. So sollten sich auch jene, die beruflich mit Demenzkranken und ihren Angehörigen zu tun haben, bewusst sein, dass auch sie ihren Ort im sozialen Raum haben, der ihre Perspektive auf eine spezifische Art und Weise prägt.

Aus dieser Perspektive ist es zum Beispiel durchaus nahe liegend, eine Informationsveranstaltung unter dem Titel „Businesslunch" anzukündigen oder „philosophische Nachmittage" durchzuführen[1], wogegen nichts einzuwenden ist. Man sollte sich einfach im Klaren sein, dass solche Angebote nur schon vom Titel her sozial höchst selektiv sind, weil sie vor allem Leute ansprechen, die aufgrund ihres Habitus dazu disponiert sind.

Das gilt generell für Vorträge als Medium der Informationsvermittlung, mit denen man vor allem Betroffene erreicht, die über relativ viel kulturelles Kapital verfügen, während Menschen mit weniger Bildung Referate häufig abstrakt und langweilig finden. „Wenn sie da im Schulungskurs mit diesen Fachausdrücken gekommen sind, wo man ja doch nicht gewusst hat, was es bedeutet – ich bin ja nicht akademisch gebildet schließlich – dann ist es einfach langweilig gewesen." Viel mehr als über Vorträge lernt man im unteren Bereich des sozialen Raumes über konkrete Erfahrungsberichte von andern Betroffenen, was bereits Bonsack (2004) festgestellt hat und auch von der eben zitierten Frau bestätigt wird. „Die hat gesagt, ich mache es so und die andere, ich mache es so. (…) Die konnten mir viele Tipps geben, was ich machen soll." Solche Formen exemplarischen Lernens

---

[1] Es handelt sich um Veranstaltungen der Alzheimervereinigung Zürich.

© Springer Fachmedien Wiesbaden 2016
D. Karrer, *Der Umgang mit dementen Angehörigen,*
DOI 10.1007/978-3-658-11082-6_9

sollten durch den Einsatz von speziell dafür ausgebildeten Angehörigen von Demenzkranken, die über ihre Erfahrungen berichten, institutionalisiert und verstärkt werden. Damit könnten insbesondere Menschen, die über wenig kulturelles Kapital verfügen, vermehrt angesprochen werden.

Im Umgang mit Betroffenen besteht die Gefahr, dass man unbewusst von sich selbst ausgeht und damit vor allem jene erreicht, die einem sozial nahe sind. So ist zum Beispiel der Anspruch auf ein eigenes Leben ein wesentlicher Bestandteil des Habitus von Menschen in medizinischen, pflegerischen und sozialen Berufen. Von daher liegt es nahe, den Angehörigen von Demenzkranken vorzuschlagen, mehr für sich zu schauen und auch mal allein in die Ferien zu fahren, um sich zu entlasten. Dabei geht leicht vergessen, dass nicht alle so denken. Der Vorschlag, allein in die Ferien zu fahren zum Beispiel, steht unten im sozialen Raum in Gegensatz zu herkömmlichen Formen des Habitus und der Lebensführung, in denen nicht das „eigene Leben" im Vordergrund steht, sondern „gemeinsam über die Runden zu kommen". Deshalb sind Angehörige aus dem unteren Bereich des sozialen Raumes vermutlich eher für Angebote zu gewinnen, wo man Ferien in begleiteter Form zusammen mit dem Partner verbringen kann – auch deshalb, weil man sich zu zweit in ungewohnter Umgebung sicherer fühlt.

Um Betroffene erreichen und ihr Verhalten beeinflussen zu können, muss man ihren sozialen Hintergrund und ihren Habitus kennen. So hat auch Verres darauf hingewiesen, dass Patienten die therapeutischen Vorschläge des Arztes häufig nicht befolgen, weil sie nicht zu ihren eigenen Vorstellungen passen. „Je größer die Diskrepanz zwischen den Auffassungen des Arztes und den vorbestehenden Auffassungen des Laien ist, desto geringer ist die Wahrscheinlichkeit einer Einstellungsänderung durch die Aufklärungsmaßnahme. Ab einer bestimmten Ausprägung der Diskrepanz ist sogar damit zu rechnen, dass durch den gesundheitserzieherischen Einflussversuch ein unerwünschter paradoxer Effekt eintritt, indem sich die vorbestehenden Einstellungen der Laien noch stärker verfestigen, statt sich im ärztlicherseits erwünschten Sinn zu verändern" (Verres 1986 zit. in Eirmbter et al. 1993, S. 24). Damit man Gehör findet, reicht es nicht aus, sich lediglich verständlich auszudrücken. Man muss auch den Habitus der Menschen treffen.

Und man sollte sich auch bewusst sein, dass sprachliche Ausdrücke manchmal eine Eindeutigkeit suggerieren, die in der Praxis des Sprechens nicht existiert. So haben wir am Beispiel des Begriffs „Demenz" gezeigt, dass Worte je nach Position im sozialen Raum eine andere Bedeutung haben können. Das kann zu Missverständnissen führen, weil man zwar das Gleiche sagt, aber nicht das Gleiche meint. Erst wenn man um diese Bedeutungsunterschiede weiß, ist man in der Lage, damit verbundene Fehlschlüsse zu vermeiden.

Bei Angehörigen von sozialen und pflegerischen Berufen ist aufgrund eines individuumszentrierten Habitus die Meinung weit verbreitet, möglichst wenig über den sozialen Hintergrund der Menschen, mit denen man zu tun hat, wissen zu wollen, um ihnen vorurteilsfrei und gewissermaßen „von Individuum zu Individuum" begegnen zu können. Aus soziologischer Sicht ist genau das Gegenteil angezeigt: Um Menschen nahe zu kommen und ihnen gerecht zu werden, ist es wichtig, ihren sozialen Hintergrund möglichst gut zu kennen. Denn nur so ist man in der Lage, sich in ihre spezifische Situation hineinzuversetzen. Man kann Menschen nehmen, wie sie sind, wenn man versteht, warum sie so sind. Das kann einem auch helfen, sich immer wieder in Erinnerung zu rufen, dass bestimmte Verhaltensweisen an Möglichkeiten gebunden sind, über die nicht alle in unserer Gesellschaft in gleichem Maße verfügen.

Man muss sich der sozialen Unterschiede bewusst sein, um ihren Effekten entgegenwirken zu können. Tut man so, als gäbe es sie nicht, weil man keine Unterschiede machen möchte, sind sie trotzdem da. Sie wirken dann einfach unbewusst, was dazu führen kann, dass man den Menschen anlastet, was Ausdruck sozialer Ungleichheit ist.

Probleme antizipieren

Wie wir gesehen haben, besteht bei Angehörigen im unteren Bereich des sozialen Raumes die Gefahr, dass man den Betroffenen nicht als Kranken akzeptiert, während man oben eher dazu neigt, ihn zu überfordern, weil man seinen Zustand verbessern oder zumindest halten möchte. Wenn man um diese Gefahren weiß, kann man ihnen in der Beratung gezielt entgegenwirken: etwa indem man gegenüber Angehörigen von unten ausdrücklicher und stärker als bei andern betont, dass es sich bei Alzheimer um eine organische Krankheit handelt und vor allem Frauen von oben darauf aufmerksam macht, dass sie mit ihrem Habitus der Machbarkeit Gefahr laufen, nicht nur den Partner, sondern auch sich selbst zu überfordern. Und wenn man zum Beispiel weiß, dass Angehörige aus dem unteren Bereich des sozialen Raumes eher zu wenig professionelle Hilfe in Anspruch nehmen und es oftmals versäumen, den Demenzkranken vorsorglich in einem Heim anzumelden, kann man in der Beratung ein besonderes Gewicht auf diese Punkte legen.

Handlungsbedarf bei Ärzten

Im Umfeld der Alzheimerkrankheit wird sehr viel gute und professionelle Arbeit geleistet, was von den Befragten auch immer wieder betont wird. Andererseits wird viel Kritik an den (Haus-)Ärzten geäußert, denen u. a. vorgeworfen wird, ersten Symptomen zu wenig Aufmerksamkeit zu schenken und gewünschte Abklärungen zu verzögern oder gar abzulehnen, wodurch sich viele Angehörige nicht ernst genommen fühlen.

Abgesehen davon, dass bei einer frühen Diagnose auch früh mit einer Behandlung begonnen werden kann (vgl. Hildebrandt 2006), hat die vorliegende Untersuchung gezeigt, wie wichtig es für Angehörige ist, (möglichst früh) zu wissen, woran der Betroffene leidet. Das Wissen um die Art und den Verlauf der Krankheit stellt eine wichtige Voraussetzung dar, dem Demenzkranken angemessen zu begegnen, weil sonst die Gefahr besteht, dass man ihm ankreidet, was eine Folge seiner Krankheit ist. Und es bildet für die Angehörigen auch eine wichtige Voraussetzung, die schwierige Situation bewältigen zu können. Auch wenn man als Arzt die Position vertritt, dass bei Alzheimer aus medizinischer Sicht nicht viel zu machen ist und es deshalb „nicht viel bringt, wenn man weiß, woran der Patient leidet", sollte man sich trotzdem bewusst sein, dass das eben ganz anders aussieht, wenn man sich in die Situation der Angehörigen hineinversetzt.

Da man mit ersten Symptomen in der Regel zum Hausarzt geht, sollten ihnen Ärzte mehr als bisher Beachtung schenken. Und ganz besonders aufmerksam sollten Ärzte und Ärztinnen gegenüber Patienten aus den unteren Regionen des sozialen Raumes sein, weil man hier Veränderungen erst dann ernst zu nehmen beginnt, wenn die Krankheit schon relativ weit fortgeschritten ist. Es ist zu vermuten, dass gerade im unteren Bereich des sozialen Raumes die Zahl jener besonders groß ist, die zwar an Alzheimer leiden, aber nie eine entsprechende Diagnose erhalten haben.

Durch Weiterbildungsmaßnahmen sollten die Kenntnisse der Ärzte über verschiedene Formen der Demenz verbessert (vgl. auch Riedel-Heller et al. 1999) und ihre Bereitschaft erhöht werden, Patienten mit Demenzverdacht zur genaueren Abklärung an dafür spezialisierte Stellen zu überweisen.

Verbessert werden sollte auch die Fähigkeit von Ärzten, sich in die spezifische Situation der Patienten und ihrer Angehörigen hineinzuversetzen. So sollte zum Beispiel vermehrt berücksichtigt werden, dass die Betroffenen auch auf eigene Deutungen und Interpretationen der Krankheit zurückgreifen, die sich von der medizinischen Sicht stark unterscheiden können. Während die Medizin Krankheit als physiologischen Vorgang sieht, hinter dem sich keine Bedeutung und kein tiefer liegender Sinn verbergen, ist das für Betroffene zum Teil ganz anders. Wie wir gesehen haben, neigen vor allem Angehörige aus dem mittleren, linken Bereich des sozialen Raumes dazu, die Krankheit in einem umfassenderen Sinnzusammenhang zu verorten, der ihnen zu ertragen hilft, was sonst nur schwer erträglich wäre.

Auch wenn solche Deutungen aus medizinischer Sicht unangemessen und unwissenschaftlich sein mögen, so sollten sie doch ernst genommen werden, weil sie für die Betroffenen und ihren Umgang mit der Situation wichtig sind.

Information

Dass man seine nähere Umgebung über die Demenz des Partners oder des Elternteils informiert, ist aus verschiedenen Gründen wichtig: Es kann sowohl für den
Angehörigen wie für den Dementen entlastend sein, wenn man im Umfeld weiß,
was los ist. Und die Chance ist größer, dass man dem Kranken angemessen begegnet. Zudem lassen sich Kontakte nur dann als Unterstützungsressourcen nutzen,
wenn bekannt ist, woran der Betroffene leidet.

Andererseits kann eine offene Informationspolitik auch dazu führen, dass man
Kontakte verliert. Die befragten Partnerinnen und Partner von Demenzkranken,
die ihre Umgebung informiert haben, geben signifikant häufiger an, dass sich Menschen aus dem Bekanntenkreis zurückgezogen haben.[2]

Dieses Ergebnis zeigt, dass noch viel Aufklärungsarbeit geleistet werden muss,
um den Leuten auch etwas die Angst vor Demenzkranken zu nehmen und die Unsicherheit abzubauen, wie man mit ihnen umgehen soll.

Literatur

Bonsack, St. (2004). *Lernen mit der Erkrankung gesund zu leben.* Zürcher Schriften zur
Gerontologie, Universität Zürich.

Eirmbter, W. H., Hahn, A., & Jacob, R. (1993). *AIDS und die gesellschaftlichen Folgen.*
Frankfurt a. M.: Campus.

Hildebrandt, H. (2006). Soziale Ungleichheit vor Krankheit und Tod und die Aufgabe integ-
rierter Prävention und Behandlung am Beispiel der Alzheimer-Demenz. In Abteilung für
Gesundheits- und Klinische Psychologie der Carl von Ossietzky Universität Oldenburg
(Hrsg.), *Impulse für Gesundheitspsychologie und Public Health* (S. 99–115). Tübingen:
dgvt-Verlag.

Riedel-Heller, S. G, Stelzner, A., Schork A., & Angermeyer, M. C. (1999). Gerontopsychiatrische Kompetenz ist gefragt. *Psychiatrische Praxis, 26,* 273–276.

---

[2] Die persönlichen Netzwerke der Töchter sind durch die Krankheit hingegen weniger tangiert, weil sie weitgehend unabhängig von den Eltern bestehen.

Soziale Unterschiede im Umgang mit dementen Angehörigen

10.1 Eine heikle Untersuchung

Wir haben versucht, die Erfahrungen von Menschen sichtbar zu machen, die sich um einen demenkranken Familienangehörigen kümmern. Dabei ging es nicht allein darum, ihre Sicht- und Verhaltensweisen möglichst konkret und anschaulich zu beschreiben. Wir wollten auch herausfinden, welche Mechanismen sozialer Unterschiede in ihnen zur Wirkung kommen.

Nach sozialen Unterschieden zu fragen, ist in diesem (Themen-)Bereich nicht gerade üblich. Weil man gewöhnlich davon ausgeht, dass der Umgang mit einem dementen Angehörigen etwas ganz Persönliches und Individuelles ist.

Tatsächlich sind die Erfahrungen, die Sicht- und Verhaltensweisen der pflegenden Angehörigen auf den ersten Blick sehr individuell. Bei näherem Hinsehen zeigt sich jedoch eine spezifische Ordnung des Unterschieds, die deutlich macht, dass einen demenzkranken Angehörigen zu pflegen je nach Position im sozialen Raum etwas Unterschiedliches bedeuten kann.

Wenn man beschreibt und analysiert, wie sich soziale Unterschiede im Verhalten von Menschen zeigen, ist das immer etwas heikel. Weil wir es mit Unterschieden und Unterscheidungen zu tun haben, die im Alltag stark bewertet sind (unten-oben; grob-feinfühlig; selbstgewiss-bemüht usw.). Das kann zu schwerwiegenden Missverständnissen führen. Während man als Soziologe lediglich zu beschreiben versucht, was der Fall ist, läuft man Gefahr, von Leserinnen und Lesern als wertend verstanden zu werden, weil eine starke Tendenz besteht, soziologische Beschreibungen und Analysen durch die Brille des Alltagsdenkens wahrzunehmen.

Standpunkt und Lesart Ein und derselbe Text kann verschiedenen Lesarten unterworfen werden, die durch die jeweilige Perspektive im „Raum der Standpunkte" (Bourdieu 1999, S. 309) geprägt sind. In einem Weiterbildungsseminar an der Hochschule für Angewandte Wissenschaften habe ich einen Textausschnitt über die

© Springer Fachmedien Wiesbaden 2016
D. Karrer, *Der Umgang mit dementen Angehörigen*,
DOI 10.1007/978-3-658-11082-6_10

Befragten aus dem sozio-kulturellen Bereich lesen lassen. Von den Teilnehmenden, die mit Demenzkranken arbeiten, wurde anschließend vor allem diskutiert, welche der beschriebenen Umgangsweisen man am besten findet und wer von den Befragten einem am nächsten steht. Während die soziologische Perspektive eine analytische ist, ist jene der Involvierten stärker handlungs- und praxisbezogen.

In der Soziologie geht es nicht darum, Noten zu verteilen: Wer macht es besser, wer weniger gut. Es geht darum, die Menschen so zu nehmen, wie sie sind. Was nicht nur eine moralische Haltung, sondern ein zentrales methodisches Prinzip darstellt: Man kann die Menschen nehmen, wie sie sind, wenn man versteht, warum sie so sind. Wenn es gelingt, ihr Verhalten nicht nur zu beschreiben, sondern aus ihren je spezifischen sozialen Bedingungen zu verstehen. Wobei ich als Soziologe davon ausgehe, dass ich mich ähnlich verhalten und äußern würde, wäre ich durch die gleichen gegenwärtigen und vergangenen Bedingungen geprägt und mit der gleichen Situation konfrontiert wie jene, die ich analysiere.

Wenn man mit Bachelard (1980, S. 74) davon ausgeht, dass „das Reale (…) nur eine Realisierung" darstellt und das Allgemeine im Besonderen aufspürt, nimmt man diesem seine Einmaligkeit und macht es in gewissem Sinne „gemein". Jede Objektivierung ist mit einer Entweihung verbunden (Bourdieu 1999, S. 292). Untersucht man eine Situation, wo es um menschliches Leid geht, nüchtern soziologisch, kann das als eine Art Frevel an der individuellen Würde des Leidens empfunden werden. Ähnlich dem, was Durkheim über die Analyse der Moral festgestellt hat: „Wer es wagt, sie mit den Verfahren der profanen Wissenschaften zu denken und zu untersuchen, scheint die Moral zu *entweihen* und gegen ihre Würde zu freveln" (Durkheim 1976, S. 101).

Auch das Leiden ist „heilig", nicht hinterfragbar. Behandelt man einen solchen Gegenstand wie jeden andern und fragt nach sozialen Unterschieden, statt die Betroffenen für die Last, die sie tragen, gewissermaßen zu feiern, dann kann das leicht als ungehörig und unverschämt empfunden werden.

Dass mich während der Untersuchung manchmal fast ein schlechtes Gewissen beschlichen hat (vgl. Kapitel 4), hängt damit zusammen, dass eine Distanz zum Gegenstand, die für jede Analyse unabdingbar ist (vgl. Elias 1987), hier besonders schwer fällt.

Es ist leichter, sich mit Menschen in schwierigen Situationen zu solidarisieren als sie zu objektivieren, was so weit gehen kann, dass man versucht, Hierarchien abzubauen und mit ihnen gemeinsam („partizipativ") zu forschen. Das kann zwar den Forschungsprozess befruchten und Sympathiegewinne bringen, birgt aber das Risiko, jene Distanz zu verlieren, die es einem erlaubt, auch „unpassende" Fragen zu stellen und Dinge anzusprechen, die dem Selbstverständnis der Betroffenen widersprechen. Zudem wird die ohnehin bestehende Gefahr verstärkt, dass das, was man untersucht und feststellt, mehr durch (moralische) Rücksichten bestimmt wird als durch den Willen, wirklich herauszufinden, was tatsächlich der Fall ist.

10.2   Die habituelle Wirkung sozialer Unterschiede

10.2.1   Der Einfluss eines habitualisierten Modus operandi

Der Gedanke, dass sich Menschen in jeder Situation praktisch neu erfinden, ist vor allem für Akteure im sozio-kulturellen Bereich des sozialen Raumes attraktiv, welche die von Ulrich Beck (1997) beschriebene „Selbst-Kultur" am stärksten verkörpern. Was auch den Blick von Soziologen beeinflussen kann. Weil man Mühe mit dem Gewohnten hat und der eigene Habitus unreflektiert in die soziologische Analyse einfließt, kann man leicht dazu neigen, die Macht des Habituellen zu unterschätzen.

Selbst in Krisensituationen erfinden sich die Betroffenen aber nicht neu, wie manche meinen, sondern handeln aufgrund der habitualisierten Logik eines Modus operandi, der ein Produkt sozialer Bedingungen ist. Und zwar vermutlich umso mehr, je unbekannter und ungewohnter die Situation für sie ist.

Deshalb überrascht es nicht, dass sich im Umgang mit dementen Angehörigen Muster des Unterschieds zeigen, die sich – in je spezifischer Form – auch in anderen Lebensbereichen feststellen lassen: konkret-abstrakt, direkt-distanziert, zugewiesen-beeinflussbar, um nur einige zu nennen (Bourdieu 1988; Karrer 1998).

Das heißt nicht, dass die Situation selber keinen sozialisierenden Effekt hat und Lernprozesse ausgeschlossen sind. Lernprozesse sind möglich, sie erfolgen jedoch auf der Grundlage des Habitus, über den man verfügt. So haben wir gesehen, dass im unteren Bereich des sozialen Raumes medizinische Informationen aufgrund des bestehenden Habitus gefiltert werden und vor allem die konkreten Bilder in Erinnerung bleiben. An Ratschlägen wiederum scheint man am ehesten das aufzunehmen, was dem eigenen Habitus entspricht. Und die inkorporierten Muster können zu spontanen Reaktionen führen, so dass man vergisst, was man sich in „schulischen" Zusammenhängen über die Krankheit angeeignet hat.

Viele Unterschiede, die wir beschrieben haben, fallen einem nicht sofort ins Auge. Es sind feine Unterschiede, die sich oftmals erst auf den zweiten Blick zeigen: nicht in der Differenz zwischen diesem und jenem Verhalten, sondern in der Art und Weise eines Verhaltens. Nicht in der Differenz zwischen diesem oder jenem Phänomen, sondern in der verschiedenen Bedeutung eines Phänomens. Die Bedeutung einer „Einzeltatsache ist durch ihren Ort im Feld bedingt", wie es bei Lewin (1982, S. 207) heißt. Dem gleichen Verhalten kann je nach Position eine ganz unterschiedliche Logik des Handelns zugrunde liegen und dem Verhalten eine je verschiedene Bedeutung verleihen. Wie wir gesehen haben, kann es zum Beispiel sein, dass ein Arzt auch jemandem von oben nicht zuhört. Die Mechanismen, die dem Verhalten zugrunde liegen, sind jedoch gewöhnlich andere als dort, wo sich ein Arzt gegenüber jemandem von unten so verhält (vgl. Kapitel 6.1.7).

In der Untersuchung ist auch klar geworden, dass es leichter ist, die Unterschiede zwischen unten und oben zu erfassen als jene in den mittleren Regionen des sozialen Raums. Das hängt nicht nur damit zusammen, dass wir generell weniger darüber wissen, weil sie in Schichtanalysen gewöhnlich kein Thema sind. Die Verhältnisse in der Mitte sind auch deshalb soziologisch schwieriger in den Griff zu bekommen, weil sie vielfältiger und weniger eindeutig sind, wie Ulrich Beck (1997) richtig festgestellt hat, auch wenn seine daran anschließenden Ausführungen meiner Meinung nach ziemlich überzogen sind, und die mittleren Regionen des sozialen Raumes deswegen noch lange nicht strukturlos sind.

Die Bedeutung horizontaler Unterschiede Die Soziologie konzentriert sich in der Analyse sozialer Schichten praktisch ausschließlich auf vertikale Unterschiede. Die vorliegende Untersuchung hat jedoch (erneut) gezeigt, dass das zu einseitig ist und horizontale Unterschiede zwischen einem kulturellen und einem ökonomischen Pol von ebenso großer Bedeutung sein können.

Wenn wir nun wichtige Resultate der Untersuchung rekapitulieren und in einen weiteren soziologischen Zusammenhang stellen, werden wir beiden Aspekten Rechnung tragen.

Im nächsten Abschnitt werden wir einige Unterschiede zwischen dem oberen und dem unteren Bereich des sozialen Raums darstellen und uns dabei auf die Analyse der Partner und Partnerinnen von Demenzkranken beziehen.

10.2.2 Unterschiede zwischen oben und unten

Demenzabklärung Unsere Ergebnisse weisen darauf hin, dass man sich oben im sozialen Raum in einem früheren Stadium der Krankheit in einer spezialisierten Memoryklinik untersuchen lässt als unten, wo der MMS bei der Erstabklärung im Schnitt deutlich tiefer ist.

Das legt auch die Vermutung nahe, dass man sich unten im sozialen Raum häufiger überhaupt nicht abklären lässt. Was nicht nur die Chancen auf Formen spezialisierter Hilfe herabsetzt, sondern auch das ohnehin bestehende Risiko erhöht, dass man von der Umgebung den Status als „Kranker" nicht zuerkannt bekommt und nach den Maßstäben eines Gesunden behandelt wird.

Andererseits ist erst krank und als Kranker stigmatisierbar, wer als „dement" klassifiziert worden ist, während man vorher die Symptome noch als mehr oder weniger normale Begleiterscheinungen des Alters sehen kann. Die Diagnose ist ein magischer Akt. Ein Satz genügt und man wird zu jemand ganz anderem, der nun auch als ganz anderer behandelt wird.

Die Untersuchung kann von verschiedenen Betroffenengruppen als schwierig erlebt werden. In Teilen gleicht sie einer schulischen Prüfungssituation, die bei Betroffenen mit vergleichsweise wenig Bildung Erinnerungen an traumatische Erfahrungen wecken kann, während sie von Personen, die sich stark über ihre Bildung definieren, nicht selten als eine Form der Herabwürdigung empfunden wird.

Wahrnehmung des Krankheitsbeginns Der Beginn der Demenz scheint unten im sozialen Raum stärker an alltagspraktischen, funktionalen Einschränkungen festgemacht zu werden, während man oben eher kommunikative und intellektuelle Veränderungen erwähnt. Das erklärt mit, warum man sich unten in der Regel später als oben untersuchen lässt. Und es entspricht – wie wir in einer früheren Untersuchung gezeigt haben – den unterschiedlichen Gesundheits- und Krankheitsvorstellungen, die man hat. Sieht man oben im sozialen Raum Krankheit stärker als Beeinträchtigung des physischen und psychischen Wohlbefindens, wird sie unten häufig auf physische Symptome reduziert und als krank betrachtet, wer seinen alltäglichen Funktionen nicht mehr nachkommen kann (Buchmann et al. 1985). Die Symptomaufmerksamkeit ist hier nicht nur geringer, sie ist auch stärker auf somatische und funktionsbezogene Veränderungen fokussiert.

Den Auslöser der Krankheit sieht man häufig in einem konkreten sozialen Ereignis, das dem Demenzkranken widerfahren ist. Genannt wird zum Beispiel ein erzwungener Wohnungsumzug und der damit verbundene Verlust des Gewohnten, dem vor allem bei Älteren aus populären Milieus eine große lebensweltliche Bedeutung zukommt (Karrer 1998): aufgrund ihres Alters und aufgrund ihres vergleichsweise geringen Besitzes an kulturellem und ökonomischem Kapital.

Oben hingegen bezieht man sich in seinen Interpretationen stärker auf den medizinischen Forschungsstand, vor allem jene, die über viel kulturelles Kapital verfügen. Oder man stellt einen Bezug zum Verhalten des Einzelnen her. Wie wir in einer früheren Untersuchung festgestellt haben (Buchmann et al. 1985), hat man im oberen Bereich des sozialen Raumes eher ein individuell-verhaltensbezogenes Krankheitskonzept. Auf dem Hintergrund dieser meritorischen Sichtweise kann man mit einer Krankheit hadern, die man nicht verdient hat, weil man im Leben nicht nur viel geleistet, sondern auch immer gesund gelebt hat.

Die Krankheit kann man auch dem Partner selbst zurechnen. Zum Beispiel dann, wenn in einer Beziehung noch offene Rechnungen zu begleichen sind. Laienätiologien sind nicht allein das Resultat inkorporierter sozialer Bedingungen, sie können in Beziehungen auch strategischen Charakter haben. Indem man dem Partner die Schuld an seiner Krankheit gibt, kann man ihm einen Teil der Verletzungen zurückzahlen, die man im Laufe der Beziehung erlitten hat.

Auch wenn Akteure bei jeder Krankheit auf „eigene" Deutungsmuster zurückgreifen (vgl. zum Beispiel Dornheim 1983; Hahn et al. 1996), haben solche All-
tagstheorien umso mehr Raum, je weniger über die Krankheit medizinisch bekannt
ist und je weniger sie durch die Medizin beeinflusst werden kann. Wodurch eine
Art Vakuum entsteht, das durch eigene Deutungen gefüllt wird.

Information des Umfelds und Tabuisierung der Krankheit Die Befragten aus den
unteren Regionen des sozialen Raumes informieren ihre Umgebung häufiger über
die Krankheit des Partners als die Befragten von oben.

Die meisten Befragten aus dem oberen Bereich des sozialen Raumes sind bemüht, die Krankheit zu verbergen. Was auch deshalb möglich ist, weil man sich in
diesem Milieu zwar sehr genau beobachtet, aber nicht direkt anspricht, was man
registriert. Das würde hier, wo man auf höfliche Distanz bedacht ist, als eine Form
des zu nahe Tretens empfunden.

Dass man die Demenz des Partners tabuisiert, scheint auch mit dem zusammenzuhängen, was Bourdieu (1988) im Anschluss an Goffman „sense of one's place"
genannt hat: Demenz ist eine Krankheit, die nicht zur Position von oben passt, weil
sie alles in Frage stellt, was hier von Bedeutung ist.

Vielleicht läuft man hier auch besonders Gefahr, Kontakte zu verlieren. Das
kann dazu führen, dass man sich zurückzieht und sich selbst ausschließt, um die
demütigende Erfahrung zu vermeiden, gesellschaftlich ausgeschlossen zu werden.

Wahrnehmung der Situation Wenn der Partner an Demenz erkrankt, ist das für alle
eine schwierige Situation. Die Befragten aus den oberen Regionen des sozialen
Raumes scheinen das aber in mancher Hinsicht als einschneidender und bedrohli-
cher zu empfinden als die Befragten aus dem unteren Bereich.

Das hängt, wie wir gesehen haben, auch damit zusammen, dass herkömmliche
Momente des Habitus und der Lebensführung durch die Krankheit des Partners in
oberen Milieus viel stärker tangiert werden als in unteren:

*   Im Habitus der Befragten von oben tief verwurzelt ist das Gefühl, sein Leben
    im Griff zu haben und es selbst bestimmen zu können. Durch die Demenz des
    Partners sind sie aber mit einer Krankheit konfrontiert, die nicht heilbar ist.
    Unten hingegen nimmt man das Leben stärker als zugewiesen wahr. Man hat
    Erfahrung mit dem Unausweichlichen und scheint auch deshalb besser mit der
    Situation klar zu kommen.
*   Argumentative Verständigung und intellektuelle Reflexion sind im oberen Be-
    reich des sozialen Raumes, vor allem „Oben links", zentrale Werte, die durch
    die Krankheit des Partners verloren gehen. So hat Meyer (2014, S. 105) fest-

gestellt, dass die Kommunikation von Demenzkranken ihre kohärente, infor-
mationsvermittelnde Funktion sukzessive einbüßt und eine Form annimmt, die
Malinowski (1994, S. 10) „phatisch" genannt hat: „a form of speech in which
ties of union are created by a mere exchange of words". Der Gebrauch von
Worten ist weniger mit der Übermittlung einer Botschaft verbunden als mit der
Vergegenwärtigung und Bestätigung gemeinschaftlicher Beziehungen.

Während das im oberen Bereich des sozialen Raumes einen Bruch mit den
gewohnten Kommunikationsformen bedeutet, ist das unten weniger der Fall.
Und beklagt ein Professor, dass man „nicht mehr räsonieren kann", werden
die Kommunikationsverluste im unteren Bereich auch deshalb als weniger
schlimm empfunden, weil aufgrund der vorherrschenden „somatischen Kultur"
(Boltanski 1976) eher physische Aspekte im Vordergrund stehen. „Es tut ihm ja
nichts weh. Er muss ja keine Schmerzen haben! Also wenn er jetzt Schmerzen
haben müsste, also das wäre dann weniger gut. Dann würde ich es wahrscheinlich schon auch auf die hohe Achsel nehmen. Aber nicht so. Er wird bedient von
Kopf bis Fuß, er muss nur essen und schlafen. Er hat ja das schönste Leben!
(Lacht)"

- Eigenes Leben und individuelle Freiräume sind den Befragten oben im sozialen
  Raum wichtiger als jenen unten, weshalb man die Einschränkungen der eigenen Möglichkeiten, die mit der Betreuung des Kranken verbunden sind, auch
  viel stärker empfindet. Während man oben mehr Zeit für sich haben möchte,
  spielt das unten praktisch keine Rolle, weil man sich weniger als Individuum
  mit einem Anspruch auf ein eigenes Leben versteht, sondern viel stärker das
  Gemeinsame in den Vordergrund stellt – vor allem die Frauen.
- Frauen aus dem oberen Bereich des sozialen Raumes beklagen auch stärker den
  gesellschaftlichen Statusverlust ihres Mannes, der nun nicht mehr über seinen
  Beruf, sondern über seine Krankheit wahrgenommen wird. Das ist auch deshalb
  schmerzhaft, weil man selbst an abgeleitetem Status verliert. Und hat man sich
  vor allem über seinen Mann definiert, kann das dazu führen, dass man nicht
  mehr weiß, wer und was man ist. Man wird „zu einem Wesen ohne semantische
  Sicherheit" (Boltanski 2010, S. 123), das sich neu erfinden und neu definieren
  muss.
- Eine dementielle Erkrankung scheint im oberen Bereich des sozialen Raumes
  stärker die Person als Ganzes in Frage zu stellen, vor allem bei den Männern,
  während sie unten eher als Defizit gesehen werden kann, das nur einen Teil der
  Person betrifft.[1] Das verweist auf verschiedene positionsabhängige Personen-
  konzepte. Während oben eine Person primär über ihre geistige Leistungsfähig-

---

[1] Karten spielen, wandern und es lustig haben, könne man auch so, wie ein Befragter gesagt hat.

keit definiert wird, sind im unteren Bereich des sozialen Raumes auch praktische, körperliche Fähigkeiten von Bedeutung, die habitualisiert sind und „der Zerstörung durch die Demenz" stärker und länger widerstehen (Meyer 2014, S. 108).

Diese Unterschiede erklären mit, warum die Befragten von oben auch mehr psychische und physische Beschwerden nennen als jene aus dem unteren Bereich des sozialen Raumes. Was jedoch nicht heißt, dass man keine Probleme hat. Fast mehr Mühe als mit der Krankheit selbst scheint man jedoch mit den sozialen Begleitumständen zu haben. Mit allem „was drum herum ist", wie eine Befragte meint, der vor allem ihre finanzielle Notlage zu schaffen macht. „Wenn das Finanzielle nicht wäre, das mich so plagt, mit dem anderen würde ich eigentlich fertig."

Umgang mit der Situation Geprägt durch ein Leben, das man vergleichsweise wenig beeinflussen kann, nimmt man im unteren Bereich des sozialen Raumes die Krankheit mehr oder weniger hin und unternimmt nicht viel. „Sie sagen ja, man muss es auf sich zukommen lassen. Nein, wir haben gar nichts unternommen sonst. Die Memoryklinik hat mich schon zweimal angerufen, wie es geht. Und dann sage ich: es geht gut."

Informationen über die Krankheit sind von vergleichsweise geringer Bedeutung: Man informiert sich wenig. Und wenn, dann nicht (abstrakt) über Bücher oder Vorträge, sondern (konkret) über Personen, die man kennt.

Das Wissen über die Krankheit ist vergleichsweise gering und auch nicht immer ganz korrekt. So kann man Demenz für eine Vorstufe von Alzheimer halten und diesbezügliche Informationen missverstehen. Oder man kann durch Ansteckungsbefürchtungen verunsichert sein, die den Kontakt mit Betroffenen beeinträchtigen können (zu Ansteckungsängsten bei Krebs vgl. Dornheim 1983).[2]

Die Aneignungsmöglichkeiten von medizinischen Wissensbeständen über Demenz sind hier geringer als in höheren sozialen Positionen, wo man über mehr kulturelles Kapital verfügt (vgl. Buchmann et al. 1985, S. 23 ff.). Es ist jedoch nicht allein das Wissen, das die Verhaltensweisen bestimmt, sondern vor allem die Dispositionen des Habitus. Was dazu führen kann, dass man manchmal „wider besseres Wissen" handelt.

Im oberen Bereich des sozialen Raumes weiß man zwar, dass die Krankheit (noch) nicht geheilt werden kann. Geprägt durch einen Habitus der Machbarkeit versucht man ihren Verlauf aber so weit wie möglich zu beeinflussen. „Ändern

---

[2] Auch wenn neuerdings in der Medizin diskutiert wird, ob Alzheimer unter bestimmten, außergewöhnlichen Bedingungen übertragbar sein *könnte* (Stockrahmen 2015), gibt es keinerlei Hinweise, dass im alltäglichen Kontakt mit Kranken ein Risiko besteht.

kann man es nicht", meint ein Professor. „Also muss man schauen, was Schritt für Schritt zu machen ist." Dieser Habitus der Machbarkeit kann auch dazu führen, dass man den Dementen – vor allem zu Beginn der Krankheit – überfordert, weil man das Fortschreiten der Krankheit mit allen Mitteln aufhalten möchte.

Anders als im unteren Bereich des sozialen Raumes kommt der Information über die Krankheit eine große Bedeutung zu: man informiert sich über Bücher, Artikel und Fachvorträge.

Informationen werden als Handlungsoptionen gesehen, welche die Beeinflussungsmöglichkeiten erweitern. Und sie erlauben es, Symptome und Veränderungen zu ordnen, zu verstehen und bis zu einem gewissen Grad auch vorherzusehen, was Unsicherheit reduziert und das Gefühl verstärkt, der Situation nicht hilflos ausgeliefert zu sein. Man möchte nicht einfach in etwas hineinschlittern, wie eine Befragte sagt, und versucht damit einen Rest an Souveränität gegenüber einer Krankheit zu behaupten, die letztlich nicht beherrschbar ist.

Informationen können auch das Gefühl vermitteln, die Krankheit zumindest intellektuell zu beherrschen. Und sie können auch als Statusressource genutzt werden, vor allem von Männern, die sich zum Teil als eigentliche Experten der Krankheit sehen.

Aufgrund ihrer ausgeprägten Statusbemühtheit scheint das noch stärker für Männer aus der Mitte zu gelten, wenn auch in etwas anderer Form als oben. Wenn ein Direktor sagt, dass er über Demenz eindeutig mehr wisse als sein Arzt, weshalb er ihm auch Ratschläge erteile, würde sich das ein subalterner Angestellter wahrscheinlich weniger herausnehmen.

Die Bewältigung der Situation, so schwer sie auf den Betroffenen lastet, ist also nicht nur mit Mühen und Verlusten verbunden. Sie kann auch mit Statusprofiten gekoppelt sein. Das gilt auch für Frauen, die durch die Krankheit ihres Partners ebenfalls an Status gewinnen können. Wie jene Befragte von oben, die nun das macht, was früher ihrem Mann vorbehalten war: Sie ist es nun, die an der Börse spekuliert und dabei erst noch viel erfolgreicher ist als ihr Mann, was ihr Selbstbewusstsein beträchtlich gesteigert hat.

Ist der Mann krank, verändert sich das Kräfteverhältnis innerhalb der Beziehung zugunsten der Frau. Das ist in allen Milieus der Fall. Die Frauen aus dem oberen Bereich des sozialen Raumes suchen das ihrem Mann gegenüber aber eher zu vertuschen, indem sie ihm nach wie vor das Gefühl geben, der bestimmende Part zu sein. In einem Akt gegenseitiger Unaufrichtigkeit versucht man das gewohnte Spiel weiter zu spielen und so zu tun, als ob alles beim Alten bliebe.

Im unteren Bereich des sozialen Raumes hingegen sprechen die Frauen den Statusverlust des Mannes viel direkter und unverblümter an. Etwa wenn eine Frau ihrem Mann in einer Konfliktsituation zu verstehen gibt, er solle sich zuerst einen

Schnauz wachsen lassen, wenn er ihr körperlich gewachsen sein wolle: also zuerst wieder ein richtiger Mann werden.

Die körperliche Logik des Umgangs Auch im unteren Bereich des sozialen Raumes weiß man, dass der Partner krank ist. Und trotzdem scheint man immer wieder Mühe zu haben, ihn als Kranken zu akzeptieren und auch so zu behandeln. Eine Befragte reagiert auf manche Defizite ihres Mannes immer noch so, wie wenn er gesund wäre. Sie wird sauer, schreit ihn an und meint: „Dem könnte ich manchmal einen Tritt geben". Als ihr eine Nachbarin sagt: „Sie müssen das endlich akzeptieren, der Mann ist krank", meint sie: „Ja, ich akzeptiere es schon, aber warum reagiert er jetzt wieder so oder so? Ich habe es schon akzeptiert, aber manchmal habe ich wieder das Gefühl gehabt: Der macht das extra."

Das hängt nicht nur damit zusammen, dass man bestimmte Verhaltensweisen nicht einordnen kann, weil man vergleichsweise wenig über die Krankheit weiß. Solche Reaktionen sind auch Ausdruck eines im Habitus verankerten Krankheitsverständnisses, das sich stark an sichtbaren körperlichen Einschränkungen orientiert. Was dazu führen kann, dass man Mühe hat, dem Dementen seinen Krankheitsstatus zuzugestehen („Man sieht ihm ja nichts an") und ihn weiterhin wie einen Gesunden behandelt. Obwohl man eigentlich weiß, dass der Partner krank ist.

Das Paradoxe dieser Situation lässt sich nur begreifen, wenn man Handlungen nicht auf bewusste Akte reduziert, sondern mit Adam Smith (2010, S. 444 [zuerst 1790]) auch als Ausdruck „erworbener Gewohnheiten des Handelns" sieht. Ebenso sehr wie „Geist" sind wir eben „Automat", wie es bei Pascal heißt (zit. in Bourdieu 1987, S. 91).

Die inkorporierten Wahrnehmungsmuster des Habitus können unwillkürliche körperliche Reaktionen hervorrufen, bei denen quasi vergessen geht, was man weiß. „Da bin ich so sauer geworden, ich habe es vergessen, dass es da oben nicht stimmt bei ihm."

Direktheit vs. Euphemisierung Im unteren Bereich des sozialen Raumes, wo ein Ethos der Ungezwungenheit und Formlosigkeit herrscht, scheint der Umgang mit dem Demenzkranken direkter, ungeschminkter und auch weniger zimperlich zu sein. Das zeigt sich auch in der Art und Weise, wie man darüber spricht. So beschreibt ein Befragter die Hygieneprobleme seiner Frau in einer Offenheit und Detailliertheit, die oben undenkbar wäre. „Sie sitzt mit dem verschissenen Arsch aufs Bett".

Demgegenüber neigt man oben stärker zu Euphemisierungen, zu Formulierungen, die Realitäten verhüllen und sie lediglich domestiziert oder zensuriert zum Ausdruck bringen. Mit zwei Redewendungen ausgedrückt: Während man unten spricht, „wie einem der Schnabel gewachsen ist", nimmt man oben ein „Blatt vor den Mund". Und auch in schwierigen Situationen ist man bemüht, Haltung zu bewahren und seine Fassung nicht zu verlieren. Indem man sich in Formen der Distanzierung „flüchtet", in Intellektualisierung oder Ironie zum Beispiel, die einem helfen zu ertragen, was sonst schwer zu ertragen wäre.

Diese Unterschiede sind Ausdruck verschiedener „artikulatorischer Stile", die sich auch in gegensätzlichen Arten des Mundgebrauchs zeigen: schlucken vs. nippen, laut vs. leise, losprusten vs. lächeln (vgl. dazu Bourdieu 1990, S. 62 ff.). Was wiederum zeigt, wie sehr der Umgang mit dem Dementen durch bestehende Muster des Habitus geprägt wird. Und wie stark diese Muster somatisiert sind.

Arrangements der Pflege Unten neigt man eher dazu, seine Ansprüche, die ohnehin vergleichsweise gering sind, der neuen Situation anzupassen. Und man scheint es als selbstverständliche Aufgabe zu betrachten, selbst für den Partner zu sorgen. Allein für den Partner sorgen zu können, so lange es geht, scheint vor allem für Frauen ein selbstverständlicher Bestandteil ihrer Geschlechterrolle zu sein und ein wesentliches Moment ihrer Identität zu bilden.

Vorherrschendes Pflegearrangement ist hier "Caregiving". Man macht so weit als möglich alles selbst und greift nur wenig auf professionelle Hilfe zurück. Wobei die Gefahr besteht, dass das häusliche Pflegesystem zusammenbricht und es zu einer frühzeitigen Heimüberweisung kommt.

Oben im sozialen Raum sind die Ansprüche an ein eigenes Leben nicht nur grösser, man passt seine Ansprüche auch weniger der Situation an, sondern versucht aufgrund seiner materiellen und informationellen Möglichkeiten sein Leben so zu organisieren, dass man möglichst viel an eigenem Leben behaupten kann. Deshalb nimmt man nicht nur deutlich mehr professionelle Hilfe in Anspruch als unten im sozialen Raum, sondern scheint auch früher auf diese zurückzugreifen.

Das vorherrschende Pflegearrangement ist hier weniger „Caregiving" als "Caremanaging". So meint eine Befragte, die über mannigfache professionelle Hilfen verfügt: „Ich tu natürlich fürs Leben gern solche Sachen organisieren. Das mache ich mit dem kleinen Finger. (…) Ich habe jetzt zum Beispiel auch die Putzfrau bedeutend mehr, ich habe den Gärtner mehr usw."

Selbst in der Beanspruchung von Unterstützung bleibt man die bestimmende Instanz. Auf Hilfe ist man nicht angewiesen, sondern man „nimmt sie in Anspruch", wie das ein ehemaliger Manager ausgedrückt hat.

Wer mehr hat, vermisst auch mehr Obwohl die Befragten von oben mehr Unterstützung haben als jene von unten, sagen sie deutlich häufiger, dass sie gerne mehr Unterstützung hätten. Und ihre Anliegen sind auch konkreter und präziser gefasst als unten, wo sie – wenn überhaupt – eher in allgemeiner Form vorgebracht werden.

Von der Position im sozialen Raum hängt ab, wie weit man sich in der Lage und berechtigt fühlt, Forderungen zu stellen und wie sehr man daran glaubt, tatsächlich gehört und ernst genommen zu werden.

Die Erfahrungen mit den Ärzten Sehr kritisch äußern sich viele Befragte über die Ärzte, vor allem die Hausärzte. Man wirft ihnen vor, erste Symptome der Krankheit zu wenig ernst zu nehmen und eine genauere Abklärung abzulehnen, generell zu wenig über Demenz zu wissen oder bei der Behandlung zu wenig Engagement zu zeigen.

Kritik äußern Befragte aus allen Regionen des sozialen Raumes. Aber sie bedeutet unten etwas anderes als oben. Bei den Befragten aus dem unteren Bereich des sozialen Raumes ist das soziale Gefälle zu den Ärzten sehr steil. Deshalb getraut man sich hier weniger, die Ärzte direkt, von Angesicht zu Angesicht, zu kritisieren oder gar den Arzt zu wechseln, wenn man nicht zufrieden ist. Ja, es kann sogar sein, dass man zwar negative Erfahrungen macht, die Autorität des Arztes aber nicht in Frage stellt (vgl. Buchmann et al. 1985). So hat eine Frau erzählt, dass ihr Hausarzt sie nicht zur genaueren Abklärung an die Memoryklinik überweisen wollte. Mit der Begründung „Es gibt sowieso kein Medikament". Was sie nicht nur widerspruchslos hingenommen hat, es hat auch ihr Bild des Arztes nicht verändert: „Das ist ein guter. Er ist recht. Er ist mehr als recht. Aber er wollte uns nicht anmelden." Erst als die Tochter, eine Drogistin, interveniert hat, ist es zu einer Überweisung gekommen.

Oben hingegen kann man sich aufgrund seiner Position nicht nur eher leisten, den Arzt direkt zu kritisieren. Es wäre auch zu fragen, ob Ärzte nicht auch (unbewusst) dazu neigen können, deren Anliegen und deren Kritik ernster zu nehmen. „Eben", meint ein Professor, „ich habe dem Arzt gesagt, muss es so sein, dass meine Frau nach all den Tests so völlig verzweifelt weggeht. Und dann ist sofort der Chef zusammengetrommelt worden. Und wir haben dann nochmals… alle zwei oder drei Ärzte haben sich tröstend gekümmert……" Ganz anders tönt es bei einem Befragten von unten: „Und wenn ich manchmal mitgegangen bin zum Arzt: was ich ihm nahe gelegt habe, da hat er gar nicht gehört auf mich. Absolut nicht." Weil er ihn nicht habe verletzen wollen, habe er nichts gesagt: „Aber jetzt gehe ich zum letzten Mal mit zu diesem Arzt. Wenn ich etwas sage und der hört nicht zu, dann kann ich auch daheim bleiben."

Ärzte und die Befragten von oben sind nicht nur Nachbarn im sozialen Raum. Man kennt sich nicht selten auch persönlich. Was sich allerdings auch als Nachteil erweisen kann. Wie bei jenem berühmten Professor der Neurologie, der aufgrund seines „sense of one's place" partout nicht wahrhaben wollte, dass sein alter Freund und Offizierskollege an Demenz erkrankt ist.

Grundsätzliche Diskrepanzen zwischen Ärzten und Angehörigen Die Beziehung zwischen Ärzten und Angehörigen ist auch geprägt durch Unterschiede, die mit der Funktion zusammenhängen, die sie im gesellschaftlichen Verflechtungszusammenhang (füreinander) haben (dazu allgemein Elias 1970, S. 80 ff.):

- Die Medizin steht der Demenz ziemlich machtlos gegenüber. Die Betroffenen hingegen erwarten, dass etwas dagegen unternommen wird.
- Für die Medizin ist „Demenz" ein rein physiologischer Vorgang, der keinen „Sinn" und keine verborgene „Bedeutung" hat. Für Betroffene dagegen kann es wichtig sein, einer Krankheit, der man relativ machtlos gegenübersteht, zumindest einen Sinn abzuringen, weil sinnvoll erscheinendes Leiden leichter zu ertragen ist als sinnloses (Hahn et al. 1996). Dazu hat die Medizin nichts zu sagen: kann sie nichts sagen und will sie auch nichts sagen. Ganz im Gegensatz zu religiösen Sinnangeboten, bei denen das gewissermaßen zum „Kerngeschäft" gehört.

Interessant ist nun, dass solche Sinnbezüge am stärksten von den Befragten im mittleren, kulturellen Bereich des sozialen Raumes hergestellt werden.

Das heißt nicht, dass man die Situation nur „Mitte links" in einem Sinnzusammenhang verortet. Es heißt lediglich, dass man es hier am häufigsten tut und auf spezifische Art und Weise.

10.2.3   Mitte links als „spiritueller Pol"

Die Partner von Demenzkranken, die im mittleren linken Bereich des sozialen Raumes positioniert sind (Lehrer, Sozialberufe), verorten die Krankheit stark in kirchlich-religiösen Sinnbezügen.

Es gibt Befragte, die die Demenz des Partners als Verletzung religiös-meritorischer Vorstellungen empfinden. So kann man sich fragen, warum Gott einem diese Krankheit geschickt hat, obwohl man gläubig ist und auch immer seinen Geboten entsprechend gelebt hat. Und das damit erklären, dass Gott auch den Gläubigen eine Last auferlegt und sie auf die Probe stellt. Aus dieser Sicht wird die Demenz zur gottgeschickten Prüfung, ob man mit der schwierigen Situation zurechtkommt. Zugleich gibt einem der Glaube die Kraft, die Krankheit des Partners als Schicksal anzunehmen und angesichts der schweren Situation „nicht zu verzagen".

Die Krankheit kann auch als Zeichen an die Angehörigen verstanden werden. „Dass wir barmherzig werden müssen. (…) Das ist doch unser Vorbild, was Jesus uns zeigen will, mit diesem Gleichnis vom barmherzigen Samariter. (…) Das ist für mich eine hohe Schule. Und drum will ich das machen, so lange ich kann." Demenz ist aus dieser Sicht weit mehr als ein physiologischer Vorgang. Sie ist eine Botschaft, sich um die Schwachen zu kümmern. Was einer „wenig anspruchs-vollen Tätigkeit" einen höheren Sinn verleiht und sie – beabsichtigt oder nicht – in eine Statusressource verwandelt. Man ist nicht nur jemand, der sich um seine Frau kümmert: man ist der „barmherzige Samariter", der nicht weniger als das Wort Jesus in die Tat umsetzt.

„Das Sakrale distinguiert", schreibt Niklas Luhmann (2002, S. 61). Durch die Verortung der Situation und des Handelns in religiösen Bezügen „wird ihnen eine besondere Bedeutung verliehen, die sie aus der gewöhnlichen Welt (….) heraus-nimmt und mit einer besonderen „Aura" (…) ausstattet" (Luhmann 2002, S. 58).

Ähnlich wie bei der Kultivierung der Situation durch literarische oder philoso-phische Bezüge könnte man auch hier von einer „Verklärung des Gewöhnlichen" sprechen.

Und wie wir gesehen haben, verbindet sich der religiöse Habitus mit Merkma-len des beruflichen Habitus, etwa wenn Lehrer von „Prüfung" oder von „Hoher Schule" reden.

10.2.4 Generationenunterschiede in soziokulturellen Berufen

Im mittleren, linken Bereich des sozialen Raumes ist die *Patientenorientierung* vergleichsweise stark ausgeprägt. Und nirgendwo sonst scheint man so hohe ethi-sche Ansprüche zu haben.

Es gibt jedoch generationenspezifische Unterschiede: Bei den älteren Partnern ist die Patientenorientierung stärker von religiös-moralischen Prinzipien getragen („barmherziger Samariter"). Bei den jüngeren Töchtern hingegen folgt sie eher einer „ *Moral des Individuums* ", in der die Person, die Wünsche und die Würde des Demenzkranken im Mittelpunkt stehen.

Die Demenz der Mutter oder des Vaters konfrontiert diese Töchter mit Situa-tionen, die ihrem individuumszentrierten Modus operandi bzw. ihrem Habitus der Selbstkultur (Beck 1997) widersprechen:

- *Mühe mit hierarchischen Beziehungen*: Aufgrund seines Habitus hat man den Anspruch, ein partnerschaftliches Verhältnis zum Kranken zu haben, ein Ver-hältnis von gleich zu gleich. Wegen der Defizite des Kranken ist das aber immer weniger möglich.

- *Ethos der Selbstbestimmung*: Man hat den Anspruch, dass der Demenzkranke selbst sagen kann, was er will und was er braucht. Dazu ist er jedoch immer weniger in der Lage. Weil er seine Bedürfnisse immer weniger äußern kann, fragt man sich, ob man ihm nicht etwas aufdrängt, was er gar nicht will. Und ob man dem Demenzkranken auch wirklich gerecht wird.
- *Ethos der Freiwilligkeit*: Man kommt vermehrt in Situationen, in denen man selbst findet, das wäre zum Wohl des Demenzkranken, er selbst das aber gar nicht möchte.

Solche Diskrepanzen kann man abzubauen versuchen, indem man die Ansprüche seines Habitus und die Erfordernisse der Situation so weit wie möglich in Übereinstimmung bringt. Statt den Demenzkranken zu etwas zu zwingen, probiert man, ihn so weit zu bringen, dass er sich selbst dafür entscheidet. Und bei der Wahl des Heimes achtet man darauf, dass institutionelle Zwänge möglichst klein und die Selbstbestimmungsmöglichkeiten des Demenzkranken möglichst groß sind.

Der Widerspruch zwischen den eigenen Ansprüchen und einer Pflegerealität, in der diese Ansprüche immer weniger realisierbar sind, führt in vielen Situationen zu ethischen Konflikten. Und man stellt sich *ethische* Fragen, die sich im unteren Bereich des sozialen Raumes und in der „Mitte (rechts)" viel weniger oder überhaupt nicht stellen.

Etwas vereinfacht ließe sich sagen: Während man sich im sozio-kulturellen Bereich des sozialen Raumes mehr Gedanken über die Beziehung zum Kranken macht, leistet man unten mehr an instrumenteller Pflege. Und stehen im sozio-kulturellen Bereich *ethische Belastungen* im Vordergrund, sind es unten stärker *Belastungen durch Pflegeleistungen.*[3]

Im mittleren, linken Bereich des sozialen Raumes sind auch die Professionellen des Feldes der Demenz positioniert. Von daher überrascht es nicht, dass in der Angehörigenarbeit ethischen und spirituellen Fragen eine relativ große Bedeutung beigemessen wird. Und es kann dazu führen, dass man Sinnfragen sieht, wo gar keine sind (vgl. zum Beispiel Arbeitsgruppe Ethik und Spiritualität 2007, S. 40).

Ich-Zentrierung Bei den befragten Töchtern aus diesem Bereich des sozialen Raumes gibt es noch einen anderen Typus des Umgangs, der bei den älteren Partnern und Partnerinnen nicht zu finden ist.

Anstelle von Patientenzentriertheit steht hier Ich-Zentrierung, was nichts mit Egoismus zu tun hat, sondern Ausdruck eines therapiegeprägten Habitus des

---

[3] Andererseits kommt es möglicherweise in prekarisierten Unterschichtsmilieus am häufigsten vor, dass man sich überhaupt nicht kümmert (Hinweise bei Heusinger und Klünder 2005).

Selbstbezugs und der Selbstreflexion ist, bei dem nicht so sehr die Perspektive und die Situation des Dementen im Vordergrund stehen, sondern was es für einen selbst bedeutet. Auf diesem Hintergrund ist es nur folgerichtig, wenn man sagt: „Diese Krankheit ist die Krankheit der Angehörigen. (…) Ja, dass die Angehörigen mehr leiden als die, die es selber betrifft."

Man grenzt sich ab vom „Sozialarbeitergroove, dieses Liebe, und alle sind so nett miteinander" und setzt dem die Haltung einer radikalen Ehrlichkeit gegenüber. Etwa wenn eine Befragte sagt, es gebe Momente, wo sie sich wünschen würde, die Mutter wäre tot. Oder wenn sie erzählt, wie sie sich vor ihrem Körpergeruch geekelt hat. Dass sie nicht in der Lage gewesen sei, in ihrer Küche etwas zu essen. Und wie dann jedes Mal Schuldgefühle hochgekommen seien und sie sich geschämt habe.

Es gibt bei diesem Typus eine ausgeprägte Tendenz der „personalen Attribution": sowohl sich selbst wie dem Dementen gegenüber („In dem Moment haut sie ab"; „blöde Kuh"). Ein Muster, das bei den patientenzentrierten Befragten so nicht zu finden ist. Und die Belastungen sind hier eher psychisch-reflexiver als praktisch-handlungsbezogener Art. Sie sitzen eher im „Kopf" als in „Händen und Füßen", um es bildlich auszudrücken.

Die beschriebenen generationellen Unterschiede sind Ausdruck eines Individualisierungsprozesses (Beck 1986, 1997) und einer damit verbundenen „Selbstkultur", durch die die Jüngeren im sozio-kulturellen Bereich des sozialen Raumes deutlich stärker geprägt worden sind als die Älteren.

Diese unterschiedlichen generationsspezifischen Prägungen kommen auch bei der Herstellung von Sinnbezügen zum Ausdruck.

„Sinnbasteln" (Hitzler 1994) Auch bei den Töchtern sind es vor allem die Befragten aus dem mittleren, linken Bereich des sozialen Raums, welche die Situation mit dem dementen Elternteil innerhalb von Sinnbezügen verorten. Während die älteren Partner gegebene christliche Sinnangebote mehr oder weniger übernehmen, basteln sich die jüngeren Töchter ihren „eigenen" Sinn stärker aus verschiedenen Bezügen zusammen.

Ist der Sinnbezug bei den Älteren stärker institutionenorientiert (Religion), ist er bei den Jüngeren stärker personenzentriert. Sprechen die Älteren in institutionellen Metaphern („Prüfung", „hohe Schule"), so die Jüngeren von persönlicher Entwicklung und individuellen Lernprozessen. Institutionelle Religion und subjektiver Glaube sind hier entkoppelt (Beck 2008, S. 42). Das Sinnkonstrukt wird stärker vom Einzelnen aus und auf den Einzelnen bezogen gedacht (vgl. Stenger 1993). Und es trägt Züge eines magischen Denkens, in dem alles miteinander verbunden ist: „Alles ähnelt einander und alles berührt sich" (Mauss 2012, S. 315).

Es gibt keine Zufälle, alles hat seine Bewandtnis, nichts passiert im Leben, ohne dass es für den Einzelnen eine Bedeutung hätte. Im „Außen" spiegeln sich „innere" Entwicklungsprozesse: Krankheit ist ein Resultat psychischer Vorgänge (Demenz als Flucht). Und alles im Leben wird positiv gewendet: Auch das Negative ist gut für mich, weil es mich in meiner Entwicklung weiterbringt.

Auch wenn solche Interpretationen von den betreffenden Akteuren als etwas Persönliches erlebt werden, so handelt es sich doch um kollektive Sinnangebote, in denen bereits vorgedacht und vorkonstruiert ist, was individuell gedacht und konstruiert werden kann.

Verändert haben sich nicht nur die Dispositionen der Akteure, sondern auch das Feld der Produktion der Sinnangebote (vgl. Bourdieu 2009, S. 174), die stark durch Akteure aus dem kulturellen Bereich des sozialen Raumes geprägt sind. Diese Angebote sind vielfältiger und individuumszentrierter geworden und sie treffen auf Interessierte, die sich aufgrund ihres Habitus darin erkennen und dafür disponiert sind, sie sich zu eigen zu machen.

Die Pluralisierung von Sinnangeboten kann innerhalb dieses Bereichs des sozialen Raumes differenzierend wirken und zu einer Distanz unter verschiedenen Akteuren führen, obwohl sie einen ähnlichen Habitus haben.[4] Was bei älteren Generationen weniger der Fall ist, weil man gewöhnlich aus dem gleichen christlichen Sinnreservoir schöpft.

Warum stellt man in der „Mitte links" am meisten Sinnbezüge her? Die Frage nach dem Sinn können sich auch Akteure aus anderen Regionen des sozialen Raumes stellen. Wir gehen lediglich davon aus, dass diese Tendenz im mittleren, linken Bereich des sozialen Raumes am stärksten ist. Und dass man sich hier am ausgeprägtesten auf mehr oder weniger ausgearbeitete Sinnkonstrukte bezieht, auf eigentliche (Alltags-)Theorien des Sinns.

Im mittleren, kulturellen Bereich des sozialen Raumes neigt man am meisten dazu, solche Sinnbezüge herzustellen, weil man über die Bedingungen verfügt, die einen dazu disponieren:

• Die Akteure, die im linken Bereich des sozialen Raumes positioniert sind, besitzen vergleichsweise viel kulturelles Kapital, das, so könnte man im Anschluss an Luhmann (2002, S. 311 f.) sagen, ein Mittel der „Verdoppelung aller Phänomene" darstellt: Es disponiert zu „Beobachtungen zweiter Ordnung", also zur Frage nach Hintergründen und Zusammenhängen des faktisch Gegebenen. „Kultur ist eine Wiederbeschreibung der Beschreibungen, die das tägliche Le-

---

[4] Ein weiterer Faktor, der zur zunehmenden Heterogenität der „Mittelschichten" beiträgt.

ben orientieren. (…) Seit es Kultur gibt, muss man deshalb zwischen Beobachtung erster Ordnung und Beobachtung zweiter Ordnung unterscheiden." „Es entsteht eine kulturelle Symptomatologie, die jedes kulturelle Item als Symptom für etwas anderes behandelt."
Während man sich oben, auf der kulturellen Seite des sozialen Raumes, stärker auf Wissenschaft bezieht, in deren Rahmen die Sinnfrage sich nicht stellt[5], bezieht man sich in der Mitte stärker auf Sinnangebote, die auch als eine Art alternatives Kapital zum wissenschaftlichen Wissen fungieren können.
• Bei den Akteuren auf dem kulturellen Pol der Mitte handelt es sich um Lehrer, Sozialarbeiter und ähnliches. Also um Berufe, bei denen die Orientierungsfunktion – die „Orientierung der Weltsicht" (Bourdieu 1992, S. 233) – ein wichtiger Bestandteil der Tätigkeit bildet. Auch von daher besteht eine Affinität zu Sinnkonstrukten, die auch im Umgang mit dementen Familienangehörigen zum Tragen kommen.

In Anlehnung an eine Unterscheidung von Bourdieu (2009, S. 144) könnte man von einem „spirituellen Pol" in der „Mitte links" und einem eher pragmatischen Pol in der „Mitte (rechts)" sprechen.
Und analog dazu ließe sich sagen, dass in der „Mitte (rechts)" eher ein Handeln „erster Ordnung" vorherrscht, während wir gesehen haben, dass sich vor allem Befragte aus Sozialberufen auf professionelle Handlungskonzepte beziehen mit denen sie ihr Handeln begründen, dass sie also eher durch ein Handeln „zweiter Ordnung" gekennzeichnet sind.

10.2.5   Verschiedene Formen des „Individualismus"

Wenn Ulrich Beck (1997) von einer „Selbstkultur" spricht, die seit den sechziger Jahren des 20. Jahrhunderts als Folge von Individualisierungsprozessen in mittleren Regionen des sozialen Raumes um sich greift, so legt unsere Untersuchung nahe, dass das zu undifferenziert ist.
Während wir auf der kulturellen Seite bei den befragten Töchtern im mittleren Alter verschiedene Varianten eines individuumszentrierten Modus operandi gefunden haben, die den Umgang mit dem demenzkranken Elternteil beeinflussen, scheint näher zum ökonomischen Pol hin eine andere Form des „Individualismus" vorherrschend zu sein.

---

[5] Wissenschaftler und Intellektuelle sind weniger religiös als der Durchschnitt der Bevölkerung (vgl. Luhmann 2002, S. 219).

Auch hier gibt es einen Anspruch auf ein eigenes Leben, das jedoch stärker auf die Familie bezogen ist, zu der man auf dem kulturellen Pol ein eher ambivalentes Verhältnis hat.

Anders als im sozio-kulturellen Milieu, wo Beziehungen wichtig sind und auch vergleichsweise viel in soziales Kapital investiert wird, gibt es in der Mitte (rechts) häufiger die Tendenz, sich „abseits zu halten", wie es bei Tocqueville (1985, S. 238 ff.) heißt. „Sie sind niemandem etwas schuldig und erwarten sozusagen von niemandem etwas." Sie genügen sich selbst „und stellen sich gern vor, dass ihr Schicksal nur von ihnen selbst abhinge."

Denkt man auf der kulturellen Seite eher personenzentriert und versucht, Bedingungen für den Demenzkranken zu schaffen, die dem eigenen Habitus der „Selbstkultur" entsprechen, ist man weiter rechts eher gewohnt, von den bestehenden Bedingungen auszugehen und sie für eigene Zwecke zu nutzen. Man sucht nach praktikablen Lösungen, zerbricht sich aber weniger den Kopf über ethische Fragen. Bei der Wahl des Heimes ist der Ort entscheidend, die geografische Distanz und der damit verbundene Zeitaufwand, nicht die Selbstbestimmungsmöglichkeiten des Demenzkranken. Und weil man eher gewohnt ist, die Dinge nüchtern zu betrachten, steht man auch einer therapiegeprägten Kultur der Selbstreflexion und Introspektion eher skeptisch gegenüber.

Hat man auf dem kulturellen Pol oftmals eine Vorliebe für alles, was vom Normalen und Genormten abweicht, neigt man in der Mitte (rechts) eher zu Konformität. Und der ausgeprägte Sinn für Ordnung und Konventionen, der hier vorherrscht, ist zumindest im alternativen Milieu eher negativ konnotiert.

Die herkömmlichen Geschlechterrollen stellt man deutlich weniger in Frage als die sozialen Nachbarinnen auf der kulturellen Seite (vgl. auch Koppetsch und Burkart 1999), weshalb man zum Beispiel auch weniger ein Problem damit hat, wenn sich der Bruder nicht in gleichem Maße um den kranken Elternteil kümmert.

Auf der kulturellen Seite hat man ein problematisches Verhältnis zu allem, was mit Hierarchien und Machtunterschieden zu tun hat. Das zeigt sich nicht nur in der Beziehung zum Demenzkranken, sondern auch im Verhältnis zu den Ärzten, denen man eher kritisch gegenübersteht. In der Mitte (rechts) hingegen wird die Autorität der Ärzte eher anerkannt. Und Hierarchien werden oftmals als etwas Notwendiges und Natürliches empfunden. Man ist weniger machtsensibel, was sich auch darin zeigt, dass man sich in der Beziehung zum Demenzkranken weniger mit solchen Fragen beschäftigt.

10.3   Die Angehörigen als Teile eines familialen Feldes

Unsere Perspektive in dieser Untersuchung war hauptsächlich darauf ausgerichtet, wie Positionsunterschiede im sozialen Raum den Umgang mit dementen Angehörigen prägen. Die Unterschiede bestehen jedoch nicht nur zwischen Akteuren im sozialen Raum, lebensweltlich wirksam sind sie v. a. innerhalb eines familialen Feldes, das eine eigene Konfiguration von Unterschieden darstellt (Karrer 2015).

Innerhalb des familialen Feldes haben Unterschiede im sozialen Raum in den letzten Jahrzehnten an Bedeutung gewonnen. Die zunehmende Inkonstanz und Vielfalt von Laufbahnen als Folge von Mobilitätsprozessen (Beck 1997) hat dazu geführt, dass die soziale Zusammensetzung von Familien heterogener geworden ist.

Das kann zu Diskrepanzen und Konflikten zwischen Angehörigen führen, weil der Modus operandi des Umgangs: die Sicht des Demenzkranken und das Verhalten ihm gegenüber, verschieden sind.

Teil dieser Unterschiede ist auch der Demente selbst. So haben wir gesehen, dass Formen der Positionsheterogamie[6] und damit verbundene Konflikte das Verhalten dem kranken Partner gegenüber ebenfalls prägen können. Wir haben zum Beispiel einen Mann beschrieben, dessen Beziehung zu seiner Frau durch ein Statusdefizit geprägt war. Sie hatte nicht nur mehr Bildung als er, sondern gab ihm in der Ehe auch immer wieder zu verstehen, dass er ihr zu wenig war. Was ihn in seinem männlichen Stolz tief verletzt hat. Wenn sie sich heute, da sie krank ist, nichts von ihm sagen lässt, kommen all diese Verletzungen wieder hoch. Er hat das Gefühl, dass sie ihm Dinge absichtlich zuleide tut und fühlt sich von ihr als Mann nicht ernst genommen. Was auch mit erklärt, warum ihm so sehr davor graut, die traditionell den Frauen zugeschriebene Hausarbeit übernehmen zu müssen. Hausarbeit ist ihm nicht nur fremd, durch die „weibliche" Tätigkeit sieht er sich als Mann noch mehr herabgesetzt.

In der Familie von Bedeutung sind allerdings nicht nur Unterschiede der Position im sozialen Raum. Das familiale Feld bildet eine eigene Ordnung des Unterschieds, in der verschiedene familiale Stellungen miteinander verflochten sind und den Umgang mit dem Demenzkranken ebenfalls beeinflussen, wie wir an einem kurzen Vergleich zwischen Partnerinnen und Töchtern gesehen haben. So neigen Töchter nicht nur stärker dazu, externe Unterstützungsleistungen in Anspruch zu nehmen, auch die Art der Belastung ist eine spezifische: man leidet stärker unter Vereinbarkeitskonflikten mit dem eigenen Leben, hat häufiger Schuldgefühle und

---

[6] Solche Formen von Heterogamie können sich auch erst im Verlauf einer Ehe herausbilden, weil sich die Laufbahnen der Partner auseinanderentwickeln.

die Angst, selbst ebenfalls an Demenz zu erkranken ist größer als bei den Partnerinnen.

Der Umgang von Familienmitgliedern mit einem demenzkranken Angehörigen ist das Resultat der Gesamtkonfiguration des Feldes und nicht allein das Produkt eines Einzelnen mit bestimmten sozialen Merkmalen (vgl. Karrer 2015). In künftigen Untersuchungen sollte deshalb vermehrt dem Einfluss familialer Konfigurationen Rechnung getragen werden und neben dem Partner und den Kindern auch verstärkt die Sicht und das Verhalten des Demenzkranken (vgl. z. Bsp. Meyer 2014) in die Analyse mit einbezogen werden.

Literatur

Arbeitsgruppe Ethik und Spiritualität der SGG-SSG. (2007). Die spirituelle Dimension braucht Raum – Geschichten aus der Praxis. *Intercura, 100*, 35–47.

Bachelard, G. (1980) [1940]. *Die Philosophie des Nein. Versuch einer Philosophie des neuen wissenschaftlichen Geistes*. Frankfurt a. M: Suhrkamp.

Beck, U. (1986). *Risikogesellschaft. Auf dem Weg in eine andere Moderne*. Frankfurt a. M.: Suhrkamp.

Beck, U. (1997). Die uneindeutige Sozialstruktur: Was heißt Armut, was Reichtum in der „Selbst-Kultur"? In U. Beck & P. Sopp (Hrsg.), *Individualisierung und Integration: Neue Konfliktlinien und neuer Integrationsmodus* (S. 183–199). Opladen: Leske und Budrich.

Beck, U. (2008). *Der eigene Gott. Von der Friedensfähigkeit und dem Gewaltpotential der Religionen*. Frankfurt a. M.: Suhrkamp.

Boltanski, L. (1976). Die soziale Verwendung des Körpers. In D. Kamper & D. Rittner (Hrsg.), *Zur Geschichte des Körpers. Perspektiven der Anthropologie* (S. 138–183). München: Hanser Verlag.

Boltanski, L. (2010). *Soziologie und Sozialkritik*. Berlin: Suhrkamp.

Bourdieu, P. (1987). *Sozialer Sinn. Kritik der theoretischen Vernunft*. Frankfurt a. M.: Suhrkamp.

Bourdieu, P. (1988) [1979]. *Die feinen Unterschiede*. Frankfurt a. M.: Suhrkamp.

Bourdieu, P. (1990). *Was heißt sprechen? Die Ökonomie des sprachlichen Tausches*. Wien: Braunmüller.

Bourdieu, P. (1992). *Die verborgenen Mechanismen der Macht*. Hamburg: VSA-Verlag.

Bourdieu, P. (1999). *Die Regeln der Kunst. Genese und Struktur des literarischen Feldes*. Frankfurt a. M.: Suhrkamp.

Bourdieu, P. (2009). *Die heilige Familie. Der französische Episkopat im Feld der Macht. In: Bourdieu, Pierre, Religion. Schriften zur Kultursoziologie 5* (S. 92–224). Konstanz: UVK Verlagsgesellschaft.

Buchmann, M., Karrer, D., & Meier, R. (1985). *Der Umgang mit Gesundheit und Krankheit im Alltag*. Bern: Haupt.

Dornheim, J. (1983). *Kranksein im dörflichen Alltag. Soziokulturelle Aspekte im Umgang mit Krebs*. Tübingen: Tübinger Verein für Volkskunde.

Durkheim, E. (1976). *Soziologie und Philosophie*. Frankfurt a. M.: Suhrkamp.

Elias, N. (1970). *Was ist Soziologie?* München: Juventa Verlag.

Elias, N. (1987). *Engagement und Distanzierung. Arbeiten zur Wissenssoziologie I.* Frankfurt a. M.: Suhrkamp.

Hahn, A., Eirmbter, W. H., & Jacob, R. (1996). *Krankheitsvorstellungen in Deutschland. Das Beispiel AIDS.* Opladen: Westdeutscher Verlag.

Heusinger, J., & Klünder, M. (2005). *„Ich lass" mir nicht die Butter vom Brot nehmen. Aushandlungsprozesse in häuslichen Pflegearrangements.* Frankfurt a. M.: Mabuse Verlag.

Hitzler, R. (1994). Sinnbasteln. Zur subjektiven Aneignung von Lebensstilen. In I. Mörth & G. Fröhlich (Hrsg.), *Das symbolische Kapital der Lebensstile. Zur Kultursoziologie der Moderne nach Pierre Bourdieu* (S. 75–92). Frankfurt a. M.: Campus.

Karrer, D. (1998). *Die Last des Unterschieds. Biographie, Lebensführung und Habitus von Arbeitern und Angestellten im Vergleich* (2. Aufl., 2000). Wiesbaden: Westdeutscher Verlag.

Karrer, D. (2015). *Familie und belastete Generationenbeziehungen. Ein Beitrag zu einer Soziologie des familialen Feldes.* Wiesbaden: Springer VS.

Koppetsch, C., & Burkart, G. (1999). *Die Illusion der Emanzipation. Zur Wirksamkeit latenter Geschlechtsnormen im Milieuvergleich.* Konstanz: UVK.

Lewin, K. (1982) [1951]. Feldtheorie. In C-F. Graumann (Hrsg.), *Werkausgabe* Bd. 4. Bern: Klett-Cotta.

Luhmann, N. (2002). *Die Religion der Gesellschaft.* Frankfurt a. M.: Suhrkamp.

Malinowski, B. (1994) [1922]. The problem of meaning in primitive languages. In J. Maybin (Hrsg.), *Language and literacy in social practice: A reader* (S. 1–10). Open University.

Mauss, M. (2012). *Schriften zur Religionssoziologie.* Berlin: Suhrkamp.

Meyer, C. (2014). Menschen mit Demenz als Interaktionspartner. Eine Auswertung empirischer Studien vor dem Hintergrund eines dimensionalisierten Interaktionsbegriffs. *Zeitschrift für Soziologie, 2,* 95–112.

Smith, A. (2010) [1790]. *Theorie der ethischen Gefühle.* Hamburg: Felix Meiner Verlag.

Stenger, H. (1993). *Die soziale Konstruktion okkulter Wirklichkeit. Eine Soziologie des New Age.* Opladen: Leske und Budrich.

Stockrahmen, S. (2015). Alzheimer könnte übertragbar sein. http://www.zeit.de/wissen/gesundheit. 9. September

de Tocqueville, A. (1985). *Über die Demokratie in Amerika.* Stuttgart: Reclam.

Anhang: Diagramme

© Springer Fachmedien Wiesbaden 2016
D. Karrer, *Der Umgang mit dementen Angehörigen,*
DOI 10.1007/978-3-658-11082-6

Abb. A.1, A.2, A.3

Abb. A.1 Der Raum der sozialen Positionen

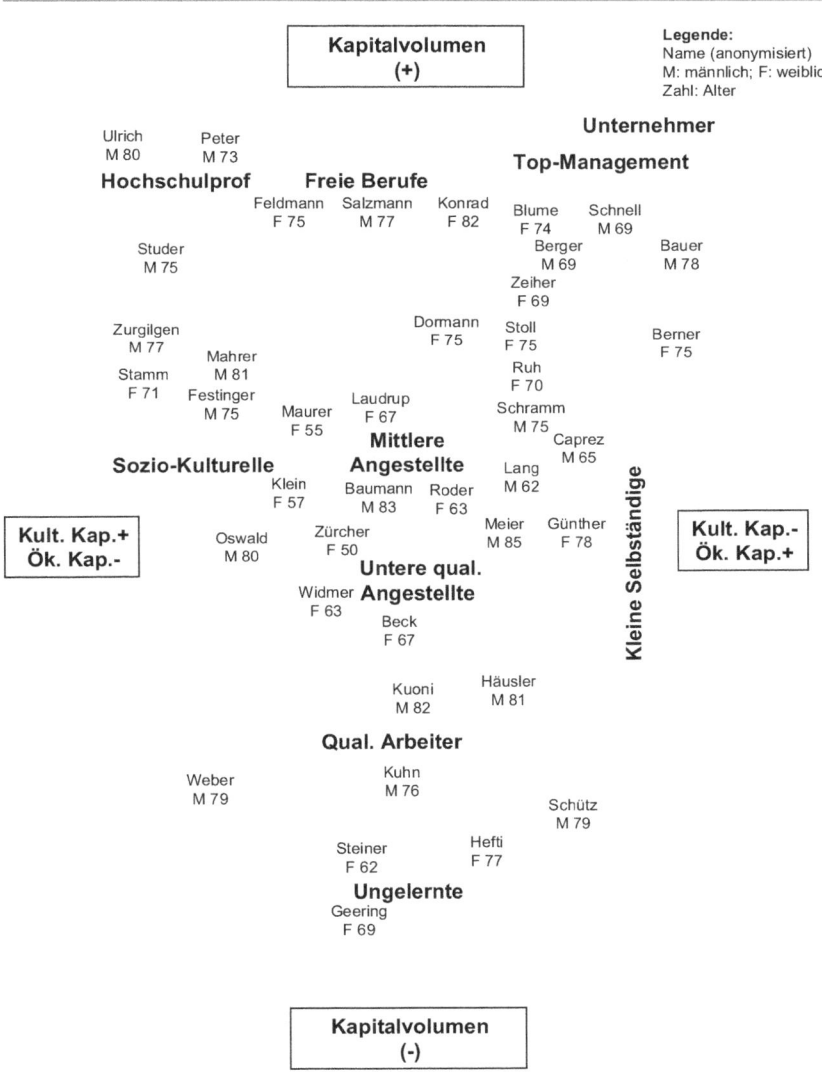

Abb. A.2 Die Partner im Raum der sozialen Positionen

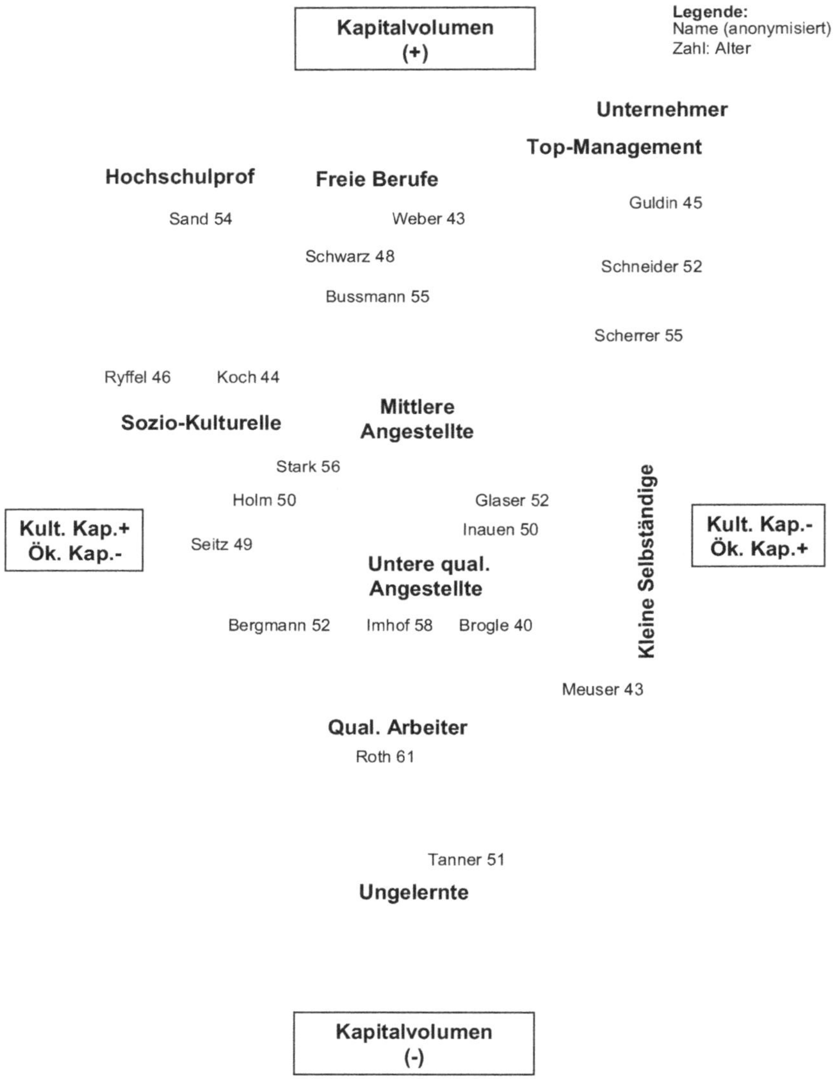

Kapitalvolumen (+)
Legende:
Name (anonymisiert)
Zahl: Alter
Unternehmer
Top-Management
Hochschulprof
Freie Berufe
Guldin 45
Sand 54
Weber 43
Schwarz 48
Schneider 52
Bussmann 55
Scherrer 55
Ryffel 46
Koch 44
Mittlere Angestellte
Sozio-Kulturelle
Stark 56
Kleine Selbständige
Holm 50
Glaser 52
Kult. Kap.+ Ök. Kap.-
Inauen 50
Kult. Kap.- Ök. Kap.+
Seitz 49
Untere qual. Angestellte
Bergmann 52
Imhof 58
Brogle 40
Meuser 43
Qual. Arbeiter
Roth 61
Tanner 51
Ungelernte
Kapitalvolumen (-)

Abb. A.3 Die Töchter im Raum der sozialen Positionen

The manufacturer's authorised representative in the EU is Springer
Nature Customer Service Centre GmbH, Europaplatz 3, 69115 Heidelberg,
Germany. If you have any concerns regarding our products, please
contact ProductSafety@springernature.com

Printed and bound by CPI Group (UK) Ltd, Croydon, CR0 4YY
27/04/2026
02097652-0008